——"新仁学与儒学创新"专题

尼山圣源书院 / 编

人民出版社

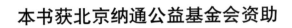

本书获北京纳通公益基金会资助

尼山圣源书院院训院规

一、书院院训

明德弘道　博学笃行

二、书院宗旨

继承书院优良传统，弘扬儒学和中华文化精华，促进当代文化教育事业繁荣发展；扎根尼山，胸怀全国，面向世界。

三、书院精神

总体要求是用儒家的精神办儒学的事业。
1. 仁爱精神：天下一家，万物一体；
2. 尚德精神：诚信为本，文明礼貌；
3. 弘毅精神：刚健中正，威武不屈；
4. 中和精神：温和包容，平等互尊；
5. 济世精神：明体达用，修己安人。

四、书院院规

1. 志同道合，以义相聚；2. 以身作则，言行一致；
3. 相互信任，相互纠正；4. 各尽所能，商量办事；
5. 理想指引，实处着手；6. 开门办学，广交朋友；
7. 勤俭办学，杜绝铺张；8. 不拘一格，努力开拓。

五、书院体制

民办公助，书院所有，独立运作，世代传承。

六、书院功能

学术论坛，会讲学宫，培训基地，游学营地，对话平台。

七、书院运作

政府部门支持，社会贤达赞助，学者群体办学。

目　录

仁学纵横

儒学新论

学术动态

特　稿

主 编 引 言

　　古人将儒学的演进分为传道和弘道两途。如果说传道相当于我们现在所说的儒学继承的话，那么弘道则意味着儒学的创新发展。对于儒学的命运来说，传道固然必不可少，而弘道更具有实质性意义。

　　儒学是与时俱进、不断发展的。相对于先秦原始儒学，任何一次儒学的全面创新发展都可以称为新儒学。宋明时期，以程朱陆王为代表的儒家学者，吸收佛、道两家的思想，对儒学进行了一次全面改革，形成新的儒学范式，这就是道学，人称宋明新儒学。百年来，以梁漱溟、冯友兰、熊十力、马一浮、贺麟、牟宗三、徐复观、唐君毅等为代表的儒家学者，试图融会中西，创建新的儒学范式，形成现代新儒家学派。

　　20 世纪 90 年代以来，一批儒家学者已经担负起了传承和发展儒学的重任，他们或践行儒家理念，或著书立说，一个新的儒家群体隐然浮现。在这种形势下，尼山圣源书院决定设立尼山新儒家论坛，为这批当代新儒家提供活动的舞台，以便向社会传播他们的思想学说，推动文化发展。为此，书院在 2012 年以"探索儒学创新之路"为主题举办了首届尼山新儒学论坛，会议论文收入《尼山铎声："当代儒学创新发展"专题》由人民出版社出版。

　　如果说首届尼山新儒学论坛是一次综合性商讨的话，那么第二届尼山新儒学论坛则是一次聚焦式的探索。

　　孔子的思想经历了一个"下学而上达"的发展演变过程，包括早年以"礼"为核心的教化思想、中年以"仁"为核心的内省思想和晚年以"易"为核心的形上学思想。其中，礼学主要是对传统的继承，易学则更侧重方法论的层面，只有仁学才是孔子所首创的新价值，这是孔子对中华文明的巨大贡献。

仁学不仅是孔子学说的精华之所在，也是儒学的核心价值，更是儒学实现当代转型的宝贵资源。令人欣慰的是，目前学者们已试图通过发展仁学来促进儒学的当代转型，而牟钟鉴教授的"新仁学"论尤为学界所关注。这是当代儒学发展的新动向，对于当今文化建设来说，具有重要意义。

为了进一步推动这种新思潮，加强学者之家的交流与合作，在牟著《新仁学构想——爱的追寻》出版之际，国际儒学联合会、中央民族大学、尼山圣源书院和人民出版社于 2014 年春联合举办了以"新仁学与儒学创新"为主题的第二届尼山新儒学论坛。本辑《尼山铎声》即以此次论坛所收论文为主，兼容若干篇相关佳作，望读者可以借此了解儒家仁学及其历史演变乃至最新进展。

郭　沂

2018 年 9 月 28 日

牟钟鉴新仁学研究

尼山

铎

声

新仁学构想的理论价值和现实意义

韩　星[*]

牟钟鉴先生的新仁学理论创新是以儒为主，道佛辅助，吸取诸子百家，西方思想，形成以仁为核心价值观的新儒学理论体系，抓住了"仁"的根本含义——爱人。其主要理论框架是三大支柱、十大专论。三大支柱体现了新旧结合，中西衡通；十大专论以仁为基础，向不同方面展开，体现了仁的基础性地位和其生发能力。新仁学是一种当代新人文主义的理论形态，它具有重要的实践功能和现实意义。当然，关于"三纲"和儒学与信仰等问题也有进一步深化讨论的必要。

一、理论创新

牟钟鉴先生的新仁学具有重要的理论创新，可以归结为以下几方面：

第一，牟先生的基本思路按照我的理解是以儒为主，以道佛为辅助，吸取诸子百家，西方思想，包括基督教文化，形成以仁为核心价值观的新儒学理论体系。近代以来，中国文化处于中西古今冲突裂变的发展历程，怎么会通中西，实现中国文化的现代化，是 20 世纪以来中国

＊　韩星：中国人民大学教授。

文化发展的时代主题。牟先生回归源头，返本开新，以孔子仁学为主，吸收诸子百家之长而综合创新。原始儒家是名副其实的仁学，孔子讲"仁者爱人"、"克己复礼为仁"；孟子讲"仁，人心也"，"道二，仁与不仁而已矣"，荀子也主张"王者先仁而后礼"，"仁"是先秦儒学的核心价值观念。牟先生认为，程朱理学、陆王心学对仁学虽然有发展，但总体上均偏离了"仁"这一核心。近代谭嗣同开宗明义的"仁以通为第一"之说，对仁学贡献卓越。其"四通说"，即男女通、上下通、内外通、人我通，将孔子的仁学从传统社会一下子带入了近代社会。现在，牟先生站在新世纪的制高点，吸收西学之长，使新仁学具有世界胸怀、现代气息。

第二，牟先生抓住了"仁"的根本含义——爱人。当樊迟问仁时，孔子说："爱人。"(《论语·颜渊》)历来对仁的解释众说纷纭，然而爱人是其基本的精神。牟先生认为作为体质的仁，其内涵就是"爱心"，它是人性所特有的（与动物相比）又是人性普遍存在的（在人类内部）本性。互相关爱与人类一起出现，同类相关，同群相爱，乃是自然而然、顺理成章的天性，爱心与生俱来，生活所赋，不学而能，不教而知，古人称之为恻隐之心，又称之为良知良能。孩童爱父母亲属，成长过程爱老师妻子，进入社会爱朋友同道，进而爱民族国家，再进而爱天下人类，以至于爱自然万物。这就符合仁的本质和儒家仁爱展开的逻辑的，笔者曾经撰文仔细梳理儒家的"仁爱"在逻辑和践行上可分成仁爱之心、自爱、爱亲人、泛爱众、仁者与天地万物一体五个层次，以爱有差等原则由内向外、由近及远层层扩展。儒家仁爱思想可以与墨家兼爱、道家慈爱、佛教慈悲、基督教博爱等进行比较，借以体现儒家仁爱的特质。

第三，牟先生新仁学的主要理论框架是三大支柱、十大专论。三大支柱就是以仁为体，以和为用；以生为本，以诚为魂；以道为归，以通为路。十大专论就是仁性论、仁修论、仁德论、仁志论、仁智论、仁礼论、仁事论、仁群论、仁力论、仁艺论。三大支柱体现了新旧结合，中西衡通；十大专论以仁为基础，向不同方面展开，体现了仁的基础性地位和其生发能力。

在牟先生的理论构建中，让我印象深刻的有几个方面：

一是中和之道。他认为"在中国思想史和文化史上，受孔子和儒学的影响，中和之道成为主流的核心的意识，左右中华思想发展的方向和中华文化的生态。构成中华思想文化核心的儒、佛、道三家哲学，都是崇尚中道的哲学，而形态各有不同。""中和之道主张社会进步，但要稳步推进，既不守旧，也不冒进，适合大多数人的需求，也能为大多数人理解。中和之道承认事物的多样性和矛盾的普遍性，而主张海纳百川、彼此尊重，不赞成'仇必仇到底'，主张'仇必和而解'，实现四海一家、世界大同。中和之道的天人合一论、天下一家论、殊途同归论、和而不同论，正是可以对治生态危机、唯我独尊、单边主义、极端主义的佳方良药。"他还特别揭示了中和之道是温和主义的哲学，温和主义哲学的精要：一是稳步改良，避免躁进；二是合情合理，不走极端；三是兼顾各方，不偏不党；四是尊重他者，平等相处；五是善于妥协，实现共赢。这些不但符合儒家思想，也具有重要的现实意义。儒家中和思想渊源久远，贵和尚中成为儒家的基本品格，并且在秦汉以降儒家成为中国文化的主流以后，渗透到了中国文化的方方面面。有中和之道的实践运用就是温和主义的哲学，是儒家的精髓，是儒学发展的达道。牟先生提出温和主义是针对当今世界各种偏激主义、暴力主义盛行的对治之道。以中和之道的温和主义可以更好地处理多元思想文化的复杂关系，可以与多元文明进行对话，可以使儒家在传统上融合了道佛诸子百家的基础上与基督教、伊斯兰教对话，在对话的基础上走向融合，最终实现四海一家、天下大同的理想。

二是牟先生批判《狼图腾》，发出了要人性、不要狼性的呼唤。他指出，《狼图腾》认为，所谓中华民族精神，其"源头和实质就是炎黄先祖的游牧精神和草原精神，其核心就是狼图腾精神"。它告诉读者，"当今中国之革命，就是要以狼图腾精神革农耕性格的命"，"坚决走'现代文明狼'的道路。"那么什么是"狼图腾精神"呢？书中反复强调的只是4个字："强悍进取"。作者把正义、和平、道德、是非等社会文明的高层次内涵统统放在一边，一味地鼓吹社会达尔文主义，宣扬弱肉强食的生物学规则，只讲"强者为王，超强者夺冠"的"成王败寇"的强权哲学。好像野蛮才能强大，和平只能导致懦弱。我以为这是对中华精神的根本歪曲，是对广大读者的严重误导。对此我非常赞同。狼性其实就是动物性，即儒家人禽之辨的禽兽之性。儒家认为，人与禽兽区别就那么一点点，即是否具有仁心仁性。仁是人之为人的根本，是人区别于禽兽的基本标志。人类在漫长的历史发展过程中不断摆脱兽性，走向文明，这是人类的必由之路。但是，现在有作家写出了《狼图腾》，歪曲中华文化的基本精神，最近更有企业家竟然倡导企业的狼性精神，提倡狼性文化。他们认为，当今时代是一个竞争的时代，只有在竞争中才能推动企业的发展壮大。所以，要学习狼的贪、残、野、暴，在残酷的企业竞争中，要在浪尖上求生存，浪谷中图发展，立于不败之地。这种观点只强调了企业竞争，缺乏以人为本的基本理念，未必就是企业制胜的法宝。因为狼性中深藏着固有的本质——残酷无情，你死我活，为达到目的不择手段，蔑视规则，无视人性等等，极易造成企业基本价值观的错位，以及员工在文化上的迷失。道理很简单，你把市场竞争看成是战场拼杀，那你就会将置对方于死地作为唯一目的，这样即使你获胜，也会因为在拼杀过程中失血过多，大伤元气，弄不好了还会两败俱伤，形成"双输"的结果；在企业的内部管理中，由于彰显狼性，必然造成人性的缺失，员工与老板之间以及员工与员工之间将以"性恶论"为原则，互相提防、互相猜忌，没有信任感，必然产生巨大的内耗。很显然，对企业的长期发展而言，"狼性文化"是一剂致命的毒药，绝非商业大道。

三是怎么创新儒学？我赞同牟先生的做法，儒学的创新从构建核心价值观入手是最基本的途径。历代儒学的发展更新基本上都是这样做的，今天也应该这样。另外，我还有些想法：（1）今天我们所说的核心价值观就是古代所说的常道。熊十力在《读经示要》第一讲开宗明义即说："经者常道也。夫常道者，包天地，通古今，无时而不然也，无地而可易也。以其恒常，不可变改，故曰常道。"儒家经典就蕴含着常道，儒学的创新要以经学为其学术基础，由学致道，在经学的基础上构建核心价值观。（2）重建人伦秩序是儒学创新的基本诉求。（3）理想人格建树是儒学的价值承载。（4）天下大同是儒家的终极理想。

二、现实意义

今天的世界是一个全球化时代，世界文明发展最突出的特质是多元性或者文化的多样性。这就使人们面临多元文明的和平共处问题。各文明的如果不能和平共处，就会出现很多问题，甚至出现纷争，乃至战争。近代以来的西方文明，即欧美文明由于种种原因，没有解决好这个问题，20 世纪以西方世界为主，发生两次世界大战，造成了人类史无前例的灾难，第一次世界大战以后虽然再没有发生世界性的大战，但几乎每天都有规模大小不同的地区冲突和局部战争，持久和平仍然是人类的渴望和理想。

牟先生针对当代人生困境、社会功利化趋势、国民教育弊端、文明冲突加剧的现实，展示对治的仁学智慧，企望为地球村提供一种当代新人文主义。新仁学就是这种当代新人文主义的理论形态，它具有重要的实践功能和现实意义。新仁学可以赋予当代人生困境以出路，推动当代民主政治的进步，促进当代市场经济的健全，为当代公民道德的重建奠定基础，对当代国民教育的改革发挥重要作用，推动当代文明对话的开展，为当代生态文明建设提供宝贵的思想资源。

三、值得进一步研究的问题

当然，牟先生的新仁学在某些问题上还有进一步研究和探讨的必要。

第一，关于"三纲"问题。牟先生提出："'三纲'不能留，'五常'

不能丢，'八德'都要有。"怎么认识和对待"三纲"，学界现在还有争论。其实，"三纲"形成有一个发展过程，具有历史性，所以需要历史地看待。"三纲"既不是儒家创始人孔子提出的，也不是他的后继者孟子提出的，而是《韩非子·忠孝》提出的："臣事君，子事父，妻事夫，三者顺，则天下治，三者逆，则天下乱，此天之常道也。"这里虽无"三纲"之名，却是"三纲"的最初表述，后经汉代主张儒学官方化的董仲舒论证，而后由东汉时期的官方会议文件《白虎通》正式确定下来的。《白虎通义·三纲六纪篇》说："三纲者何谓也？谓君臣、父子、夫妇也。……故《含文嘉》曰：'君为臣纲，父为子纲，夫为妻纲。'"按"纲"的本意是提网的总绳，引申为事物的关键部分。在《白虎通》里把"纲"用在人伦关系上，有榜样、表率的意思，认为凡是为人君、为人父、为人夫者，要为臣、子、妻作表率作榜样，以身作则，来保证人道的平安。可惜，秦汉以降，"三纲"的本意被统治者扭曲，为人君父者，往往自己专横放纵，而反责臣子以忠孝；为人夫者，往往自己奸盗邪淫，而反责其妻以贞节。如果为君者，能够先尽君道，就可以成为群僚的表率。如果为父者，能够先尽父道，就足以为子女的模范型。如果为夫者，能够先尽夫道，就足以为妻室发敬仰。这样，"纲举目张"，"上行下效"，一切善良政治，美好风俗，就会由此而生，社会就会不断走向文明。近代以来中国思想界的主流是批判"三纲"，但也有一些清醒、冷静和客观的声音。著名国学大师陈寅恪曾经这样说："吾中国文化之定义具于《白虎通》三纲六纪之说，其意义为抽象理想最高之境，犹希腊柏拉图所谓 Idea 者。……均为抽象理想之通性，而非具体之一人一事。夫纲纪本理想抽象之物，然不能不有所寄托，以为具体表现之用；其所寄托以表现者，实为有形之社会制度，而经济制度尤其重要者。故所依托者不变易，则依托者亦得以保存。吾国古来亦尝有悖三纲违六纪无父无君之说……"贺麟先生撰有《五伦观念的新探讨》一文，对"五伦"、"三纲"有精辟的诠解，认为"三纲"说成于西汉，它是从孔孟的"五伦"说发展而来的，是"五伦"观念的核心，"三纲"比"五伦"说"来得深刻而有力量"。"三纲"说的本质是注重纯道德，是尽职守、忠位分的坚毅精神。如果说"三纲"说有弊端，弊在其形式，即将其律法化、他律化了，而不是出于自由意志和真情之不容已。现在已不是消极地破坏攻击三纲说的死躯壳的时候，而是积极地把握住三纲说的真义，加以新的解释与发挥，以建设新的行为规范和准则的时期了。贺先生的诠释确为平情之伦，应该引起今人注意。

第二，关于新仁学与信仰问题。牟先生提出"新仁学是超越宗教的"。我们知道，传统仁学具有信仰功能，即道德信仰；传统仁学不仅仅是一套理论体系，更是人生实践与人格追求的境界。古代儒者以"希贤、希圣、希天"为平生志业，以天下归仁为理想目标，追求立德、立功、立言的"三不朽"，希望能够身后奉诏入祀孔庙，永受国人钦崇。这可见儒家虽然不能说成是今天我们常见的宗教，但确实在历史上发挥了信仰功能，具有宗教维度。民国年间民间大儒段正元也对儒家仁学进行了现代转换，在以儒为主，整合道佛伊耶的基础上提出了"太上元仁"的命题，探讨了人与仁、人心与仁心、元音与因缘、元仁与道、上帝之间的关系，发挥儒家的仁学思想，试图重建以"太上元仁"为核心的信仰体系。所以，我想，今天的儒学复兴是否在对儒家仁学进行哲学诠释的同时，考虑通过对仁学的人格化、神圣化宗教性诠释，彰显其宗教维度，恢复其信仰功能，成为构建中华民族共有精神家园的重要一环。

新仁学及其理论贡献

郭　沂*

在历史上，儒学扮演着两种角色，一是生活方式，二是理论形态。其中，理论儒学是生活儒学的建构者和引导者，所以儒学的生命，关键在于儒学理论的创新发展。早在 20 世纪 90 年代初，牟钟鉴教授就敏锐地意识到，批孔反儒的时代已经过去，反传统的思潮再也不能左右大陆学术界，儒学的精华在经过艰难困苦之后已经再生，它极有可能在重建新文化的百家争鸣中为自己争得一席之地。他将儒学在度过大半个世纪的沉沦岁月之后出现新转机的原因归结为四点：一是儒学本身是智山慧海，虽时有沉渣翻浮，然蕴藏幽厚，可开发的资源多；二是儒学根植于民族心理深层结构，政治和学术层面的打击不足以摧毁它；三是大陆"文革"把反传统推向极端，从而使全盘否定传统的危害性暴露无遗；四是几十年间出现一批优秀儒家学者，他们有大担待、大创造，对儒学作了有效的阐发和弘扬。此外还有"东亚四小龙"经济的腾飞改变了世界的舆论。正因如此，牟先生自那时起就担负起重建儒家仁学的使命，而《新仁学构想》一书，则是其长期研究的总结。

本文试图对牟先生新仁学体现的基本思路与理论贡献略作书评，以就教于学界同人。

---

* 郭沂：曲阜师范大学孔子文化研究院研究员，首尔大学哲学系教授，孔子研究院尼山学者。

一、现代新儒家的历史贡献与理论难题

新仁学是在儒学现代转型的大背景之下展开的。为了明确自己的任务，牟教授对现代新儒家的历史贡献与理论难题作了深刻省察，认为新儒家的主要历史贡献是使中国文化得以承前启后，并使儒学走向世界。具体表现在三个方面。第一，新儒家是中国现代思潮中，最早起来纠正五四主流反传统太过的偏失，以文化改良派的姿态，从正面深入阐扬儒家的精义和真精神，在滚滚西化大潮席卷中国的情况下，保存了中华民族传统文化的生机，使儒学在学术层面不致中绝。第二，从纯学术的观点看，新儒家的学术论著丰富而有高质量，是民国以来文史哲领域一次极为可观的收获。第三，新儒家深沉的忧患意识和清醒的批判意识，不仅触及中国近现代的种种社会实际问题，而且更广泛地触及世界工商业文明带来的全球性危机，即由科技万能和人类狂妄自大而导致的精神世界的失落与环境的恶化，从而与当代西方最新的人文主义批判思潮合拍，使儒学成为人类创造后工业文明的一项重要精神资源。

牟先生认为，新儒家要在中国现代化过程中发挥作用，主要看它在理论上是否能透彻地说明儒学传统精神经过创造性的转化能确实适用于当代中国和当代世界。然而新儒学在发展的过程中也面临着一些难题。

第一个难题是如何突破传统的义利公私之辨，从重义轻利、大公无私的观念，转变为义利统一、公私兼顾的新观念，以便与工商业道德相衔接，也可使儒家道德真正合乎情理。儒家的道德论否认个人私心利欲的正当性，视"私"、"利"、"欲"为修养之大敌，这是儒学在人的社会性和个体性之间强调前者太过而忽视后者的表现。牟先生认为性、情、理、欲、形、神、气、命皆为人性所固有，事情不在于要保留哪些，克除哪些，只在于正确调整诸因素之间的关系，使之有一个相对健康合理的结构。所以道德的真正标准，不在位义还是为利，为公还是为私，只在是否劳动谋利，合法谋利，正当谋利。

第二个难题是如何突破"修齐治平"的公式，使儒学的内圣外王之道能适用于社会生活的一切领域。在"达则兼济天下，穷则独善其身"的理想指引下，儒家人物上者立德，其次立功，再次立言，言不立亦不失为君子，由此成就了许多政治家、道德家、学问家以及忠诚良将、仁人志士。但科技和艺术人才不多，这同儒家对"成物"、"外王"的理解过于狭窄有关，儒家政治救国的道路大大限制了知识分子开拓事业的领域。这就要先从理论上突破"修齐治平"的公式，改变"君子不为小道"、"君子不器"的观念，把君子之道同百工之业结合起来，给知识分子开辟出通往理想的众多道理，形成不离社会大道又能百业竞发的生动局面。世界和中国都进入工商社会，儒学必须改变传统的重政轻业、重农轻商、鄙薄技术的观念，扩大"外王"的范围，同时又要保持儒家的道德人格和社会理想。

第三个难题是如何开发和重建儒家经济管理思想。儒家经世致用的传统，对于社会经济极为关切，提出过"厚生利用"、"开物成务"的原则，素有重农、限田、轻徭薄赋、开源节流、均平等主张，也有过扶商惠工的思想。但儒学成熟于农业宗法社会，不可能有近现代工商社会基础上的经济管理思想。由于儒学处理人际关系上有独到之处，经过一番制作加工，可以用来调节现代经济生活，补充现代管理的不足。

二、仁学的历史考察

如何解决这些难题、进一步发展儒学呢？牟先生在深刻省察儒学的精神实质之后，得出重建仁学的结论。他指出，儒学是一种伦理型的人学，讲述如何做人和如何处理人际关系的学问。以人为本位，这是儒学区别于一切宗教的地方；以伦理为中心，这又是儒学区别于西方人文主义和中国道家学说的地方。儒家人学有两大支柱：一曰仁学，二曰礼学。仁学是儒家人学的哲学，是它的内在精髓；礼学是儒家人学的管理学和行为学，是它的外在形态。仁学和礼学在历史上常常结合在一起，但两者起的作用不同，存留价值也不同，因而在近代就有了不同的命运。仁学在儒家所有学问中，代表着中华民族发展的精神方向，蕴含着较多的人道主义和民本主义成分，它给中国知识分子提供了一种切实而又高远的人生信仰，一种独特的文化价值理想，培养了一大批道德君子、仁士志士，成为中国文化的精英。仁学由于具有较强的生命力和普遍性价值，所以在中国从中世纪向近代社会转型过程中，受到先进思想家的珍重，成为儒学中最值得继承和发扬的部分。仁学既然是儒学中精华较多的部分，今天从古为今用的角度研究儒学，就应该把关注的重点放在仁学上面，认真考察仁学生长发展的过程；认真研究人类文明的未来发展在多大程度上需要仁学，现在如何推进仁学，重建仁学，使它在新的时代放出光彩。

牟先生抓住仁学发展史上最有关键意义的三次重大理论创造活动，揭示出"仁"学在其逻辑发展中的三大阶段性，而这第三阶段正同近现代中国的社会转型相衔接，它对于儒学的现代化更具借鉴意义。

牟先生把以孔子、孟子为代表的早期儒家仁学归结为爱的哲学，认为孔子最重仁德，把仁看作是理想人格首要的和基本的要素，"仁"就是人类的同类之爱，一种普遍的同情心。这种爱心被社会阶级、阶层集团间的对立与斗争淹没了，孔子重新发现了它，加以提倡，形成仁学。孟子正是沿着孔子仁者爱人和能近取譬的思路向前推进仁学的。他把仁定义为"恻隐之心"，又称为"不忍人之心"。牟先生将孟子对仁学的新贡献总结为五条：一是建立性善说，为仁学提供人性论的理论基础；二是提出"仁，人也"的命题，指明仁是成人之道，不仁无以为人；三是由仁心发为仁政，建立起仁学的政治论；四是把仁爱从人推及于万物，提出"亲亲而仁民，仁民而爱物"，形成泛爱的思想；五是仁义连用，居仁由义，说明仁爱是有原则的。因此，早期儒学建立起仁的伦理哲学，它以"爱"为中心观念，把仁爱作为人伦的原则和人道的基石，虽然它不免带有家族社会的强烈色彩，但"爱"作为一种普遍性原则已经得到社会的公认。

中期儒家仁学可称为生的哲学，以朱熹和王阳明为代表。它用"生"深化了爱的内涵，突出了生命的价值和意义，强调了对生命的热爱和保护。它还使人道之仁扩展为天道之仁，突破了道德范围，使仁具有了超道德的生态哲学的普遍意义。朱子上承大易之道，用生生之德充实仁学，把仁德推广到宇宙万化，建立起天人一体的仁学的宇宙观。但朱子仁学的成就不在这里，他理论上的最大贡献是从"生"意上说仁，把"生"字引入仁学，使仁学成为一种生的哲学。朱子认为仁不仅是人生界之德，亦是自然界之德，而且人之仁德正来源于天地之仁德。而且进一步指出万物生长固然是生命的体现，万物枯槁亦是生命的收敛固藏，为的是更生和日新，所以仁之生物不是一次性的，乃是生生不息的。王阳明接着程颢的《识仁篇》，讲"天地万物一体之仁"，以自己的生命体验表述仁者与天地万物痛痒相关的真情实感，见到同类危难而有恻隐之心，见到鸟兽哀鸣而有不忍之心，见到草木摧折而有悯恤之心，见到瓦石毁坏而有顾惜之心，这都是由于人与天地万物原本一体，同此一气，故能相通，可知阳明的仁爱即是爱惜生命，突出生的主题。总之，中期儒家以"生"意论仁，一指宇宙生生之德；二指人类怜生之心；三指天人一体之爱。

晚近儒家的仁学以谭嗣同为代表，康有为、梁启超、孙中山等人辅论之；他们吸收西学，综合诸家，别开生面，形成近代仁学的新特点，可称为社会哲学。谭嗣同著《仁学》一书，站在近代社会的高度去批判传统社会的专制主义、宗法制度、闭塞守旧等过时的事物，故突出仁学中"通"的内涵，谭嗣同说："通之象为平等。"分而言之，"通有四义"：一曰"中外通"，破"闭关绝市"、"重申海禁"，通学、通政、通教、通商；二曰"上下通"；三曰"男女通"，破"三纲五伦之惨祸烈毒"、"死节之说"；四曰"人我通"，破"妄分彼此，妄见畛域，但求利己，不恤其他"。谭氏的仁学以"通"为特色，具有了政治民主化、经济现代化、人格自由平等和社会开放、国际交流的新思想，使得仁学从一种伦理哲学和生命哲学跃进为一种概括了政治学、经济学和外交学的有直接现实意义的实学，所以牟先生把谭氏仁学称为仁的社会哲学。康有为的哲学亦以仁学为核心，他理想中的大同世界是"至平、至公、至仁、治之至"的世界，没有臣妾奴隶和君主统领，没有欺夺和压制，没有私产，男女平等，至于众生平等。可知他的仁学既保留了传统仁学的爱人、崇生的精神，又注入了近代自由、平等、博爱乃至空想社会主义的思想。梁启超的重要贡献在于把爱他与利己统一起来，肯定合理的利己主义想。孙中山反对君主专制制度，但主张继承中国固有道德而加以改造，如变忠君为忠国，充仁爱为博爱，而博爱与民生主义相通。

三、新仁学的主要内容

牟钟鉴教授的新仁学是儒家仁学在当今时代的最新发展。不同于早期儒家爱的哲学、中期儒家生的哲学以及近代儒家社会哲学，牟先生新仁学的表现形式为诚仁之学。

牟先生指出，西方文明领导下的世界弊病丛生，单靠科技的进步和经济的增长，人类还不能摆脱危机，走向和平和幸福。这个世界还缺少许多东西，也许最缺少的是能为国际社会普遍接受的明智的信仰和人道主义哲学。世界迫切需要一种新的仁学。当此之时，儒家仁学的再生可以说是恰逢其时。

牟先生认为，仁学的重建可以将爱、生、通三大原则综合起来，再加上诚的原则，并在内容上加以增补，可以形成新仁学的体系。这个新仁学以爱为基调，以生为目标，以通为方法，以诚为保证。新仁学之所以必须以诚作为保证，因为诚是仁学的生命。诚而后才有真仁真义，不诚只能是假仁假义；诚而后才能躬行实践，感人感物，不诚则遇难而退，有始无终。所以，诚存则仁存，诚亡则仁亡，新仁学应是诚仁之学。

这样，重建诚的哲学，就成了牟钟鉴新仁学的重要任务。他将儒家诚学概括如下：诚是本体之学，诚是天道人道之本，天道真实无妄，物性人性得于天道而守其正，亦真实无妄；诚是德性之学，人性至善在于诚实无欺、纯真无伪，在于扩充仁德，成己成物；诚是践行之学，无论成仁行义，还是格致敬业，皆须精诚无懈，专注，笃行，坚忍不拔，百折不挠。德性之诚来源于本体之诚，并完成于践行之诚，人道之诚本于天道之诚，又通于天道，赞助生化，合内外，一物我。故诚是贯通天人、物我的链条，诚学最能体现儒家本体与工夫的合一，体现儒学赞美生命、肯定人生，提倡崇德广业，追求互爱不欺的传统思想。仁而无诚则伪，义而无诚则欺，礼而无诚则虚，智而无诚则殆。诚的精神实在是儒学的精髓和灵魂。诚的精神的高扬和丧失同儒学的兴旺和衰颓同步，我们可以用诚与伪来判断何为真儒何为俗儒，何为实学何为俗学，这是历史昭示给我们的真理。

如何继承和发展儒家诚的哲学呢？第一，"诚者天之道"这个命题可以继承下来，成为我们肯定大自然的客观实在性的中国化的表述方式。第二，"思诚者人之道"这个命题应超出儒学的一家之说，超出一般修身的规范，提升为普遍性的人生原则，我们可以称它为诚的哲学，去主要内涵有：以真论诚，是谓真诚，主要破一个伪字；以信论诚，是谓诚信，主要破一个欺字；以直论诚，是谓诚直，主要破一个枉字。以专论诚，是谓精诚，主要破一个懈字。第三，诚的哲学以挚爱为基础，以包容为品格，以创造为动力，完全符合现代社会健康化的要求，具有强大的生命力。走出一个虚假的世界，还回一个真实的世界；超越一个虚伪的人生，成就一个真诚的人生，使人间变得更美好，这就是诚的哲学的终极目标。

在牟先生看来，仁诚之学体现于仁和之道。他在批评了达尔文进化论和社会达尔文主义、马基雅维利的强权政治论、基督一神教的排他性、阶级斗争论和文明冲突论等贵斗哲学以后，总结了儒家仁和之道的基本内容：是以仁为体，以和为用；天人一体，泛爱万物——天和；协和万邦，睦邻友好——世和；民族团结，华夷一家——族和；以民为本，政通人和——政和；廉洁奉公，济贫救弱——均和；孝慈恩义，家道和顺——家和；理欲调和，德才兼备——身和；执两用中，无所偏倚——中和。

牟先生还提出，现在应该广纳人类文明，创新仁和之道，其基本内容包括：公平竞争，你追我赶——竞和；健全法制，调解纷争——法和；搁置分歧，利益求同——利和；文明对话，沟通理解——通和。

四、新仁学的理论贡献

我们认为，新仁学的理论贡献主要表现在以下几个方面：

首先，把握儒学精神，回归仁学本位。正如作者所指出，仁学是孔子在夏商周三代礼文化基础上提出来的生命的学问，昭示着中华文化发展的人本主义方向，但除了孟子和谭嗣同之外，历史上大多数儒家学派皆偏离仁学主脉而另立核心。新仁学直接连通孔子仁学的源头活水，使儒学发展回归仁学本位，可谓深切把握了儒学的根本精神。

其次，梳理历史源流，继承仁学精华。欲建新仁学，必知旧仁学。作者对仁学的发展脉络进行了新的理论总结，特别突出了孔子、孟子和谭嗣同仁学的主要特色，并在此基础上，全面继承了历代仁学的精华。

再次，容纳中外思想，弘扩仁学内涵。"人能弘道，非道弘人"，儒学之所以能够成为中华文化的主流，源自历代儒家不断地弘扬和扩充。新仁学不但广纳儒、道、墨、释等中国传统学说，而且吸收了西方的理性精神、科学方法、人权至上、个性解放等思想，以弥补传统仁学之不足，进而提出仁体和用、生本诚魂、道归通路三大命题，极大弘扩了仁学的内涵。

最后，重建东方人文主义，参与世界文明对话。一些西方学者针对西方文艺复兴、启蒙运动以来所形成的人文主义的危机，依据中国人文精神尤其儒学思想提出了新人文主义的主张，为越来越多的学者所接受。新仁学和西方新人文主义的宗旨是一致的，实质是对东方人文主义的重建。因而，新仁学不仅为摆脱当代人生困境、道德危机和教育弊端指明了方向，而且为中国学术界参与世界文明对话提供了平台。

儒家道统与当代儒学

——兼评牟钟鉴新著《新仁学构想——爱的追寻》

彭永捷*

"道统"一词是由南宋理学家朱熹最先提出，但道统说的最有力提倡者是唐代儒家学者韩愈。"道"是儒家恪守的核心价值，用一个字概括的话便是"仁"，用两个字概括的话便是"仁义"，用五个字概括的话便是"仁义礼智信"，这三种表述之间的关系，在宋代理学家看来，只是"理一而分殊"而已。其中，仁是基础和根本，贯穿其他价值和德目。"统"则是传道的人物谱系，孔子谓"人能弘道"，朱子弟子黄干谓"道待人而后传"，这一传道谱系便是在儒学历史上起过承先启后重要作用的圣贤和大儒。对于今人而言，"道"是我们传承和弘扬的崇高价值，"统"是我们自觉弘道的使命，无论我们个人成就大小，我们自觉去担负弘道的责任，努力完成我们这一代学人对于发展儒家文化的历史任务。

在孔子那里，"仁"和"礼"并举，地位都非常重要，到了孟子的时候，更强调仁和义，以"人心"和"人路"、"居仁而由义"来定位二者的关系。由于孟子对于儒学的影响，同时也由于道家以"仁义"为标志对儒家进行批判，使得韩愈在《原道》一篇中把仁义德定位为儒家的核心价值和学派标志。《原道》一文解决了古文运动"文以载道"究竟

---

* 彭永捷：中国人民大学哲学院教授。

载什么道的问题，高举了儒家仁义之道的思想旗帜，并引领古文运动成为儒家文化复兴运动，以文学运动的形式开启了思想运动。由此，将仁义之道作为儒家道统观的核心价值，深入人心。近来也有学者以荀子纠偏传统道统观念，重回孔子仁、礼并重的思想，既重视儒家核心价值的传承与创新，又重视寻求仁义之道的实现方式，这对于儒学的发展无疑有着积极意义，也符合儒学发展的历史规律，一种新形态的儒学必然表现为新仁学，同时也必须表现为新礼学，因而对于总结现代新儒学只重心性儒学的片面是一剂解药。不过，儒家的核心价值依然是仁义之道，每一次的儒学复兴都是从重申仁义之道开始，当代的儒学复兴也必须从重树仁义之道开始，以此为出发点来探讨仁义之道在当代的最佳展开方式。

继张立文先生创立的"和合学"作为一种新仁学在20世纪90年代面世之后，另一位儒学界的泰斗人物牟钟鉴先生完成了他关于"新仁学"体系的初步构想，提出"新仁学"的三大命题和十大专论，这反映在他的新著《新仁学构想——爱的追寻》一书中。这是一个在当今时代力求传承和开掘儒家仁学以实现儒学创新的代表之作，也是传统儒学经过创造性转化形成当代形式的典型个案。本文试图通过评析这一典型案例来探讨儒家道统与当代儒学创新之间的关系。下文的"新仁学"专指牟钟鉴先生的新仁学思想体系。

一、新仁学是一种新儒学

儒学如何在当代文化中转生？我们一方面可以在儒学外部看待儒学，对儒学的合理性给予肯定，对儒学作碎片化的吸收，对儒学的合理之处有所吸取；另一方面，我们也应看到，儒家是一个历史悠久的学派，儒家学派在历史上曾经一再衰微，又一再地兴起，儒家作为一个学派也仍然会追求在当代的适宜出场路径，儒学仍然会获得当代形态。"为往圣继绝学"的信念，支撑着每一代的儒家学者，因而儒学这一古老的思想传统，在历史上又总是表现为"新儒学"。

一种完善的新儒学，必然是按照孔子所重视的仁与礼两个方面展开，一方面要对作为儒家核心义理的"仁"做出新的论证，一方面要对实现仁的社会方式给出安排。前者使新儒学表现为新仁学，后者使新仁学表现为新礼学。

对"仁"的论证，是最基础、最核心的儒学理论。在孔子的时代，仁被理解为基于血缘的亲爱，即"尊尊亲亲"。在孟子那里，他试图超越仁爱的血缘局限，使其更具普遍性，将仁爱解释为"人皆有之"的"恻隐之心"或"不忍人之心"，到了北宋理学家那里，他们越过汉唐儒学回归先秦经典，发挥了《礼记》以春生夏长释仁和《易传》"生生"的思想，以"仁生"为天理，将仁解释为天地之德。逮及近代，西学传入，气的世界观被西方自然科学所颠覆，谭嗣同则以"以太"、"电子"释仁，虽然做法颇不成功，很像业余的哲学爱好者，但在气化的宇宙论和世界观被抛弃之后，如何论证"仁者，人也"，是他敏锐地发现的儒学课题。在我们这个时代，虽然我们在理论上可以把仁爱视为儒家经由传统传承而不言自明的文化理念，继而以仁爱作为不言自明的理论前提，或者我们重复以往儒学史曾经给出的种种论证，以引证的方式代替论证，生发出种种建基于仁爱学说之上的新思想、新学说，但如何让一个由新的科学技术给出的世界图景和新的生活经验给予的价值观所塑造的当代人类，仍然可以顺理成章地相信仁爱是人的本性，仁爱是人禽之别的分界、是人之所以为人的特质，这如同基督教神学对于上帝存在的论证是最重要、最根本的神学问题一样，对于儒学而言是最基础、最根本的理论问题。可以设想，如果人们连儒家所宣称的仁爱思想本身都不相信、都不认同，树立于仁爱思想之上的种种理论，又怎能引起世人的共鸣和响应呢?!

就此而言，牟钟鉴先生的新仁学和当代大多数植根于儒家仁爱思想传统的种种仁学理论一样，依然是把仁爱视作不证自明的既定前提、现成结论，专注于仁爱思想在儒家思想体系中的地位和作用，新仁学的三大命题提出"以仁为体，以和为用；以生为本，以诚为魂；以道为归，以通为路"，处理了仁爱与儒家其他重要思想价值的关系，又列出新仁学的十大专论，"仁性论、仁修论、仁德论、仁志论、仁智论、仁礼论、仁事论、仁群论、仁力论、仁艺论"，详备梳理了以仁爱思想应对天下，"感而遂通"十大方面。不少学者发现，果真如作者所自白的那样，"新仁学"的兴趣并不在于所谓"形而上的思辨"，而在于以儒家仁爱思想如何应对当前纷繁复杂的世界，思考如何对应我们这个新的"礼崩乐坏"的时代。然而，依笔者看来，新仁学的三大命题和十大专论虽然精妙，给人以深刻的启发，值得人们按照这些思路去思索和理解儒家仁爱思想与现实世界的关系，但仍有必要在十大专论之前先列一"仁道论"，专门论证和解决"仁"本身的问题，亦如朱子在编写理学入门读物《近思录》时，首列"道体"部分一样。只有这样，新仁学的理论才更加完备，也更具有基础性。不过，还应该指出，新仁学虽然未对儒家的"仁"给出新的论证，但对仁的学说却作出了新的综合和新的理解，提出了"仁和"之说，以孔子儒学为"仁和之学"，仁、和之间的关系是"仁体和用"，这是颇有新意的。

对于当代新儒学而言，谁率先从理论合理地、有力地给出了对于仁的新论证，谁以其对仁的新论证折服了人心，谁就奠定了当代儒学的理论基础。这个论证任务，不仅牟先生的新仁学需要面对，整个当代新儒学都需要面对。当代儒学研究的开展，不仅至今仍未完成这一理论任务，而且对这一理论任务仍然缺乏自觉。论证"仁"的工作，也不必限于儒家学者群体，一切关心儒学发展的人都可以来做尝试，既可以是哲学的，也可以是自然科学、社会科学的，既可以援西（西方）释仁，也可以援马（马克思主义）释仁。

每一时代的新儒学不仅表现为新仁学，对儒家的义理核心作出新的论证，而且还表现为新礼学，探讨儒家仁义之道实现的最佳社会形式。在孔子那里，实现仁义之道的最佳方式是复周礼，恢复文武之道和礼乐文明。在孟子那里，表现为行王道与仁政。在荀子那里，则是隆礼尊贤、重法爱民。在董仲舒、周敦颐那里，则是礼乐刑政。在宋代理学所展开的程朱道学与陆氏心学两条线中，程朱道学既完成了新仁学，又完成了新礼学，因其完备而成为主流，陆氏心学只完成了新仁学，对于新礼学则没有什么建树。故而在高攀龙总结朱陆学术时会说，朱子宏大可以包得陆子，陆子粗则包不得朱子。学术界因讹传讹，不恰当地把宋明理学称为"新儒学"，因而接着宋明理学往下讲的现代儒学，又被称作"现代新儒学"。现代新儒学虽然可以区分成新理学、新心学、新气学三系，但它们共同的问题都是聚焦于心性道德，在新礼学的开掘方面不甚用力。当代儒学一个新的趋向，是儒学研究超越以往哲学史、思想史的范围，向整个社会科学领域弥漫，儒家社会科学正在兴起。在牟先生的"新仁学"体系里，他的十大专论以及关于"新仁学与当代新人文主义"的讨论，已经广泛涉及当代民主政治、市场经济、公民道德、国民教育、文明对话、生态文明等诸多问题，可以说"新仁学"已不限于是一种新仁学的新儒学，同时也是一种新礼学的新儒学。

二、新仁学是一种新哲学

儒学是儒学，哲学是哲学。把孔子当作哲学家，研究孔子的哲学思想，在我们已经是习以为常、见怪不怪的事情，其实这种做法就如同我们把刚接触到的来华传教的耶稣会士称作"西儒"。耶稣会士显然不是儒生，但我们在刚接触的时候，除了从自身文化来理解他们，不知道如何来称呼他们。孔子显然也不是哲学家，不是把"爱智"或"爱知"当成人生要务的人。哲学不是人类思想的普遍形式，中国思想的类型特质不是哲学，不能把儒学直接当作哲学，就如同不能把京剧翻译成"北平歌剧"、把中国的龙翻译成"dragon"一样，因为京剧、歌剧是两种不同的艺术形式，作为中国人图腾的龙也不是那种好色、凶残的形象。但是在西方思想伴随着西方的武力进入非西方世界以后，许多非西方民族把西方文化当作是人类文化的普遍标准和普遍形式，中国人也把哲学这一产生于希腊的思想形式当成是人类思想的普遍形式，并以西方舶入的哲学来重新整理中国传统思想史料，建构出中国所谓的哲学传统，写出一本本所谓"中国哲学史"。这本是一种奇怪而荒谬的事情，但作为我们必须面对的文化后果，我们也不得不承认，用西方的哲学来附会和整理中国的思想传统，也形成了一个新的学科（中国哲学史）和新的传统（试图用哲学的方式来诠释儒学的传统）。从康有为等人开始，迅速没落的就为儒学开出了一条哲学的道路，从而儒学通过哲学这一形式，以哲学研究的方式，在学术体制内得以"形而上学的保存"。这也就可以理解，现代新儒学的代表人物，如基本上都是从事于哲学研究，现代新儒学的学术形态，也都是哲学的形态。

20世纪80年代至90年代，张立文先生率先提出和完善他自创的一种哲学理论"和合学"，完成了一个学者从哲学史家向哲学家的转变。事实证明，张立文先生走的这条路是对的，中国人应该有依据中国传统思想资源的哲学思想和哲学理论，学院派的学者也有创立学院派理论学说的权利。这也表明，一个学者完成从哲学史家到哲学家的转变，提出和创立一种新的学说，需要极大的理论勇气，而开风气之先者尤其是面对极大的阻力和困难。在今天，在张立文、牟钟鉴他们这一辈中，不少学者都先后完成这种转变，自成格局，自创一家。在后一辈学者中，自创一说以求标新立异者，已经风气。

从以哲学来推进儒学研究和儒学创新的历史脉络来看，牟钟鉴先生创立的新仁学，不仅可以纳入现当代的中国儒学史，也同样可以纳入现当代的中国哲学史，是一个以新仁学来命名的哲学思想系统。

三、新仁学是一种新人学

"圣贤千言万语，只是教人如何做人"，这句话是宋代儒家学者重读先秦儒家经典之后体贴出来的心得。儒家的仁学是一种从人性上发现人的高贵品质，并致力于培养和扩充这一高贵品质，从而提升人、促进人的人生哲学和生命哲学。荀子将儒学理解为"成人之教"，使人如何成为人的教化系统，孟子将儒学理解为寻求人与生俱来、上天所赐的

"天爵"、"良能"、"良贵"、"本心",认为"学问之道无他,求其放心而已"。牟钟鉴的新仁学敏锐地将理论的视角指向一种基于儒家仁学的人生哲学和生命哲学,可以说新仁学也是一种新人学,引导人们以儒学的视角对人自身重新加以认识,发现人性的高尚与可贵,激励人以人性的光辉来克服现实世界的沉沦与诱惑,摆脱人生的困境。

当代文化中许多人以堕落为人性,以兽性相标榜,以野蛮相炫耀。比如以《狼图腾》一书为代表的对狼性的追捧。一些人错误地将儒学视为积贫积弱的根源,将儒家的仁义之道等同于消极、懦弱,将兽性、野蛮视作中国崛起的动力。新仁学针对《狼图腾》所渲染的狼性,一针见血地指出"要人性,不要狼性"。

中国人"仰观天文,俯察地理",法天祖地,从宇宙自然中汲取"自强不息"、"厚德载物"、"天无私覆"、"地无私载"的品格,从春生夏长、秋收冬藏中观察万物生生、天地之仁,中华自古以仁义立国,尊重生命,重视教化,开启民智,创造出灿烂的文化,不仅使中国成为世界文明古国中唯一未中断其文明历史的国度,而且使中国长期走在人类文明历史的前列。西方人也观察自然,但他们从自然得到启示却是"物竞天择,适者生存",因而坚持弱肉强食、以强凌弱、以众暴寡的丛林法则。当代的许多人把西方在近几个世纪里的成功美化为"西方文明",却忽略了这几个世界是西方民族展现他们在全球烧杀抢掠、无恶不作的"西方野蛮"的历史。"落后是要挨打的",这是我们同西方强盗民族打交道的经验教训,但是并不能由此颠倒是非,把落后作为我们应该挨打的原因,而赋予西方民族最近几个世纪给一切非西方民族带来灾难和祸害的野蛮行径以道义基础。此外,还应该看到,正是基于儒家文化仁义之道的精神力量,在最近的两三个世纪中,一代代中国人不懈求索,自尊自强,使中国走出谷底,重新崛起。我们依然是依靠仁义之道的伟大力量,我们不靠烧杀抢掠,而是靠我们的勤劳和智慧,依靠同世界各民族相互尊重、平等地交往发展起来。同时,也由于我们自身的发展,进一步动摇了帝国主义全球殖民的政治体系和经济体系,加速了旧秩序的瓦解。这就是儒家仁义之道的伟大力量,也是中华民族的民族精神。

在传统文化产生断裂，人文精神缺失的时代，儒家仁义之道对于我们以人文学和社会科学所构成的精神生活体系而言，更是亟需补充的底层价值。我们需要以儒家认为"须臾不可离"的仁义礼智信之常德常道，作为人文学所传承的价值核心，把这些古老而又恒常的人类美德与价值，传递于每一代人的心灵，同时又以体现仁义之道的人文学来规范和约束带有工具理性和功利色彩的社会科学，当代儒学中从新仁学出发的新人学，其可能的一项理论前景在于使人文学真正成为人学，使社会科学成为符合人性的社会科学。从新人学出发，当代儒学的一个可能向度是使儒学表现为批判儒学，以儒家的仁义之道来批判和匡正人文学术和社会科学，以及不良的社会现象和政策措施。

四、新仁学是一种新实学

在宋代理学家看来，儒学的特质表现为具有人伦日用之实的实学。与儒家实学相对的"虚学"有"三虚"，一为应付科考的科举之文，二为堆砌文藻、空洞无物的六朝文字，三为玄而又玄却远离人伦日常的佛老之学。到了明代，儒家学者批评理学空谈性理之虚，主张经世致用，强调儒学要讲求实践、实用、实功。在康有为的时代，他鲜明地认识到，儒学必须通过解决中华民族的危机来解决自身的危机。在当代中国大陆所开展的儒学，强调从儒学、儒术、儒教等不同方向发展儒学，开掘儒学的社会功能。正如我们在《新仁学构想——爱的追寻》一书中所看到的，作者对于诸如民主政治、市场经济、公民道德、国民教育、生态文明等问题都有强烈关怀，新仁学已表现出儒学作为实学的特质：儒学不能是一些抽象的原则和空洞的说教，必须深入到这些具体领域去讨论和落实儒家的义理价值。

就当代的儒学作为实学而言，面临着许多具体的任务，儒学研究面临如何从儒家文化传统和核心义理来阐释诸如自由、平等、民主、人权、法治、公平、正义、美德、善治等一个长长的任务清单。儒学不仅需要为这些当代生活中必须接纳的价值和体现这些价值的规则和制度寻找传统的根基，以使这些价值和相应的制度具有本土性、根源性、亲和性和稳定性，同时也需要将儒家文化遗产中所总结和体现的美德与智慧，体现在当代生活中基本价值和政治结构中去，使得当代生活不只是随波逐流的生活样态，当代的政治结构不只是纯粹的游戏规则，而是能够和中华文明的优秀成果紧密联系，充分承载和发挥这些美德与智慧。在参考种种西方思想流派对世界图景和生活世界的理解和解释之外，我们也需要了解一下，从儒家文化传统出发，我们对这些问题怎么看，对我们有怎样的启发，也许我们会有不同的理解思路和论证思路。比如关于民主政治，我们完全可以从儒家对于政治的理解出发，从儒家的仁义政治学、民本政治学和匡正政治学出发来理解民主的本质，从仁义与民主、民本与民主、匡正与民主的关系，来寻求一种既克服专制政治，又克服金钱政治的，健康的、合理的、完备的民主体制。

《新仁学构想——爱的追寻》一书，篇幅上并不浩大，全书更像是讲述一个新仁学的体系骨架，许多地方都有待于进一步展开论述。但新仁学对于当代儒学的意义，并不在于其多么详尽而完备，在于它为我们列举了一个从儒家仁义道统出发，面对时代要求的课题清单，在于为我们梳理了对应这些问题的基本思路。新仁学作为一个典型个案，表明了儒家的仁义道统在当代儒学中，得以展现的可能向度。这些思路和向度，也同时向人们昭示，当代儒学重振儒家仁义道统，在回应当今时代人的精神生活和社会生活等许多重要领域，大有可为。

牟钟鉴先生新仁学述评

赵卫东*

自 20 世纪 90 年代以来，探索儒学未来走向成为学界热点，许多学者对该问题发表了意见，有众多新观点、新视角、新理论出现，使学界呈现出半个多世纪以来少有的繁荣景象。然而，综观这些新观点，大多数是就某个具体问题而发，即就儒学自身所存在的某一个方面的问题所做出的回应，而少有能以 21 世纪人类困境为问题意识，对整个儒学作出积极探索的理论形态。但少有并不意味着没有，以笔者的陋见，牟钟鉴先生的"新仁学"，就是立足于 21 世纪人类所面临的问题而建构起来的儒学新形态。"新仁学"经过牟先生 20 多年的深入思考与积极探索，已经形成了一个相对完善的理论框架，其博采众家、融会中西、顶天立地、通古鉴今，具有广阔性、开放性与创新性等理论特色。

一、"新仁学"提出与构建的过程

牟先生"新仁学"构想的最早提出是在 20 世纪 90 年代初，1991年他在《哲学研究》第 2 期上发表了《重建诚的哲学》一文，其中提出了"新诚学"的构想。在该文中，牟先生首先对"诚学"的发展历史进

---

* 赵卫东：山东大学儒学高等研究院教授。

29

行了回顾，介绍了孔子、孟子、《中庸》、《大学》、荀子、李翱、周敦颐、邵雍、二程、李贽、贺麟等的"诚学"思想，然后把儒家的"诚学"总结为："诚是本体之学，诚是天道、人道之本，天道真实无妄，物性、人性得于天道而守其正，亦真实无妄；诚是德性之学，人性至善在于诚实无欺、纯真无伪，在于扩充仁德，成己成物；诚是践行之学，无论成仁行义，还是格致敬业，皆须精诚无懈、专注、笃行、坚韧不拔、百折不挠。德性之诚来源于本体之诚，并完成于践行之诚；人道之诚本于天道之诚，又通于天道，赞助生化，合内外，一物我。故诚是贯通天人、物我的链条，诚学最能体现儒家本体与工夫的合一，体现儒学赞美生命、肯定人生，提倡崇德广业，追求互爱不欺的传统思想。"最后牟先生认为："诚的精神实在是儒学的精髓和灵魂。"在此基础上，他提出了建立"新诚学"的构想，并认为"新诚学"的建构具有以下三个方面的意义：第一，"诚者天之道"的命题可以成为我们肯定大自然客观实在性的中国化表述方式。第二，"思诚者人之道"的命题可以提升为"普遍性的人生原则"，即"诚的哲学"。第三，"诚的哲学"符合现代社会健康化的要求，具有强大的生命力。通过以上三个方面可以看出，牟先生当时所关注的主要是人生问题，他认为"新诚学"或"诚的哲学"可以"为受诸多社会人生问题困扰的当代人类，提供一份有积极意义的精神食粮"。其建构"新诚学"的最终目的也是"走出一个虚假的世界，还回一个真实的世界；超越一个虚伪的人生，成就一个真诚的人生，使人间变得更美好"。

1993 年，牟先生又在《哲学研究》第 10 期发表了《儒家仁学的演变与重建》一文，第一次提出"新仁学"这一提法。在该文中，牟先生认为，仁学在中国儒学史上的发展可以分为以下三个时期："早期儒家仁学以孔子、孟子为代表"，"以'爱'为中心观念"，这一时期的仁学可以称之为"爱的哲学"。"中期儒家仁学的代表人物是朱熹和王阳明"，以"生"为核心观念，这一时期的仁学可以称之为"生"的哲学。"晚近儒家的仁学以谭嗣同为代表"，以"通"为核心观念，这一时期的仁学可以称之为"通"的哲学。牟先生认为，儒家仁学可以解决科技进步给人类所带来的各种社会问题，"儒家仁学所倡导的爱、生、通三大人道主义原则，对于医治当代社会的痼疾可以成为一剂良方佳药。"在此基础上，他提出了"新仁学"的构想："笔者以为仁学的重建可以将爱、生、通三大原则综合起来，再加上诚的原则，并在内容上加以增补，可以形成新仁学的体系。这个新仁学以爱为基调，以生为目标，以通为方法，以诚为保证。"此时，牟先生并没有放弃两年前其所提出的"新诚学"的构想，而是把"新诚学"纳入到了"新仁学"体系之内，把"新诚学"视为"新仁学"之保证，认为"新仁学还必须以诚作为保证，诚是仁学的生命"，"诚存则仁存，诚亡则仁亡，新仁学应是诚仁之学"。

2001年，牟先生在齐鲁书社出版了其《儒学价值的新探索》一书，其中除了继续申明了以前其所提出的"新诚学"与"新仁学"之外，又提出了儒家"新人性论"的构想。在该书第六章《儒家人性论与新人性论构想》中，他首先对儒家人性论思想做了历史的考察，把儒家的人性理论分为"孔子的性近习远论"，"孟子的性善说"，"荀子的性恶说"，"世硕的性有善有恶论、告子的性无善恶论、扬雄的性善恶混论"，"董仲舒、韩愈的性三品说"，"理学家的扬性制情论"，"王阳明、王船山、颜元、戴震等的性情统一论"等七大类，并在此基础上提出了自己的新人性论构想，即"人性三层次说"。牟先生认为，人性可以分为以下三个层次：人性的最低层次——生理属性；人性的中级层次——心理属性；人性的高级层次——变异属性。并认为："在通常情况下，人性的生理属性、心理属性和变异属性是同时并存并互相包含互相制约的。"牟先生进一步指出，人性具有三大要素，即德性、审美、才智，而这三要素中最重要的是德性，"它决定着人性发展的方向"。最后，牟先生点出了其构建新人性论的目的，他说："新人性论构想是面向现实的又是积极向上的，既继承和容纳历史上各家人性论之长，又努力于开拓和创新，它试图解释人性的各种复杂现象，又希望给人性的未来发展找出一条健康的道路。"

自1991年牟先生发表《重建诚的哲学》一文，至2001年《儒学价值的新探索》一书出版，其间整整有十年时间。在这十年中，牟先生为了使儒学真正活转于当世，不断地进行着积极的探索，先后提出了"新诚学"、"新仁学"和"新人性论"三种构想，理论越来越深入，视野也越来越开阔。在1991年写《重建诚的哲学》一文时，牟先生的关注点还仅限于人生问题，而至1993年写《儒家仁学的演变与重建》一文时，他已经开始从全人类的视野来思考问题，其当时提出"新仁学"的构想，不只是解决人生问题，也不只是解决中国的问题，而是面向了整个人类的未来命运，这使得其"新仁学"具有了更为广泛的价值。2001年以后，又经过了十多年的沉潜浸润，牟先生于2013年9月在人民出版社出版了其《新仁学构想——爱的追寻》一书，系统而详尽地概括和总结了其"新仁学"的思想，真正构建起了以"三题"、"十论"为核心的"新仁学体系"。

二、"新仁学"的基本思路与核心内容

《新仁学构想——爱的追寻》一书集中体现了牟先生20多年来对儒学未来走向的思考，系统介绍了"新仁学"构想的基本思路和核心内容，并对"新仁学"的当代价值进行了积极的探索，可以说是牟先生"新仁学体系"建构成形的标志。该书共有八个部分，除了六章的主体内容外，还包括一个"绪言"和一个"附录"。"附录"主要收集了牟先生与该主题相关的8篇文章。在主体部分中，牟先生在前两章主要对从孔子到当代新儒家历代儒者的仁学思想进行了历史性的考察；第三章则提出了其建构"新仁学"的基本思路；第四章介绍了"新仁学"的三大命题，第五章介绍了"新仁学"的十大专论，第四、五两章是牟先生"新仁学"构想的核心；第六章是"新仁学与当代新人文主义"，在这一章中，牟先生从七个方面探讨了"新仁学"的当代价值，即人生困境、民主政治、市场经济、公民道德、国民教育、文明对话、生态文明，是"新仁学"在当代社会的运用。下面对该书的基本内容做一简单介绍：

（一）"新仁学"构想的基本思路

在《新仁学的构想》一书第三章中，牟先生主要介绍了"新仁学"建构的三条基本思路：

第一，"以仁爱为核心理念，突出生命哲学的主线"。牟先生是一位具有悲天悯人宗教情怀的学者，极为关注人类的生命健康，他曾在一篇文章中提到："人的生命和身心健康是第一位的，首先应该加以关注。为此，建设当代生命学是十分必要和非常急迫的。"在牟先生看来，对人类来说，最重要的问题是生命问题，"人的生命和身心健康是第一位的"，其他的一切皆是第二位的。藉于以上认识，他非常注意中国哲学中有关生命哲学的内容，而且还经常从生命的角度来理解儒、道二家之学，把它们视为生命哲学。与其一贯的思路相应，他在建构"新仁学体系"时，首要的思路即是要突出生命哲学，把儒家的仁爱之学视为一种生命哲学。他说："新仁学的宗旨是发扬中华生命哲学的传统，探讨生命的价值和优化的道路，并把它与社会的改良、生态的治理结合起来，它的口号是：'热爱生命，尊重生命，护养生命，提升生命。'"

第二，"以孔子儒家为主，吸收诸子百家之长而加以综合创新"。"新仁学"并不凭空拟造，并非无源之水、无本之木，而是渊源有自，这个渊源便是以儒家文化为主体的整个中国传统文化。在该部分中，牟先生主要介绍了"新仁学"的经典支撑，即"六经、四书、四子、众论"。其所谓"六经"与我们平时所说的诗、书、礼、乐、易、春秋并不完全相同，而是指《周易》、《尚书》、《三礼》、《诗经》、《春秋三传》、《孝经》；"四书"当然是指《大学》、《中庸》、《论语》、《孟子》；"四子"则是指《老子》、《庄子》、《墨子》、《荀子》；"众论"包括张载的《西铭》、程颢的《识仁篇》、朱熹的《仁论》、王阳明的《大学问》、谭嗣同的《仁学》、孙中山的《三民主义》等。通过牟先生所列举的以上经典可以看出，"新仁学"的经典，除了儒家历来所看重的"四书"、"五经"之外，还增加一些与仁学相关的儒家典籍，同时还表现出宽广的胸襟与广阔的视野，把《老子》、《庄子》、《墨子》也纳入了其中，并云："佛教经典虽未列入，但佛学智慧却当吸收，如慈悲的情怀、平等的诉求、中道的坚守等，它们扩展了仁爱的范围，皆足以成为新仁学的营养。"

第三，"以孔子儒家为主，吸收西方文化之长，使新仁学具有鲜明的当代精神"。虽然目前学界很多人都提倡回归中国哲学本身，剔除西方哲学术语对中国哲学研究的影响，但中西文化的融合已是不可逆转的大势所趋，彻底抛开西方文化来重建中国哲学已是不可能的了。正是因为认识到了这一点，所以牟先生在提出"新仁学"构想时，特别强调要吸收西方文化中的优秀成果，以赋予"新仁学"以时代精神。牟先生认为，今天我们建构"新仁学"需要从西方文化中学习以下两个方面的内容：其一，"学习其理性精神与科学方法，以弥补孔子仁学重德轻智之不足，使新仁学的理论得到充分论证，并取得科学知识的有力支持"。其二，"学习其近代人本主义思想，高扬个人的权利和个性的解放，以弥补孔子仁学重群体责任轻个体尊严的不足，使新仁学把个体与群体有机统一起来，并在制度层面得到体现"。

正是在以上三条思路的指导下，牟先生提出了其"新仁学"的核心内容——"三题"、"四论"。

（二）"新仁学"的"三题"

"新仁学"的"三题"，即"以仁为体，以和为用；以生为本，以诚为魂；以道为归，以通为路"。

按照牟先生的讲法，"以仁为体，以和为用"讲的是"体用论"，即内圣外王之道。在中国传统哲学中，"体用论"主要是用来讲宇宙论或本体论的，当代新儒家代表人物熊十力先生便对体用论情有独钟，著有《体用论》一书，用体用关系来讲本体论。但牟先生在这里却明确指出，其"以仁为体，以和为用"的论题并不是宇宙论或本体论，而是属于人生论。其云："这是新仁学的体用论，不具有宇宙论或本体论的含义，它是人生论意义上的范畴。'体'指人性之本根、本然、实质，'用'指人性之发用流行;'体'是人性源头、内在品格,'用'是社会事功、外在感应。有其体必有其用,有其用必通其体。就仁学的体用论而言,仁是其体,和是其用。"

中国哲学向来就有"重生"的传统,儒道皆然。道家的"重生"思想后来发展为道教的养生论,主张"性命双修",神形合一。而儒家的"重生"思想则主要体现在宇宙论上,"天地之大德曰生","生生之谓易",皆是儒家以宇宙论来讲"生"的例子。仁本来与生并无直接的关联,但仁以爱为义,主要体现的是儒家"亲亲而仁民,仁民而爱物"的精神,"爱物"便有了生的韵味,这一点被宋明理学家所特别发挥。牟先生把"以生为本,以诚为魂"作为"新仁学"的"三题"之一,从某种意义上讲,是对儒家仁学的创造性运用。牟先生认为,"以生为本,以诚为魂"讲的是生命论,"视生命为真实的活体"。"这是新仁学的生命论,是其人生论的核心,说明生命的价值和关爱生命的重要性。"具体地讲,牟先生又把"新仁学"的生命论分为以下几点:其一,生命的意义和追求在于使众生过得幸福,从而实现自身生命的价值。其二,理顺道义与命运的关系。其三,健康的生命需要性命双修。其四,树立"民胞物与"的大生命观。其五,确立生命至贵的价值观。而"以诚为魂关乎生命的真实性,这是人类特有的问题"。

道是中国哲学中最高的范畴,儒、墨、道、法等诸子百家皆讲道,而其中儒、道尤甚。因此,牟先生认为,"以道为归,以通为路"讲的是大同论,"展现人类社会发展的前景和道路","指向人类的未来"。其"以道为归"包括以下内容:其一,大道是贯通宇宙、社会、人生的最高真理。其二,大道是普遍性与特殊性、一体性与多样性、群体性与个体性的高度统一。其三,大道是阴阳互动、刚柔相推、屈伸相感的永恒的运动变化过程,……因此,一物两体、对立统一。而"'以通为路',是指国家民族之间、社会阶层行业之间、思想文化之间,建立起畅通无阻的沟通、交流、合作的渠道,使人类摆脱彼此冷漠、隔阂、歧视、防范、仇恨的困境,迈向天下一家的坦途,使仁爱之道成为生活现实"。具体讲来,"以通为路"有"兼通"、"双通"、"信通"、"心通"等基本要求，并按照"利通"、"法通"、"温通"、"文通"、"感通"等项目逐步付诸实践。

（三）"新仁学"的"十论"

"新仁学"的"十论"是指"仁性论"、"仁修论"、"仁德论"、"仁志论"、"仁礼论"、"仁事论"、"仁群论"、"仁力论"、"仁艺论"。其中"仁性论"阐述人性的善恶问题，"仁修论"阐述修身的经验与方法，"仁德论"阐述仁德与各种道德范畴之间的关系，"仁志论"阐述仁人的人格尊严，"仁智论"阐述仁德与智能的关系，"仁礼论"阐述仁德与礼教的关系，"仁事论"阐述仁德与事功的关系，"仁群论"阐述仁德在社会生活与管理上的体现，"仁力论"阐述仁德与实力的辩证关系，"仁艺论"阐述仁德与文艺的关系。

三、"新仁学"构想的理论特色

儒家文化是中国传统文化的主体，它对中国人的影响坚固而又深远。而仁是儒家文化中最重要的范畴，儒学史上的各种理论形态，无不以仁学作为其主要内容。从孔子的"仁者爱人"到孟子的"亲亲而仁民，仁民而爱物"，再到韩愈的"博爱之谓仁"，程颢的"仁者浑然与物同体"，朱熹的"仁包四德"，王阳明的"万物一体之仁"，谭嗣同的"仁以通为第一义"，一直到牟宗三的"仁以感通为性，以润物为用"，从某种意义上讲，整个儒学史实际上可以称得上是一部仁学史。而且，在程朱理学看来，仁可以包含其他德目，程颢云："学者须先识仁。仁者，浑然与物同体。义、礼、知、信皆仁也。"程颐亦云："四德之元，犹五常之仁，偏言则主一事，专言则包四者。"二程的以上看法，最后被朱熹总结为"仁包四德"。显然，程朱理学明确地把儒家的仁、义、礼、智、信"五常之道"皆归于仁，这不难看出仁在"五常"中的地位。牟先生以"仁学"来概括儒家哲学，无疑抓住了儒家思想的精髓。虽然牟先生在《新仁学构想——爱的追寻》一书中只是简略地勾勒出了其"新仁学体系"的大体框架，未及进行深入而详尽的阐述，但就已有的这个框架而言，其理论贡献与学术创新已足以推动儒学乃至整个中国哲学的发展。正如笔者在本文开始时所讲的，牟先生的"新仁学"构想是目前少有的关于儒学未来走向的学术创新理论之一，不仅具有极大的发展潜力与学术价值，而且富有时代精神，对于改善和解决目前人类所面临的各种社会问题提供了一剂良药。具体讲来，"新仁学"构想具有以下几点特色：

（一）广阔性

从《新仁学构想——爱的追寻》一书中可以看出，牟先生的"新仁学"具有强烈的问题意识与广阔的理论视野，而以上两点恰恰是学术创新的必要条件：

1. 强烈的问题意识

历代中国哲学家都有一个共同的特点，他们进行思想探索的目的，并不是刻意要成为一个哲学家，也不是刻意要去建构一个哲学体系，而是源于来自其生命深处的强烈的现实关怀。正是为了解决某些重大的现实问题，他们才积极地进行理论的探索与思考，所以，他们提出自己的思想与学说，既不是哗众取宠，也不是无病呻吟，而是具有强烈的问题意识。这样的一种传统牟先生无疑是完全继承了，其"新仁学"的提出即是源于一种强烈的问题意识。牟先生的问题意识主要有两个方面，即文化的担当感与社会的责任感。在《新仁学构想》一书的《序言》中，牟先生说："当此传统断裂、德性缺失、物欲泛滥、人心混乱之际，自己不揣浅陋，本着'至诚无息'、'和而不流'的精神，力致于'寻坠绪之茫茫，独旁搜而远绍'，上承孔学之源，探讨仁学，创新仁学，赋予它当代理论形态，针对重大现实问题，发出仁和的呼声，应当于世有所补益，却不期待速生显效。但我相信'德不孤，必有邻'，也相信儒家仁学具有'极高明而道中庸'和'明体达用'的理想与现实相结合的品格，这能够为今人应对各种难题提供超常的智慧。"在以上这段话中，牟先生表明了他建构"新仁学"的目的主要有两个：第一，针对当前社会中所存在的"传统断裂、德性缺失、物欲泛滥、人心混乱"的局面，"上承孔学之源，探讨仁学，创新仁学"；第二，"针对重大现实问题，发出仁和之声"。而前者即是一种"斯文在兹"、"舍我其谁"的"为往圣继绝学"的文化担当意识，后者即是一种积极应对当前各种社会问题的"为万世开太平"的社会责任感。牟先生自己也说："'新仁学'的构想和提出，就是自己在社会责任驱动下所进行的一种初步的理论探索，也是多年来自己所思所悟的一次整理和提炼。"因此，牟先生"新仁学"构想的提出，是从他作为一个儒家知识分子生命中本有的文化担当感和社会责任感中自然流出的，这是真正"生命的学问"。

2. 广阔的理论视野

前面我们提及，从"新诚学"到"新仁学"、"新人性论"，牟先生的学术视野不断扩大，由开始的只是关注人生问题，逐步扩大到了整个人类的生存问题，而这一点在《新仁学构想——爱的追寻》一书中表现得更为明显。在该书第六章"新仁学与当代新人文主义"中，牟先生详细探讨了"新仁学"与"当代人生困境"、"当代民主政治"、"当代市场经济"、"当代公民道德"、"当代国民教育"、"当代文明对话"、"当代生态文明"之间的关系，从以上各方面不难看出，牟先生构建"新仁学"的目的，不只是为了解决中国传统哲学所最关心的人生困境问题，也不只是为了解决当前中国人最关心的政治、经济、道德、教育等问题，而是把目前整个人类所面临的各种困难也纳入了他的视野。以上说明，"新仁学"的服务对象不只是中国，而是整个人类社会，具有了全球化的视野。

（二）开放性

按照学术发展的一般规律，哲学史上每一次重大理论创新与学术突破的实现，除了要有强烈的问题意识与广阔的理论视野外，还需要有新文化因素的刺激和新学术方法的引入，然后才能最终完成新哲学体系的建构或新的理论范式的转换。然而，要充分吸纳新的文化因素和引入新的学术方法，创新者就必须要有宽广的胸怀和开放的心态，而这一点牟先生无疑是做到了，因为开放性正是其《新仁学构想》的突出特点。

1. 内容上以儒家为主综合各家之长

牟先生的"新仁学"虽然以儒家的"仁"为主要范畴，但并不只是依靠儒家建构起来的，而是在以儒家思想为主体的前提下，充分吸收了中国哲学史上各家学说之精华，也借鉴了西方文化中的很多内容。比如，他在谈到"新仁学"构建的思路时提到，"新仁学"所依据的经典包括"六经、四书、四子、众论"，其中"众论"部分中就包括道家的《老子》、《庄子》和墨家的《墨子》，而且还说："佛教经典虽未列入，但佛学智慧却当吸收，如慈悲的情怀、平等的诉求、中道的坚守等，它们扩展了仁爱的范围，皆足以成为新仁学的营养。"又如，牟先生在谈到"新仁学"生命论的重要内容时，不仅引用了老子的话，而且还借用了全真道的术语，其云："健康的生命需要性命双修"，其中"性命双修"便是全真道的主张。再如，在"新仁学""十论"中的《仁智论》中，牟先生主张"新仁学"应该吸取西方文化之长，认为"中国的道德之学完全可以与西方的科技之学相衔接"，又在"仁力论"中大量引用老子的话来纠正儒家之偏，等等。以上说明，牟先生的"新仁学"虽然仍然以儒家文化为本位，但并不排斥其他各家学说，"综合创新"一直是牟先生所提倡的三大创新方法之一，而其具体的运用在"新仁学"中处处都可以体现出来。牟先生以儒家来兼摄其他各家，充分显示了他的恢宏气魄与宽广胸怀，若没有一个开放的态度与兼收并蓄的精神，这是很难以做到的。

2. 方法上兼收并蓄综合各家学说

过去在如何继承与创新中国传统文化的问题上形成了三种主要的观点，即当代新儒家提出的"返本开新"说，张岱年先生提出的"综合创新"说和20世纪50年代中国文艺界所提出的"推陈出新"说。牟先生认为，以上三种观点有同有异，其云："其同皆在于主张从儒家传统中开拓出新形态、新局面。其异在于：返本开新注重正本清源，以保证中华真精神得到发扬光大；综合创新注重包纳多样，以保证儒学的生命活泼多姿；推陈出新注重转化传统，以保证儒学的资源不断为现代文明输送营养。"但单独任何一种都不足以承担继承与创新中国传统文化的重任，因为它们都存在理论上的不足。比如，就"返本开新"来说，这个"本"是什么？是一本呢？还是二本？甚至多本？当代新儒家虽然依此建立起了儒学的新形态，但因其过分强调儒家本位主义而抛弃了其他各家思想的精华，从而使其理论陷入了偏颇。又如，"综合创新"有没有主次？谁为主？谁为次？如何处理主次的关系？这就是一个难题。再如，"推陈出新"的前提首先要区分开精华与糟粕，如何区分？以什么为标准？如何避免庸俗的实用主义？这些问题需要首先解决。因此，以上三种方法虽然都在我们继承中国传统文化时起到了重要作用，但它们彼此的各自为政，影响了今天我们对中国传统文化的继承与创新。

牟先生在建构其"新仁学"时，充分利用了以上三种方法，从某种意义上讲，假若"新仁学"在学术上有所创新的话，那么，这三种方法的配合使用功莫大焉。牟先生曾经在一篇文章中谈这个问题，其云："'三新'之说又彼此关联，不可分割。不返本开新，不接续源头活水，综合创新便会食多不化，推陈出新就会迷失方向；不综合创新，不引进众家异说和外来文明，返本开新便会泥古不化，推陈出新就会乏力苍白；不推陈出新，不致力于内部创造，返本开新就会徒说空话，综合创新也会主体不明。因此，'三新'之说相辅相成、相得益彰，如此儒学的继承与创新庶几可以顺利进行。"当目前学术界很多学者，还在争论我们今天要继承与创新中国传统文化，到底应该采用以上三种方法中的哪一种时，牟先生已经充分吸收了三种创新理论的优长之处，提出了其"新仁学"的构想，这也充分说明，我们今天要进行文化的创新，就必须首先要有开放的胸襟，否则一切都将是徒劳。

除此之外，牟先生的"新仁学"本身就是一个开放的系统。牟先生为他的新著取名《新仁学构想——爱的追寻》，其中"构想"一词可谓恰如其分地概括了该书的特征。"新仁学"只是一个构想,而不是一个已经完成了的体系。它的基本思路、三大命题、十大专论等概括而简洁,都只是提出了一个理论发展的思路,这为以后的研究者提供了无限可能的发挥空间。

(三) 创新性

虽然广阔性与开放性是牟先生提出"新仁学"构想的前提条件,但是"新仁学"之所以为"新仁学",即"新仁学"的真正理论价值,却在于其创新性。"新仁学"之所以称之为"新",乃是因为其在继承传统仁学的基础上,立足于当前人类所面临的现实问题,创造性地实现了仁学在当代社会的转化与运用,这是真正意义上的"返本开新"。而且,因问题意识的不同,相对于活跃于20世纪的当代新儒学而言,"新仁学"在诸多的方面实现了理论上的创新,突破了当代新儒学的理论局限,为21世纪儒学的重建提供了理论范式。具体讲来,"新仁学"的创新之处主要以下几个方面:

1. 超越了当代新儒学的形上学情结

如前已述,自20世纪90年代以来,牟先生先后曾有过"新诚学"、"新仁学"、"新人性论"等三种儒学未来发展的新构想,这三种构想分别以诚、仁、性三个儒学的主要范畴为主题,这三个概念都是儒学本有的,而且皆可以为体。以诚为体可以称之为"诚体",以仁为体可以称之为"仁体",以性为体可以称之为"性体"。以上三个概念虽然都很重要,都是儒家思想的核心概念,但其中仁比诚、性更为根据,所以最后牟先生把"新诚学"与"新人性论"都会归于"新仁学",重点提出了"新仁学"的构想。

在"新仁学"三题中,第一题即是"以仁为体,以和为用",在这里牟先生明确以中国哲学中传统的体用论来讲仁与和的关系,是对中国传统哲学的继承。"体用论"一直是儒家思想的重要内容,程朱理学家就曾提出过"体用一源,显微无间"的命题,以表示体与用之间关系的不可分割。但是，在程朱理学家那里，因他们过分强调道与器、理与气、天理与人欲、天命之性与气质之性等的区分与对立，从而在某种意义上割裂了体用关系，并没有真正做到"体用一源，显微无间"。后来，当代新儒家又借用体用论来讲形上与形下的关系，把"体"视为形上的，把"用"视为形下的，虽然他们极力试图打通形上与形下之间的壁垒，实现形上与形下的贯通与圆融，但把体用关系视为形上与形下的关系，无形中难以避免对体用的割裂。比如，牟宗三先生为了实现在中国建立起科学与民主的理想，提出了"由内圣开出新外王"的命题，并通过"穷智见德"与"良知坎陷"实现了形上与形下之间的贯通。然而，他仍然过分强调了形上本体的超越性，以西方哲学中的超越与经验的对待来处理形上与形下的关系，必然会有割裂形上与形下之嫌。

虽然《易传》中早有"形而上者谓之道，形而下者谓之器"的说法，但中国古代的哲学家却仍然用体用论来阐述自己的思想，这并非偶然。因为无论是用形上形下，还是本体与现象，都比不上用体用来阐述中国哲学更合适。形上与形下关系无论多么密切，形上仍然是形上，形下仍然是形下，两者不能等同，因为它们处于不同的哲学层面。然而，用体用来表示就大不一样了。体与用是一体之两面，"体用一源"说的即是：体即是用，用即是体，无无用之体，亦无无体之用，体用并不是事物的两个层面，而是同一事物的不同状态。就像冰、水与水蒸气一样，虽然看起来很不一样，像是三种不同的东西，但在本质上是相同的，是水的三种不同形态。又像一个人的不同行为，一个人可以坐着，也可以站着，还可以走着或者躺着，但无论其行为如何，仍然是这个人，这一点并没有改变。牟先生以体用来讲仁与和的关系是颇有深意的，而且他明确地讲，"以仁为体，以和为用"讲的不是宇宙论与本体论，而是属于人生论。这里既没有形上、形下的区分，又没有超越、经验的对立，有的只是"体用一源，显微无间"，即有体用而无体用之相。从表面看起来，这是向中国传统哲学的回归，尤其是向先秦孔孟的回归，而实际上同时也是对当代新儒家哲学的超克。

2. 突破了儒家"由内圣开出外王"的理论局限

虽然"内圣外王"一词最早出自《庄子·天下篇》，而《庄子·天下篇》在谈到"内圣外王"的时候，并没有专指诸子百家中的某一家，而是将其作为天下学术应有之"共法"。但是，因为儒家在这一方面做得最好，所以后来"内圣外王"便被视为了儒家的理论宗旨。孔子的"修己以安人"与"修己以安百姓"讲的便"内圣外王"，"修己"是"内圣"，"安人"、"安百姓"是"外王"。《大学》的"三纲"、"八目"讲的也是"内圣外王"，"明明德"是"内圣"，"亲民"是"外王"，"格、致、诚、正"是"内圣"，"修、齐、治、平"是"外王"。然而，自孔子开始，儒家便有重"内圣"而轻"外王"的倾向，所以《大学》才讲"自天子以至于庶人，壹是皆以修身为本"，把"内圣"与"外王"的关系视为本末关系，"内圣"是本，"外王"是末。后来，在宋明理学家的推动下，儒家以"内圣"笼罩"外王"的倾向更加明显，导致了其"外王"面一直不显。当代新儒家充分认识到了这一点。他们认为，传统儒家由"内圣"直接开出"外王"是行不通的，所以提出了"由内圣开出新外王"的口号。牟宗三先生对这一问题贡献极大，他通过"良知自我坎陷"与"智穷见德"这两个命题，实现了由"内圣"到"新外王"的贯通。然而，不管是"直通"还是"曲通"，都是要由"内圣"来开出"外王"，牟宗三先生仍然没有突破传统儒家"内圣外王"的理论格局。

牟先生的"新仁学"构想，既有"内圣"，又有"外王"。比如，其"新仁学""十论"中的"仁修论"就是谈的"内圣"，而"仁事论"谈的则是"外王"。在"仁修论"中，牟先生详细探讨了自我修养的方法，即"新仁学"的工夫理论，其提到了八种修养方法，即"笃志而固执"、"反躬内省"、"慎独"、"从善改过"、"尊德性而道问学"、"知行合一"、"清心寡欲"、"推己及人"，这八种方法都属于"内圣"的工夫。在"仁事论"中，牟先生云："'事'即事功，亦即孔子所说'修己以安人'中的'安人'，《中庸》'成己成物'中的'成物'。"然而，牟先生所理解的"外王"，已不同以往。在这一部分中，牟先生还反思了以往儒家在"外王"问题上的不足。他认为，传统"儒者心中仍以出仕参政为正途，其范围仍嫌狭窄，不能适应工商发达、百业兴旺的现代社会"。当代新儒学"在内圣外王的理解上容纳了西方现代文化要素，在理论上多有创新，强调儒学要由内圣开出新外王，即民主与科学。但他们对新外王事业的具体内容则语焉未详，他们基本上生活在学院文化的范围内，对社会政治、经济、文化的实际影响是有限的"。牟先生认为，"我们今天对儒家的理解应当是广义的，只要有仁爱之心、礼义之守、包容之德，即是儒家式人物。我们希望这样的儒家人物遍布各领域各行业，如儒家式政治家、思想家、企业家、科学家、教育家、外交家、文艺家、法学家、军事家，以及儒官、儒工、儒农、儒医、儒师、儒警，等等，使儒家的仁和之道在百业千职中发挥积极作用"。

"新仁学"在处理"内圣"与"外王"的关系上也提出了新的看法，牟先生云："当代新儒家牟宗三先生有鉴于此，提出'良知坎陷'说，认为儒家道德理性不能直接开出科学与民主，需要自我'坎陷'，转出和确立知性主体，从而开出现代科学与民主。牟宗三先生要挺立知性主体是对的，但是否一定要先使德性'坎陷'呢？笔者以为智是仁的展现，仁德内在地要求知性发育流行。只是在家族社会和农业文明的时代条件下，泛道德主义流行，限制了人们的眼界，造成了中国人知性不够发达。只要道德理性通畅展开，必然要求'仁兼智'，知性的显扬不仅顺理成章，而且由于德性的引导而能遵循正确的发展方向。"在牟宗三先生看来，德与智分属于两个不同的层面，道德属于形上的层面，而智识则属于形下的层面，所以两者不能兼得，中国要想开出科学与民主，就必须要"良知坎陷"。但在牟先生看来，德与智并非属于两个层面，两者也不相互冲突，道德不仅不会阻碍知识的发展，而且"智是仁的展现，仁德内在地要求知性发育流行"。这样一来，德与智就由上下关系转变为了平列关系，两者可以并行发展，但不能互相代替。德的作用并不是开出智，而是制约或规范智，使其走上有利于人类幸福的正路。同样，"内圣"与"外王"之间的关系也是如此，"外王"并不需要从"内圣"中去开出，"内圣"是"内圣"，"外王"是"外王"，可以各自发展，但"内圣"可以促进"外王"的发展。牟先生的以上观点已经得到了事实的证明，他云："当代世界一流的中国大科学家钱学森、华罗庚，既有深厚国学底蕴，又掌握现代科学技术尖端。华裔诺贝尔奖获得者杨振宁以《孟子》做人处事、以自然科学做事立业，李政道用老子的'道'解释科学上'测不准定律'。以上证明，中国的道德之学完全可以与西方的科技之学相衔接。中国人善于吸收人类各种文明成果，无须乎事事都从老祖宗那里直接开导出来。"牟先生以平等并列的关系来处理"内圣"与"外王"之间的关系，这不仅突破了传统儒家的"内圣外王"格局，而且与当代新儒家处理"内圣外王"关系的理论相比，也具有更大的合理性。

总之，牟先生作为一位当代儒者，藉于强烈的文化担当感与社会责任感，经过20多年的艰辛探索，终于提出了其"新仁学构想"。无论是"三大命题"、"十大传论"，还是"新仁学与当代新人文主义"，无不处处体现着"新仁学"所具有的广阔性、开放性和创新性的特点。正如余敦康先生所言，"新仁学构想"的提出，标志着牟钟鉴先生由一位哲学工作者，转变成了一位真正意义上的哲学家。同时，"新仁学构想"的提出，拉开了21世纪儒学创新的序幕，相信在不久的将来，会有更多像"新仁学"一样的新的学说与观点出现，儒学乃至整个中国哲学的繁荣与复兴指日可待。

多元文化融通背景下传统儒家仁学
理论形态现代转换的新探索

——从牟钟鉴《新仁学构想》到陈来的《仁学本体论》

魏　涛*

仁学是传统儒学的精华所在，也是儒学在当今时代实现理论转型过程中最有价值的思想资源。近代以来，在西学大潮冲击下，孔子仁学陷于最悲惨的境地，不仅被中国主流社会弃之如敝屣，还被激进主义者视之为糟粕。在五四新文化运动开启的"批孔反儒"的巨大社会思潮中，人们立足于国外不同的思想流派立场都对儒学发起了猛烈攻击，使得儒学日益被"边缘化"、"妖魔化"、"腐朽化"。在"文革"期间，孔子儒学遭受到了空前的批判和打击。改革开放之后，人们在对历史进行理性地思考之后，又掀起了孔子再评价的热潮，基于价值和意义的视角不断从儒学中汲取营养。在逐渐步入全球化的进程中，国际社会的很多有识之士越来越认识到孔子思想尤其是仁学的重要性，发出了一种共同的声音，即认为今天处在困境中的人类，需要到2500多年前的孔子那里寻找摆脱困境的出路。从理论上来看，五四以来，包括梁漱溟、熊十力、冯友兰等人在内的新儒家在近代以来"启蒙与救亡"的双重变奏中，不断进行着深入的理论探讨，对于西方文明的挑战进行了积极有效的回

＊　魏涛：郑州大学马克思主义学院教授。

应。尽管目前还有人对传统儒学能否从"博物馆"中走出来，从"游魂"的状态落下来，进入大众生活的世界持怀疑态度，我们应该坚信，数千年对中国传统社会发生重要影响的儒家仁学一定会从理论自身的发展方面协调好其与现代性和社会主义的意识形态的关系，以新的理论形态展现在我们的面前。21 世纪以来，人们基于价值论的视角，主要围绕着立德树人的问题，就如何重建传统仁学的问题进行了激烈的讨论，提出了多种多样的新仁学理论建构路径。对于这些理论进行检视，将在新世纪深入推进中国哲学的现代化和世界化问题的思考上形成有益的参照。

一、传统仁学的思想的演进与新仁学的现代回响

"仁"是儒家思想中最重要的德性、德行观念，他的基本的意涵是"爱"的道德情感，可以由近及远地有差等而无止境推展的道德情感。儒家仁学思想早在《周易》、《尚书》、《诗经》、《左传》、《国语》中已经形成。如《左传》中的"仁、信、忠、敏"，《国语》中单襄公所讲到的"敬、忠、信、仁、义、智、勇、教、孝、惠、让"都将仁置于重要地位。通过对《左传》和《国语》的系统考察可见，春秋时代人们在社会生活中的很多行为皆用仁来加以评论或界定。孔子更是将"仁"视为人们道德行为的共同德性基础，"仁"成为整个孔子思想最重要的范畴。孟子继承了孔子的理论方向，将儒家道德观念体系之诸多德目概括为仁、义、礼、智之四端，并发展出"仁政"的思想。孔孟仁学主要是以情感或心智出发建构仁学，力图在人自身之中追寻道德根据。汉儒则进一步强化了这一特点。如《白虎通》中所言的："五性者何？仁义礼智信也。仁者不忍也，施生爱人也；义者宜也，断决得中也；礼者履也，履道成文也；智者知也，独见前闻不惑于事，见微者也；信者诚也，专一不移也。"（卷八《情性》）将"仁"作为五常之一确立为传统伦理道德的核心内容。魏晋南北朝时期，社会思想渐趋多元化，道、法、名、

墨诸家日臻活跃，儒家经学则渐趋衰落。当时社会以道家精神为主导的玄学风行，玄学家多着力于畅玄虚、明自然。虽然他们也在努力调和名教与自然，但其核心是要把名教建立在自然为本的基础上，更遑论嵇康还要"越名教而任自然"。唐代韩愈讲"博爱之谓仁"，但对仁学未作进一步阐发。至宋儒程颢方给仁赋予更高的义理升华的表达，提出了"仁者以天地万物为一体"的观念。"学者须先识仁。仁者，浑然与物同体。"（《河南程氏遗书》卷二上）"仁者，以天地万物为一体，莫非己也。认得为己，何所不至。"（《河南程氏遗书》卷二上）"若夫至仁，则天地为一身，而天地之间，品物万形为四肢百体。夫人岂有视四肢百体而不爱哉？"（《河南程氏遗书》卷四）程颢在这里以哲学化的观照和识解，将爱的道德情感升华为"浑然与万物一体"的精神境界。进入了这种境界，爱的情感才可具备"何所不至"的广阔，才能有如爱自己身体般的那种真切。程颢对"仁"之意涵更进一步的诠释，是在"万物一体"的视野中，又体悟"仁"是"生"，是生长着、律动着的万物整体生命。在程颢那里，"仁"不仅是爱的道德情感，也是生命的表现和存在；仁者不仅是与万物同体，而且是与万物处于一种生命的同一体中。在这种人与万物同体的精神境界里，或宇宙万物的存在结构是一种生命同一体的哲学诠释中，使得"天人合一"或"赞天地化育"之论成为多余之论。可以看出，在程颢这里，人与万物处于生命同一体中，人珍惜自然、保护自然不再是对异己的"应然"的道德责任，就是自己生命本具的生活行为，当内化于人的生命存在。就像其所常言及的身体有病痛"不仁"处，自然应该去切脉诊治。从表面上看，这是对人自然责任之消解，实际上是在一种更高的境界意义上去彻底履行自己的责任。程颢对传统儒家仁学以"与万物同体"的观念进行了深入的理论提升，之后得到陆王心学的回应。如陆九渊基于他的"宇宙便是吾心，吾心便是宇宙"所讲的"宇宙内事乃己分内事，己分内事乃宇宙内事"（《陆九渊集》卷三十六《年谱》），王阳明所谓的"仁者以天地万物为一体，使有一物失所，便是吾仁有未尽处"。（《阳明全集》卷一《传习录》上）皆可视作是对程颢观点的进一步表达。之后对儒家仁学进行系统化阐释的即是谭嗣同。他直接孔子，兼综传统诸家，融会中西，以"通"的理念为特色，把仁爱与感通观念结合起来，与工商相结合，赋予了传统仁学以平等互尊、开放富民的新特征，将传统仁学推进到新的理论形态。

在当代新儒家融会中西，贯通三教的努力中，梁漱溟创立新文化学，熊十力创立新唯识学，冯友兰创立新理学，贺麟创立新心学，钱穆创立新国学，方东美创立新生命学，牟宗三创立新儒家形上学，张岱年创立新气学，大都承接宋明道学的理、心、气三大学派而有所创新，并不以仁学为主轴。传统仁学以八德四目的核心价值形式自民国以来开始进入到寻常百姓的生活世界。然从传统仁学理论演进的链条上来看，新的仁学理论体系的建构尚未形成。

进入 21 世纪，很多学者就仁学理论的建构问题提出了不同的路径。吴光兼融了儒家仁爱价值观与西方民主价值观的新儒学提出了"民主仁学"。该提法在港台新儒家"内圣开出新外王"的理路基础上，进一步将民主纳入内圣之体中，提出了新体、新用的理念。郭齐勇则在《东亚儒学核心价值观及其现代意义》中提出，从汉儒到宋明儒，其共同承认的核心价值观，大体上是以仁爱为中心展开的。山东大学颜炳罡在《生命的底色》一书中指出，孔子之学是"引仁入礼"，思孟之学是"依仁以成礼"，荀子之学是"以礼显仁"，汉学是"依礼限仁"，宋明理学偏于"礼体仁用"，心学偏于"仁体礼用"而有空疏之弊，清代今文经学使仁学复苏，今后应将"依仁而成礼"与"设礼以显仁"结合起来。台湾学者林安梧在《孔子思想与"公民儒学"》一文中系统阐释了"公民儒学"的由来和内涵。他不赞成牟宗三的由"内圣"开出"外王"的思路，认为其缺陷在于未摆脱宋明新儒学以心性论为核心的传统诠释系统的窠臼，乃是一种理论逻辑次序的安排，与实际生活相脱节，因而难以有可行性。在他看来，新儒学的构建要顺应历史的发生次序并在新的时代条件下安排出实践学习的次序，才具现实意义。孔子实现了由"社会的阶层概念"转变为"德性的位阶概念"，汉代将"人格性道德联结"转变为"宰制性政治联结"，辛亥革命实现了由传统的重视"心性修养"到强调"社会正义"亦即"公民儒学"的革命，这一转变使儒学从传统的以心性论、主体自觉为核心的宗法儒学、转化为以契约性、责任心为核心的现代公民儒学。李幼蒸则把"仁学"一词从其传统语境中抽取出来，使其成为基本伦理学典范的孔孟伦理学之专称，以区别于内容远为繁复的儒学。在他看来，将仁学与儒学区分开来，首先可以使孔子思想和中国两千年儒教政治史分开，两者成为虽相关而不同的学科领域，其结果不仅有益于古典学术研究，而且有助于未来文化学术创新的事业。一个直接的益处是使传统仁学和现代"反封建思想运动"可以彼此相容一致。一方面，只有仁学，而非传统儒学全体，才能有进一步参与中国现代化和全球伦理学对话的可能性；另一方面，在信仰纷争不已的今日世界，只有非宗教的仁学伦理学才有可能成为一切信仰传统都可接受的"中性"对话基础：主体选择实践学和人际正义思想之间的合理关系模型。仁学的特点尚不在于"博爱"和"大同"这类人类传统价值之公言，而在于其主体伦理学中的特殊生存态度。在他看来，《论语》以直观的方式为个人人生信仰提供了"理论上"和实践上可信的理性基础。在认识论上不同于时下的极端相对主义、虚无主义、形而上学和超越性信仰等西方主流论立场。李幼蒸认为，中国历史上形成的经验理性主义仁学传统，经过解释学和符号学方法论的读解后，有可能成为普适于现代人类的基本伦理学范型之一。牟钟鉴《新仁学构想》和陈来的《仁学本体论》正是在理论界对传统仁学重构的讨论中出现的重要理论著作。

二、从牟钟鉴《新仁学构想》到陈来《仁学本体论》

面对着多元文明的共存与争鸣，中央民族大学的牟钟鉴教授基于德性与智性之矛盾冲突的理论，明确谈到了孔子仁学在德性与智性之矛盾中其价值挺立的必然性与可能性，提出了"以仁爱为体，以智能为用"的重要观点。他非常乐观地坚信，"在传统断裂、德性缺失、物欲泛滥、人心混乱之际"，集纳中西方的智慧，重建仁学，必使其在当今社会，当今世界放射出"耀眼的光彩"。早在20世纪90年代初，牟钟鉴教授就提出了重建儒家仁学的问题。在该文中，牟教授提出："仁学的重建，可以将爱、生、道三大原则综合起来，再加上诚的原则，并在内容上加以增补，可以形成新仁学的体系。这个新仁学以爱为基调，以生为目标，以通为方法，以诚为保证。"在对孔子仁学历史流变进行分析之时，牟钟鉴教授提出："在长达两千多年的儒学史上，植根于孔子仁学开出自己思想学说的，屈指只有两家：先秦孟子的仁义之说和近代谭嗣同的《仁学》。"牟钟鉴教授认为，仁爱应该从如下几个方面来把握：第一，仁爱乃是情与理的结合；第二，爱有差等，推己及人，由近及远；第三，兼相爱则交相利，爱心要体现为互利共赢，使社会各阶层、各行业各得其所、各兴其业，使世界各国各族能够和平发展、共同繁荣、民主改善、幸福安康；第四，仁爱必须是互尊的爱，绝不是强迫的爱；第五，仁爱的日常表现是敬业乐群，怀着爱心做好本职工作；第六，仁爱要渗透到制度设计和社会管理中去。进而他谈到了新仁学的生命论的多重内容，如：第一，生命的意义和追求在于使众生得幸福，从而实现自身生命的价值；第二，理顺道义与命运的关系；第三，健康的生命需要性命双修；第四，树立"民胞物与"的大生命观；第五，确立生命至贵的价值观，把仁爱生命视为一种真诚的、普遍的信仰，置于各种主义、宗教信仰、哲学体系、社会理想、利益追求等价值理念的最高位置，当发生矛盾时，便毫不犹豫地服从尊重生命、爱养生命的无上原则，而不以任何理由去残害生命。最后谈到了关于新仁学的大同观。他赞同道家的宇宙论，认为宇宙的发生、演化不是杂乱无章的，不是偶然性的堆集，不是无生命体的无限延续，而是有本有源、有动能、有活力、有规律可循的，这便是道。"以道为归"可作三种理解。第一，大道是贯通宇宙、社会、人生的最高真理。一曰生道，二曰公道，三曰和道。第二，大道是普遍性与特殊性、一体性与多样性、群体性与个体性的高度统一。第三，大道是阴阳互动、刚柔相推、屈伸相感的永恒的运动变化过程。

继牟钟鉴之后，陈来亦提出了他的"仁学本体论"。针对李泽厚的《该中国哲学登场了?》一书中关于哲学是否终结的讨论，陈来指出："但李泽厚的提法很有意义，就是在反形而上学的时代，在后形而上学的时代，肯定广义的形而上学的意义，认为广义形而上学不可能终结，主张广义的形而上学根源于人类心灵的永恒追求，广义形而上学的内容是对人生意义和宇宙根源的探求。"这样一种哲学观，在"哲学终结论"甚嚣尘上的时代，在后现代思潮笼罩文化领域的时代，是有意义的。在此意义上，我们所主张的仁学即可以为一种广义形而上学，以解决人生的价值、宇宙根源的问题。而同样显然的是，思想确实往往比哲学更重要，说仁学是一种思想比说仁学是一种哲学要更为贴切。针对李泽厚的情本体论，陈来指出："从中国哲学的角度看，最好者为'体用论'，全体大用，无有偏处，中国哲学即讲体用论。李泽厚以情为本体，终究难免于中国传统哲学对'作用是性'的批评，情之意义在感性生活和感性形式，还是在用中讨生活，不能真正立体。儒学的论情，必须如马一浮所说，全理是情，全情是理，才是儒学论情的基本立场。"提李泽厚也曾多次谈到儒家的仁，在陈来看来，他总是把仁理解为经验的情感，不能深刻了解在儒学史上"仁"所具有的多重向度的意义，包括本体论宇宙论的意义，因此李泽厚是把仁放在他的情本体中来谈论、来肯定。在我们的立场来看，仁是具有形而上学意义的实在，而爱的情感只是仁体的显现之用，而李泽厚对仁的理解始终限制在"经验性的仁爱"，因此就不能肯定仁体的观念。故此，针对李泽厚的情本体论，陈来建立了他的仁学本体论。他还提出："仁体论的建构既是面对现代儒学形而上学的需要，也是面对中华民族复兴时代重建儒学或复兴儒学的需要，在根本上，更是面对当今中国与世界的道德迷乱，因此它最终要落脚在价值、伦理、道德的领域，重建社会和人的道德，如古人所说振纲纪、厚风俗、正人心者。"这对于那些力图以援引西方宗教来解决中国社会当前所谓的信仰危机问题的思路是一个有力的回应。故此，陈来教授提出，"中国几千年的历史证明，非宗教的人道主义（仁道）可以成为社会群体的凝聚力和道德基础而无需要超越的信仰，这一点西方要到启蒙和宗教改革之后才能理解"。

从牟钟鉴的《新仁学构想》到陈来的《仁学本体论》，中国传统仁学获致了深度的推进。陈来在《仁学本体论》后记中讲道："承牟钟鉴先生赠其新书《新仁学构想》，其中之义，多与鄙见相合，可见仁学的重建在当代已经是有志于发扬儒学者的共识。"可见，陈著的出现与牟钟鉴《新仁学构想》当是存在着一定的理论承接关系。反映了近年来有关新仁学理论建构的重要的理论进程。当然，陈来也明确指出："与牟著不同的是，本书集中于'仁体论'，关注在本体的哲学层面。"从立本处着眼进行新仁学理论建构，继承了宋明以来儒学在回应其他文化挑战时的重要传统，亦将成为在诸多新仁学理论建构面向中非常关键的方面。

三、新仁学理论建构与当代中国哲学理论形态转换的若干思考

新仁学理论建构之所以成为新时代儒学发展的重要方向和理论建构的重要着力点，既与多元文化背景下各种思潮的相互激荡有着紧密的关联，也与传统儒学自身理论发展的困境密不可分。前者是作为新仁学理论建构的外在因缘，对于启发我们对传统仁学进行系统的理论清理构成了强烈的刺激。后者则使得我们在推进传统仁学既有思路和思维模式的本根性的思考方面，在对儒学与现代性、公共性等问题的关联性回应上基于本土文化立场向前迈进了一步。

第一，新仁学理论建构的关键在于如何转承中国传统哲学即体即用，体用一源的思维模式。

应该看到，尽管程颐那里已经提出了"体用一源，显微无间"，但并未对于体或本体作具体、明确的界定，清儒李二曲在其著作中对本体概念从多个方面作了界定，着力强调和点明了本体与工夫之间的关系。此后而熊十力的《新唯识论》对本体作了如下的界定："本体所以成为本体，具有如下诸义：一、本体是备万理、含万德、肇万化。法尔清静

本然；二、本体是绝对的；三、本体是无形相的，没有空间性的；四、本体是无始无终的，没有时间性的；五、本体是全的，圆满无缺的，不可剖割的；六、本体是不变易中涵着变易，变易中涵着不变易的。"而且他提出了对本体实质的看法："从来哲学家谈本体，许多臆测揣度，总不免把本体当做外在的物事来推求，好像本体是超越于一切行或现象之上而为其根源的，多有把本体和一切行或现象界说成两片。"在熊先生看来，必须要从历史上哲学智慧在探寻"本体"的迷失中走出来，才能形成对本体的观念的正确把握。而在崔大华先生看来，熊十力的本体思想也正是对传统哲学历史经验反思的结果。第一，不可离"用"觅体——所以"即用即体"。深入分析可见，熊十力所理解和诠释的宇宙本体，实际上是蕴含有至寂本然和与生化不息两个能构成周延、圆满"自性"的宇宙本体，就是包含有缘起和过程的真实的全部的宇宙存在。第二，不可离心觅体——所以本心即是本体。在熊十力那里，明确区分了"本心"与"习心"，认为对万物一体境界的体认、冥合，就是本体的呈露，亦即本体的证成。熊十力哲学体系中本体的被确认和证成，乃是通过"与万物同体"的境界的体认（性智）或修养实践（保任）来实现的，显示出与以往儒学形上理论的鲜明差别。"生生之仁说"与"一体之仁说"共同构成了儒学的仁论传统。熊十力的体用论既体现了对传统哲学体用论的继承与发展，也成为新儒学本体论建构的重要理论依托。当然不可否认的是，它也自然成为当代新仁学理论建构的重要渊源和超越对象。

牟钟鉴指出，新仁学借助"体用"关系来说明"仁"的根基性和本然性，但不想重建一个儒家形上学本体论。他希望打通形上形下的间隔，使仁学成为整体化的生命学。……不具有宇宙论或本体论的含义，它是人生论意义上的范畴。"体"是人性之本根、本然、实质，"用"指人性之发用流行；"体"是人性源头、内在品格，"用"是社会事功、外在感应。有其体必有其用，有其用必通其体。就仁学的体用论而言，仁是其体，和是其用。作为体质的仁，其内涵就是"爱心"，人性所特有的又是人性普遍存在的本性。以仁爱为核心力理念，突出生命哲学的主线，以孔子儒家为主，吸收诸子百家和西方文化之长而加以综合创新赋予仁学以鲜明的当代精神，明确提出新仁学的基本理论框架为：以仁为体，以和为用；以生为本，以诚为魂；以道为归，以通为路。包含有仁的体用论，即内圣外王之道，仁的生命论，视生命为真实的活体，还讲仁的大同论，展现人类社会发展的前景和道路。牟钟鉴将新仁学把仁爱明确指向关切生命。从仁性论、仁修论、仁德论、仁志论、仁智论、仁礼论、仁事论、仁群论、仁力论、仁艺论等十个方面建构起了其新仁学理论体系。仁性论阐述仁性善恶混的内涵及其根源，说明善性才代表人的本质和方向，而恶性是人尚未脱离动物界的表现，扬善抑恶需要加强教育、修身、道德、法治以及提高人类自身反思的自觉性。仁修论阐述修身养性的经验和方法。仁德论阐述仁爱与诸道德范畴之间的关系，诸道德包括传统的"五常"、"八德"及"新八德"，包括感恩和惜福，包括新时代的新道德，包括诸大宗教的道德。仁志论阐述仁人的人格尊严，仁人必是志士，立志、守志才能成仁。仁智论阐述仁德与智能的关系，包括仁德与科学的关系、仁且智的重要意义。仁礼论阐述德与礼教的关系，扩而言之，包括仁德与制度、秩序、礼俗的关系。仁事论阐述仁德与事功的关系，即内圣与外王之道，将事功作现代的理解，包括治国安邦和百工之业。仁群论阐述仁德在社会生活与管理上的体现，凸显社会正义、公平的重要性，强调公民的权利与义务，个体与群体关系、群体间关系的协调。仁力论阐述仁德与实力的辩证关系，以道义引领实力，以实力支撑道义，仁者无敌是仁德精神力量与实际物质力量的结合。仁艺论阐述仁德与文艺的关系，主张文艺内容的善与形式的美相一致，通过文艺的繁荣，提升人们审美情趣，使人的精神生命充满诗情画意，从而造就美丽幸福的人生。经由"爱心"的理论轴心贯穿，使得牟钟鉴在体用关系的把握上渐渐向发用流行的层面去靠近。

在陈来看来，一个充满生机的宇宙不是一个机械的宇宙，必然是一种动态、有机、联系、创造、和谐的有机整体，是相互联结、相互作用、相互转化的活生生的有机整体，生生有机体的根本特征是活动，活动表现为过程，整个宇宙，包括自然、社会和人的生命，都是一个个生生不息的能动的活动过程。因此就宋代儒家哲学来说，实体与机体可以统一，而没有必要对立。程明道、谢上蔡以生论仁，在儒学史上具有重大的本体论宇宙论意义，此意唯朱子发之最多，故今日立仁学本体论，必须将此二者加以结合，即生生之仁与一体之仁的结合。在宇宙论上，生生即辟，一体即翕，皆仁之体用。仁既是最后实在，故能超越经验，但又不脱离经验。仁是本体、生机、本性，故不是情感，情感只是用，仁学本体论立体而不遗用，但不能以用为体。仁是生生流行之总体，故乾坤并建乃可当仁，此专言之仁也。偏言之，乾主生，坤主爱，并建言仁，《易》之《文言》已开启其端矣。熊十力不以总相为实体，李泽厚以总体为实体，以朱子仁说观之，仁可以为总相，即万有之总体，一气流行之总体，此总体是关联之总体，关联总体即万物一体之正解。问题在于，在李泽厚那里，总体并无实体，总体即是本体。但在熊十力看来，大用总体背后仍有本体，唯此本体不是独立存在的，而是已经变现为大用总体与流行了，熊此说我们仍予肯定。冯友兰讲大全，然大全应即是仁，仁即是大全总体、整体，此即是仁体。一体即仁体，同体即体仁。在陈来看来，宋儒提出的仁者以天地万物为一体，不仅是对人境界意义上的要求，从本体上说，以仁为本体，专门强调的是仁的"一体"之义。这里既有整体、大全、道体的含义，也有本体之义。仁学的整体性是社会的，不是专指国家的。一体不仅是总体，而且强调物与物之间、人与人之间的共在性。其核心要义在于抵制形形色色的以导向个人主义为归宿的理论，确立以天地万物为一体的理论预期和目标。将仁视为根本的事实，终极的实在，绝对的形而上的本体，是世界的根本原理。基于此，陈来认为，仁体不仅是人类总体的生存和延续，也是宇宙间一切存在总体的生生不息，人和宇宙不可分，人和世界不可分，天人合一才是儒学的总体。陈来在其"仁学本体论"的理论体系中提出其理论要点在于以仁为本体，其理论基础在于万物一体关联。以仁为本体的理论即是仁学本体论，亦即仁本论，亦可称为仁学本体论。基于仁体，本着对中国哲学一个世界传统的转承，以天人共在、共生的思路建构其乐一个即体即用的新仁学理论体系。陈来的仁体论在对体的认识上有了新的推进，这成为他的仁学本体论对之前仁学理论实现新的理论突破的关键所在。

第二，新仁学的理论探索与中国哲学理论资源的自我调适与重构之传统密不可分。

在中国哲学发展的不同时期，始终面临着理论资源的进一步完善问题。一般而言，这主要是从两个层面而展开：一、通过转换核心范畴，实现对自身经典的进一步诠释。中国传统哲学的概念往往表征为一种意义的互诠性。诸多的哲学范畴之间经常可以进行互诠互解，相互转化。这与相对具有确定性和严密性的西方哲学概念存在一定的差别。不同时代的思想家于是基于不同的诠释视角，形成了对同样一个经典中某一哲学范畴的突出与强调，进而去解决其所认定的应然的理论问题。这使得传统哲学中诸多的范畴都可能被突出强调并提升到"体"的层面。二、借助于新的思想资源和理论经典，实现对原有经典的重构。这在不同时期都会有所展现，尤以汉魏以来，在佛教的冲击下，学者们从理论外壳到理论内质积极吸纳其理论资源实现对本土理论进行重构的活动最为明显。新仁学的理论建构，当然与宋明以来的理学、心学、气学有着一定的差别，但是其与以往理论的共通性亦是不可忽视的重要方面。面对着新时期儒学经典的新变化和多种思想资源的相互交织，在全球性的视野下，中国哲学也在以新的理论形态展现在世界面前。李泽厚所提出的"中国哲学应该如何登场"的问题喊出了时代的声音，切中了当今中国哲学发展所面临的重大问题。贺麟先生曾言："假如儒家思想能够把握、吸收、融会、转化西洋文化，以充实自身、发展自身，则儒家思想便生存、复活，而有新的开展。"对西方文化的融合吸收固然重要，但最终的落脚点还在本土文化的不断"自足"上。劳思光先生曾言："唐君毅和牟宗三并非不重视现代化"，"但就中国哲学的发展取向讲，他们对'现代性'观念却缺乏适足掌握及理解；这就成为他们的主张中一个关键性的盲点"。如上所及之牟钟鉴和陈来皆是在对现代性的深入体会中，为传统文化张本，表征了儒学在当代中国发展的世界化的语境和问题诉求。以情为本抑或以仁为本都是在多元文化共生、共在的基础上建构起来的，皆是对于我们所身处的现代世界或现代性问题觉知的结果，皆是以促进中国与世界的共生和谐为目标和理论预期。面对着西方文化的挑战，是进行主动自觉的方法革新和理论重构，还是以对话的方式进行理论争鸣，这是我们今天传统儒学发展的两种不同的路径。尽管两者之间有关联，但却各有侧重。我们感受到的是陈来的仁学本体论更偏向于前者，但又并非是缺乏对当代西方后现代主义和其他诸多思潮的对话意识；牟钟鉴的新仁学构想更是主要着力于从文明对话的视角对传统仁学的现代转化问题进行系统的论证，但又不乏传统儒学本已有之的理论自觉。

第三，当前社会主义核心价值观的培育和践行问题是新仁学理论建构的重要话语背景，也是当代中国哲学理论形态现代转化的重要针对与面向。

牟钟鉴提出，以仁爱为核心的儒家伦理是中华民族文化生命的底色，是新道德建设的主要资源。明确地说，"三纲"不能留，"五常"不能丢，"八德"都要有。作为"五常"拓展的"八德"则需使之不断地与时俱进，赋予新的时代含义。牟先生虽然没有明确谈及其新仁学与社会主义核心价值观之关系，但我们可以隐约感觉到，他在有关新仁学与公民道德建设和国民教育改革关系的分析中，已经在一定意义上表达了他基于国民道德建设为基础，以仁学为统领，贯穿于人们日常行为之中的核心价值培育与践行的举措和目标要求。陈来在其《仁学本体论》中就有关社会主义核心价值观与其仁学理论的关系有专门的论述。在他看来，中国当前的二十四个字的核心价值观与中国古代特别是儒家的价值体系中是个人道德的重点差别甚大，显示出重政治价值、轻个人道德的倾向，这是多年来的一种偏向。而"宋代以来，仁在中国儒学史上已经得到了充分的发育，仁已经无争议地成为中国哲学的核心观念，在当代社会核心价值的思考中仍然不失其重要的地位"。在现代社会，四德论应该有所发展，但必须要以仁为基础，来应对现代社会的普遍性价值原则，加以贯通。真是在这个意义上，陈来提出了仁爱、自由、平等、博爱的新四德，而以和谐为社会目标。在他看来，基于儒学的立场，社会核心价值只需突出五项价值，即仁爱、自由、平等、公正、和谐。而仁则出于统领的地位，即仁统四德。而仁就是体，自由、平等、公正、和谐皆是用。进而他指出："仁体的大用是生气流行，通贯周流于四者之中。"陈来在这里以仁本体论对西方的自由、平等、公正的思想进行了回应。他在其《仁学本体论》一书中就仁与以上三者的关系作了较为详尽的阐发，让我们深切地感觉到，仁学不仅不否定自由、平等、公正，而且与其有着很多相通性。但他同时又清醒地认识到儒家在阐发自由、平等、公正等社会价值时的有限性，所以提出："儒学期待社会结构能够使得其他以自由、平等、公正为核心关注的思想体系也能与儒学一起，共同构成多元文化互动的文化结构"，以回应当前社会有关社会主义核心价值观问题讨论中多元论必然引发价值冲突的观点。杜维明曾讲过："儒家传统的现代转化，就是儒家传统能不能接受启蒙心态所体现的一些基本价值，如自由、平等、人权、法治等，能不能吸收到儒家传统之中。这是一个进行创造转化的前提。假如不能，那么儒家传统本身在现代社会发挥积极作用的可能性便不存在。"这里给我们新时期儒学的发展指明了方向，需要说明的是，牟钟鉴和陈来的新仁学建构和以往现代新儒家在对西方的理论回应上还是有差别的。无论是牟宗三的"良知坎陷说"，还是余英时的"内在超越说"及成中英的"内理化"与"外理化"协同作用说主要着力于探讨和寻求中国文化中能够与西方民主和科学所对应的因子，并为中国文化自身的超越性张本。而当代新仁学的建构则主要阈于价值的层面。无论是主要基于用的层面的牟钟鉴的新仁学理论，还是陈来的主要从本体的哲学层面的思考，其与当前社会主义核心价值观培育践行的话语背景和立德树人的理论预期都是密不可分的。他们都在从不同的侧面回应着传统价值观的现代转化与当代中国精神和价值观的建构问题。有关儒学如何进一步充实社会主义内涵，与社会主义不断融合，彰显出鲜明的中国特色，真正成为中华民族共有精神家园的问题，尚需在新的理论探讨与社会实践中进一步推进徐图解决。

综上可见，近年来学术界有关新仁学的理论探讨反映了在当今多元文化背景下，儒学理论研究者对中国哲学传统存在形态的深入的、自觉的思考。无论是着力于体上的理论建构，还是主要执于用上的探索，都表达了基于传统儒学的立场以适应当今时代新事变的中国哲学理论探究的新诉求。中国哲学在新世纪到底如何登场的问题依然是我们在今天"不得已"而思考的重要问题。无论是"中体西用"还是"西体中用"，或是"新瓶装旧酒"或"旧瓶装新酒"，都需要恰当把握好中国传统文化、马克思主义理论和西方思想文化之间的关系，积极推进传统思想文化的创造性转化，在对包括传统儒学新的存在方式的探索中为真正意义上的中国特色提供稳妥可靠的理论和价值支撑。这既是时代赋予的使命，也是包括传统儒学在内的传统哲学自身发展的理论诉求。崔大华先生在《儒学的现代命运》中指出："杜维明对儒家传统现代转化——儒家思想获得新的生命、新的发展之方法或途径的论述，在现代儒家学者中是最为丰满和周延的，但是西方背景的生活经历、文化感受和理论渊源，使其问题意识多产生自回应西方学者对儒学的质疑，罕有对儒学自身历史发展中滋生、积累的问题的观照；问题阐述和证验多参引西方资本主义社会生活，弱于和中国已经发生和正在发生的现实——中国现代化进程相切合。"崔先生藉由对杜维明儒学研究路径的分析，让我们明确意识到纯粹以一种被动的回应的心态去推进儒学的现代转化会存在很大的局限，关键还在于我们怎么样立足于建构一个"自足"的新儒学理论去实现与西方文明的主动对话，这既是儒学走向现代化的需要，也是中国文化走向世界的期许。

仁学纵横

尼山
铎
声

儒家仁学的回顾与展望

——兼论"民主仁学"的理论架构

吴　光*

一、中国儒学史的简略回顾

（一）先秦儒学："仁本礼用"的道德仁学

儒学自问世以来经历了先秦子学、汉唐经学、宋明理学、清代实学、近现代儒学和当代新儒学等六种不同形态的变化。但从其思想本质而言，则不同时期的儒学形态在本质上都是仁学思想体系的不同展现而已。它在先秦时期是"仁本礼用"的道德仁学，在汉唐时期是"德主刑辅"的经典仁学，在宋明时期是"修己治人"的经世仁学，在清末近现代是"中体西用"的维新仁学，在当代则是"新体新用"的新仁学。

先秦儒学是由孔子创立、由其弟子后学加以继承发展的仁学思想体系。在孔子"仁学"中，"仁"与"礼"并非同等重要，而是一种本末、体用关系。孔子虽然重视"礼"的作用，但他认识到"礼之本在仁"的道理，所以发出了"人而不仁，如礼何？人而不仁，如乐何？"

＊　吴光：浙江省社会科学院哲学研究所研究员。

（《论语·八佾》）的感叹。他在回答鲁哀公问政时，清楚地阐明了仁、义、礼的本末关系，指出："为政在人，取人以身，修身以道，修道以仁。仁者人也，亲亲为大；义者宜也，尊贤为大。亲亲之杀（极），尊贤之等，礼所生也。"（《礼记·中庸》）可见，在孔子思想逻辑中，政治的中心在人，治道的根本在树立道德之仁，仁道源于亲情，而以尊贤为宜，礼制的规范是以道德之仁为依据的。孔子在回答颜渊问仁时指出："克己复礼为仁。一日克己复礼，天下归仁焉。为仁由己，而由人乎哉！"（《论语·颜渊》）这再次重申了"仁"与"礼"的内外、体用关系。"复礼"以克己自修为前提，"克己"则以符合礼义为归宿，内修自省与外在规范的统一便是仁，而仁的确立则取决于人自身的道德自觉。孔子的这些重要思想，奠定了先秦儒学的基本思想模式。我们可以把孔子创立的仁学概括为"仁本礼用"之学。

（二）经学、理学与实学——儒家仁学的三次转型

自孔孟荀之后，古典儒学经历了三次转型，形成了汉唐经学、宋明理学和清代实学这三种形态各异但本质相同的仁学思想体系。

第一次转型是在汉唐时期，从先秦诸子学转型为汉唐经学。汉唐经学的特点，一是实现了儒学的政治化与制度化，二是推崇孔子，以经为法，三是儒学的思想内容表现出"驳杂不纯，无所不包"的特点。董仲舒的经学思想，实质上是一种"德主刑辅"的经典仁学，这正是汉唐经学家共通的思想模式。

第二次转型为宋、元、明时期，汉唐经学转型为宋明理学。

尽管理学与心学千差万别，但其基本思想模式却是相同的，即都是以修身成己为根本，以治国平天下为应用，走的是"修身为本，经世致用"之路。但都是以"仁"为根本之道的，可以说宋明理学是以"修己治人"为宗旨的经世仁学。

清代实学既是在反省宋明理学的弊端以及整个封建专制制度弊端的进程中，又是在回应"西学东渐"的新形势下产生和发展起来的。其

基本特征是：反省批判宋明理学以改革儒学，消化吸收西方新学以补充传统儒学，强调经世致用以挽救社会危机和民族危机。

明清之际，一批富有历史使命感又具批判精神的思想家如黄宗羲、顾炎武、王夫之、颜元、唐甄等人，批评了宋明儒家心性之学的浮虚学风，而提倡"通经致用"、"经世应务"的务实学风，从而把儒学从"高谈性命"的道德形上学桎梏中解放出来，变成明体适用、讲究世务的实学。

至乾嘉时期，属于浙东经史学派的全祖望、章学诚以及乾嘉考据学的皖派首领戴震等人，继承了清初实学"经世致用"的儒家人文精神。

鸦片战争以后，在内忧外患交替、社会民族危机日益加剧的时代冲击下，深具忧患意识的儒家知识分子掀起了批判社会弊病、呼吁社会改革的实学新潮。继之而起的"洋务派儒家"，提出了"中学为体，西学为用"或"旧学为体，新学为用"的思想主张。洋务派儒家开始尝试突破旧学的思想模式而寻找改革开新之路。但他们在基本思想模式上仍然没有跳出传统儒学的道德羁绊，因此也就没有实现从古典仁学向现代仁学的根本转型。然而，"中体西用"口号的提出本身，对于人们探索儒学转型乃至中国现代化的道路，却是发人深思的。

（三）从维新仁学到近现代新儒学——儒学的改良与开新

1898 年的戊戌维新运动，是中国历史的转折点，也是中国儒学史的转折点。这场维新运动虽以失败告终，但影响深远。它使中国从此真正走上了近代化道路。而由维新派儒家——以康有为、谭嗣同为代表——创立的新仁学，尽管有些不伦不类，却已具备了新儒学的雏形，并为百年以后的新儒学提示了发展方向。

洋务派的"中体西用"论，被真正对西学有所了解、咀嚼、消化并竭力提倡的严复嘲笑为"牛体马用"论。到光绪中期变法维新思潮兴起，康有为、谭嗣同等便尝试改造儒学的旧体旧用，使之转化为新体新用，以建立"不中不西"之新学。他们在理论上尝试突破古典儒学"仁本礼用"的思想模式而又推崇并弘扬古典儒学的仁爱精神，尝试融合西方的自由、平等、博爱、科学的精神于其新学体系而又有些"食洋不化"，他们所做的仍然是儒学的改良与维新，我们可以称之为"维新仁学"。

康有为说："一切仁政，皆以不忍人之心生"、"人道之仁爱、人道之文明，人道之进化，至大同，皆由此出"。他解释《中庸》所引孔子言说："'推己及人'，乃孔子立教之本；'与民同之'，自主平等，乃孔子立治之本。"（《中庸注》）这样，康有为就将孔子塑造成了近代民主精神的化身，儒家的"仁学"也转化成为近代的人道主义了。它反映了具有深厚儒家文化传统的近代中国改革派企图熔古今中西之学于一炉以为中国改革提供新思想新理论的努力。

谭嗣同的《仁学》一书，以新学新知解释历史，评论旧学，力图以"仁"、"学"二字去综合、涵括由孔教、耶教、佛教所代表的东西方文化，建立一个熔古今中西之学于一炉的新"仁学"思想体系。但这个新仁学，虽有"仁学"之名，其宗旨内容却与传统"仁学"相差千万里。对此，谭嗣同自己也很清楚，他在《仁学·仁学界说》中写道：

> 仁以通为第一义……凡为仁学者，于佛书当通《华严》及心宗、相宗之书；于西书当通《新约》及算学、格致、社会学之书；于中国书当通《易》、《春秋公羊传》、《论语》、《礼记》、《孟子》、《庄子》、《墨子》、《史记》，及陶渊明、周茂叔、张横渠、陆子静、王阳明、王船山、黄梨洲之书。

由此可见，谭嗣同所谓的"仁"，是世界的本源，是会通一切物质和精神的本体之"有"，所谓的"学"，指古今中外的一切知识学问，是统括了自然科学和人文社会科学各领域知识的"群学群教"。这样的"仁学"，似乎亦中亦西、不伦不类，但却是亦体亦用、即体即用的。谭氏"仁学"的可贵之处，并不在于其思想体系是否精密、理论观点有无矛盾，而在于作者冲决一切网罗批判旧制度、旧思想的改革精神和献身精神，在于作者吸纳西学、西政的开放精神。

总之，康有为、谭嗣同的"维新仁学"，建立了一套与传统儒学迥然不同但却是以"求仁"为宗旨、以综合吸纳古今中西之学为宏愿的"新学"。他们为传统儒家仁学的根本转型、为现代新儒学的理论创新提供了值得借鉴的思想资料。

在整个 20 世纪，中国思想文化领域始终存在着一个围绕"古今中西之学"而展开的"体用"之争，在这个思想争论中，出现了"中体西用"、"西体中用"、"中西互为体用"、"新体新用"、"体用不二"、"全盘西化"、"创造转化"、"综合创新"等种种见仁见智之说。现代新儒学思潮便是在现代中国的社会变革和思潮起伏中产生和发展起来的。

由熊十力、张君劢等开其端、牟宗三、唐君毅等继其后，另有马一浮、冯友兰等各树一帜的现代新儒家，尽管在学说内容和逻辑结构上很不相同，但其思考问题的方向、思路以及建构理论体系的方法，在相当程度上是继承并发扬了近代维新仁学特别是康有为的思路和学风的。所谓"现代新儒家"，就是由一批抱持传统文化本位主义立场而又具有现代经世意识的知识分子所建立的、力图通过吸纳、融合西方文明而重建儒家的道德形上学以抗拒全盘西化思潮的攻击以寻求中国现代化的理想道路的思想流派。

从思想发展的背景看，现代新儒学主要是对"五四"新文化运动以后形成的全盘反传统思潮（实质上是全盘西化思潮）的"文化回应"。这一思潮大体肇始于 20 世纪 20 年代的"科玄论战"，奠基于熊十力（1883—1968）、张君劢（1886—1969），系统化于牟宗三（1909—1996）的"新心学"以及马一浮（1883—1967）的新经学、冯友兰（1895—1990）的"新理学"，而普及化于八九十年代的国际新儒学思潮。

"现代新儒学"虽然已经迈出了从传统走向现代的理论转型第一步，但并没有完成这种转型。而所谓现代新儒学的思潮仍然只限于在少数"知识精英"中研讨流行，主要还是学者书斋里或大学讲坛上的讲论，还没有成为真正能引导社会、掌握民众的强大精神力量。而最重要的，是他们仍未摆脱宋明理学家纠缠于"心性"空谈的理论羁绊，还没有能创立一种面向生活、面向大众、面向现代的新体新用新儒学。

二、当代儒学新形态——"新仁学"的理论创新

自 20 世纪 80 年代以来的 30 多年，是中国与世界发生巨变的时期。处在世界性的经济全球化、社会现代化、政治民主化大背景和中国改革开放、和平崛起大趋势下，儒学出现了衰极而兴的局面。（复兴十大标志）复兴的方向是三个面向：面向大众、面向生活、面向现代。出现了生活儒学（林安梧、龚鹏程、黄玉顺）、政治儒学（蒋庆）与新儒教（陈明）和新仁学的多种论述。新仁学的倡导者主要是杜维明、牟钟鉴和吴光。

杜维明的理论创新重在思考儒学与西方现代文明的沟通与对话、传统儒学的创造性转化和"文化中国"的意义阐释。杜维明在其弘道讲学活动中，虽然使用了"儒教伦理"、"文化中国"、"创造转化"、"轴心文明"、"文明对话"等众多名词概念，但对于儒学核心价值讲得最多，也最认同的是儒家"己所不欲，勿施于人"的"恕道"和"克己复礼为仁"的仁道。其实，在杜维明那里，恕道和仁道在本质上是一个东西。他在 1966 年还在读研究生时就写了《"仁"与"礼"之间的创造性张力》一文，即指出："仁"代表的是人的内在德性，"礼"代表的是仁的外在体现。而他在 30 多年前（1981）首次发表在中国大陆期刊《中国哲学》第五期上的代表作《孔子仁学中的道学政》一文，就透露了他的"新仁学"取向。他说："儒家思想的原初形式是环绕着孔子的仁学而开展的。这套思想有成熟的道德理性、浓厚的人文关切和强烈的人世精神，既不同于古希腊的哲学思辨，又大异于希伯来的宗教信仰。如果借用今天欧美学坛的名辞，我们可以说仁学是一种'哲学的人类学'，而其所标示的是'道德的理想主义'。"在 20 世纪 90 年代（1991），杜

维明与美籍华裔历史学家何炳棣教授关于"克己复礼为仁"之内涵进行了一场辩论,最近杜维明在提交台北"中央研究院"中国文哲研究所主办的"儒学的理论与应用"国际学术研讨会的论文《有关"克己复礼为仁"的争论——兼杜维明的诠释与回应》重温了这场争论的思想史意义,并进一步阐明了他的新仁学思想。他说:"我们可以把'仁'看作儒学价值体系中层次最高、范围最广泛的价值","仁与其他德目的关系,可以说'仁'为所有其他的伦理规范提供了'终极的理由'。具体到'仁'与'礼'的关系上⋯⋯认为'仁'是内在主体,'礼'是外在表现"。实际上,杜维明在近二三年中的多次演讲都阐述了"仁"在儒学核心价值体系中的最高地位的思想。例如,2012 年 11 月 25 日,杜维明教授在做客上海文汇讲堂时,作了题为《仁的反思:面向 2018 年的儒家哲学》的主题演讲。他在解说"克己复礼为仁"的内涵时强调指出:"'克己复礼'是两面,一是能够转化或者说超越自己;二是能回到礼——人与人之间文明礼貌的世界,这两面合起来是仁。"又说:"我认为在儒家人文精神的语境中,'仁'的价值应该是所有其他价值的基础,乃至其他价值的前提,这是儒家思想的一贯之道。⋯⋯(如果)没有仁,义可能变成苛律,无人情可言;没有仁,礼是形式主义;没有仁,勇是匹夫之勇;没有仁,智是小聪明,而非大智慧;没有仁,信是虚伪的。忠、孝、悌、温、良、恭、俭、让,也都是以仁为基础。"有见乎此,我们可以将杜维明的新儒家学说,归纳为当代新儒学中的仁学系列。但杜氏的主要兴趣是志在弘道,而且异常忙碌,未能静下心来思考和构建他的以促进多元文明对话为特色的新仁学体系。因此,杜氏的新仁学还是零散的,不成系统的。

相较于杜维明不很系统的新仁学学说,长期任教于中央民族大学哲学系的学者牟钟鉴先生经过多年的思考,创建了系统化的新仁学学说,撰著出版了题为《新仁学构想——爱的追寻》的学术专著(人民出版社 2013 年版)。该书出版之前,牟先生将书中主要观点浓缩为一篇文章,题名《新仁学构想》,发表于 2012 年 11 月 4 日的《光明日报》。

牟钟鉴新仁学的主要观点,是以仁学为儒家思想之精华,回溯仁学自孔子以来曲折发展的历史，品评了历代儒家学者的仁学智慧，尤其推崇和彰显孟子和谭嗣同弘扬仁学的贡献，并参考当代新儒家和儒学研究学者对仁学的思考。作者面对当今时代的种种问题，力图接续孔子仁学的主脉，以孔子仁学为基础，广泛吸收诸子百家和西学之长，探索并构建了其"新仁学"的理论形态。他提出了"新仁学"的三大命题，即"以仁为体，以和为用"的体用论，"以生为本，以诚为魂"的生命论，"以道为归，以通为路"的真理观与社会观。在这三大命题观照下，牟氏论述了新仁学的仁性论、仁修论、仁德论、仁志论、仁智论、仁礼论、仁事论、仁群论、仁力论、仁艺论等十大专论，同时根据时代的紧迫需要对人生困境、民主政治、市场经济、国民教育、文明对话、生态文明等领域的挑战提出因应之道，充实了儒家人文主义的内涵。作者最后申明，"新仁学的目标，要使仁爱成为一种普遍的信仰和最高的价值追求"，这生动体现了一位忧国忧民的儒者的弘道情怀与包容胸襟。美中不足的是，无论是三大命题还是十大专论，都未突出论述当代中国民主仁政的构想与建设问题，而这是中国现代化道路无法回避也不应回避的重大问题。再者，书中对中国儒学史的某些评论可能失于片面，是值得商榷的。例如，《仁学的构想》一文说："令人遗憾的是，先秦之后不断出现的新儒家学派里，多数学者并不把自己的理论体系直接建立在仁学的根基上，总是对仁学这条主脉有所偏离，而另立核心……把仁学边缘化，导致近代儒学变成偏礼之学，有礼无仁，有理无情，成为束缚人性的礼教……在长达两千多年的儒学史上，植根于孔子仁学开出自己思想学说的，屈指只有两家：先秦孟子的仁义之说和近代谭嗣同的《仁学》。"这样的评述是值得商榷的。一则，先秦之后的新儒家学派（如汉唐经学、宋明理学、清代实学），尽管在立论宗旨和思想命题方面对于孔子仁学的道德人文精神有所偏离或偏颇，但从根基上和根本精神上是传承孔子仁学的，否则就不成其为儒家了。例如，董仲舒以"仁义礼智信"为"五常之道"，韩愈称"博爱之谓仁"、程颢说"学者须先识仁"、二程、朱熹、王阳明都有"仁者以天地万物为一体"之语，康有为称"不忍人之心，仁心也；不忍人之政，仁政也；虽有内外体用之殊，其为道则一"等等，难道不是在接续孔子仁学的主脉吗？再则，谭嗣同的《仁学》虽有承前启后之功，但他是直接受到康有为维新仁学启迪的，而且有"冶古今中西之学于一炉"而未臻精致之病。因此，牟先生所谓"孔子之后，屈指两家"之说是值得商榷的。然而，牟氏新仁学虽有小疵，却无伤大雅，它开拓了当代儒学发展的广阔空间，应当引起高度的重视。

三、我的"民主仁学"论

除上述杜维明、牟钟鉴的新仁学之说之外，本人的"民主仁学"论也堪称"新仁学"中的一家之言。这一观点的提出并非心血来潮，而是积累已久的。最早始于我在 1988 年至 1989 年间在新加坡东亚哲学研究所担任专任研究员时所著《儒家哲学片论——东方道德人文主义之研究》一书和一篇综述"新加坡国际儒学研讨会"的论文《儒学研究的新契机》，拙著首次将儒家哲学定位为"东方道德人文主义"，并主张"吸收非儒学的思想资源开创儒学的新局"。拙文则更明确提出：日本和"东亚四小龙"在现代化、工业化方面获得了成功，创造了一种既不同于西方模式又不同于苏联模式的新模式，它有可能开辟出一条既能容纳西方文明的民主、科学、法治精神，又能保持发扬东方儒家的道德人文主义的人类文明新道路。

其后，我在 1994 年参加"孔子诞辰 2545 周年纪念与国际学术讨论会"提交的论文《21 世纪的儒家文化定位》中进一步提出，儒学重建的基本任务是：摈弃那些不适应时代要求的旧式伦理观念，对传统理论范畴体系作出新的简择、诠释与更新，而着重阐扬儒学的道德人文主义理想，并创造性地吸收非儒学传统中那些能为儒学精神所包容的人文主义思想资源，走一条"旧学新用，洋学儒用"的文化重建道路。

1999 年 7 月，我在提交台北举行的第十一届国际中国哲学会年会的论文《从仁学到新仁学：走向新世纪的中国儒学》中，首次提出了

"民主仁学"的概念。其后，又在一些国际儒学研讨会和《哲学研究》等报刊发表论文，比较系统地论述了民主仁学的思想模式及其文化观与核心价值观，逐步充实和完善了作为当代儒学新形态之一的"民主仁学"的基本理论架构。在此，谨就民主仁学的体用论、文化观、核心价值观及其基本特性与发展前景作一申述。

（一）"民主仁学"的体用论：民主仁爱为体，礼法科技为用

我在提出"民主仁学"概念的同时，将其基本思想模式概括为"民主仁爱为体，礼法科技为用"的新体新用新儒学。我的基本看法是，21 世纪的新儒学，将以"道德人文主义"的形态在世界多元文化格局中保持其一元的存在，而这种新儒学的内容，是既包含了传统儒学的"道德人文主义"思想资源，又吸收了非儒家文化的思想养料的。而面向新世纪的新儒学的基本形态，既非"新心学"，也非"新理学"，而可能是"新仁学"。这个"新仁学"，既源于古典儒学的孔子仁学，也继承和包含了孔子以及历代大儒论"仁"的基本道理，又是对古典仁学的批判性的扬弃与改造；既吸收融合了原本是非儒家文化特别是现代西方文明的思想养料与精神资源（如民主、自由、平等、博爱、人权、法治等人文精神），又拒绝并且批判西方文化中反人性、反人文的思想与制度（如个人权利至上、征服主义、斗争哲学等等）。这个"新仁学"的基本思想模式，是一种新型的"内圣外王"之学，即确立道德的主体地位而以关心人生的意义与价值、以安顿人的生命为第一要务的"道德人文主义"哲学。其实践方向，并非是走"（旧）内圣开出新外王"的道路，而是新"内圣"与新"外王"的统一，是由新"内圣"指导新"外王"的落实。其"内圣"者，道德之体也，仁也；其"外王"者，道体之用也，制度也，事功也。其"新"者，即这个道德之体的仁，已经不仅是传统儒学意义上的"爱人"之"仁"，而是融合了传统"仁爱"精神与西方"民主"精神而形成的新型道德主体了；这个道体之用，也不仅是传统意义上的礼制了，而是融合了传统的仁政、礼仪与新型的民主

法制、科技文明的制度、事功了。如果我们要从体用关系上来理解这个"内圣外王"新儒学的话，则可以将它定位为"民主仁爱为体，礼法科技为用"的民主仁学。这个民主仁学是既重道德实践、又重社会实践与历史进步的新儒学。它在个人修身实践上坚持道德理性，以道德仁爱为体，礼仪伦理为用，以成就君子人格为目标；在社会政治实践上则坚持民主仁政，以民主仁爱为体，礼法科技为用，以建设富强、民主、文明、和谐的现代化国家为目标。这就是民主仁学的体用论。

（二）民主仁学的文化观：多元和谐文化观

我在提出"民主仁学"概念的基础上，进一步探讨了"民主仁学"的文化观，明确提出了"多元和谐"文化观的论述。关于"多元和谐"文化观，我的基本见解可以归纳为以下五点：

第一，在中华文明思想库中，有着非常丰富的"和谐"思想资源。儒家倡导以"仁爱"为核心的道德和谐观，墨家坚持以"兼爱"为中心的社会和谐观，道家崇尚"道法自然"的自然和谐观，佛教推崇"众生平等"的平等和谐观，它们形成了有别于法家专制主义、西方征服主义及斗争哲学传统的中华和谐文化传统。

第二，儒家和谐文化的特点，一是道德理性，即强调道德对于人生与社会的指导性意义；二是人文关怀，即关注人生意义与道德价值的实现，成就完美人格；三是和而不同，即以承认不同为前提而以"太和"为最高境界的"和"，是兼顾多方利益崇尚协调的"和"，是兼容多元的和谐观。

第三，在现代化、全球化的大趋势下，东西方文化关系也发生着质的变化，出现了多元文化互相沟通、从对立冲突走向和谐兼容的新趋势。在价值观方面，原本植根于西方文化的民主、自由、人权、法治等价值观念，已不再是西方的"专利"而被全人类所认同，而根植于儒家文化的仁爱、正义、和谐、诚信、中庸等价值观念，也被公认为有利于人类生存发展和社会进步并具有普世性的核心价值观念。

第四，在建设和谐社会、和谐世界的实践中，我们既要摈弃西方文明中心论，也要拒绝东方文明中心论，应该坚持多元文化兼容并蓄、交流互补、共存并进的"多元和谐"文化观与"多元和谐"发展观。

第五，所谓"多元和谐"文化观可以具体表述为"一元主导，多元辅补；会通古今，兼融中西"十六个字。因为在任何一种民族文化传统中，都存在一个主导性的文化形态，同时又存在多元文化对主流文化的辅助补充、共存并进的关系。当代中国的文化生态，更是存在主流文化与非主流文化的复杂关系，要贯彻这个十六字方针，很有必要摆正主流与非主流、竞争与和谐、道义与功利、德治与法治、中学与西学的关系。

显然，在民主仁学观照下的文化观与发展观，是以承认文化形态的多元存在为前提并且最具包容性的文化观与发展观，是以建设和谐社会、和谐世界为目标的文化观与发展观。

(三) 民主仁学的核心价值观：一道五德价值观

那么，"民主仁学"的核心价值观是什么呢？对此，我提出了以"仁"为根本之道、以"义礼信和敬"为常用大德的"一道五德"价值观的论述。我的论述要点是：

第一，历代儒家关于核心价值观的论述，是因时制宜、与时俱进的。孔子虽然提出了诸如仁、义、礼、智、圣、孝、悌、忠、信、中、和、恭、敬、宽、敏、惠、勇、温、良、俭、让等20多个价值观念，但其核心价值观可概括为"仁本礼用"四个字。孟子的核心价值观是"仁、义、礼、智根于心"。自汉至清，儒学核心价值观被定位为"三纲五常"。此外，还有"四维"（礼义廉耻）、"五行"（仁义礼智圣）、"六德"（圣智仁义忠信）、"八德"（礼义廉耻孝悌忠信）之说，是不同时期的儒家根据时代急需而对核心价值观所作的概括。

第二，历代儒家关于"道"、"德"关系的论述，实际上是讲体用关系："道"是根本之德，是体；"德"是所得之道，是用。历代大儒关于核心价值的论述，实际上是以"仁"为根本之道，以"义、礼、智、信"为道体之用的，诚如孔子所说"修身以道，修道以仁"，二程所谓"仁者全体，（义礼智信）四者四支（肢）"。

第三，在现代社会，传统儒家所讲的"三纲"伦理，已经被时代淘汰。但过去百年对儒学的批判否定导致社会价值观的混乱与道德伦理的沦丧，复兴儒学的首要任务便是重建儒学核心价值观。这项重建工作并非对传统儒家价值系统的全面恢复，而是根据时代需要对儒学价值体系中那些具有普世性、现代性、人文性的价值观念进行选择、重组与诠释，以建立适应新时代需要的新儒学核心价值观。

第四，在全球化、现代化的当代世界潮流下，传统儒学价值系统中历久弥新而且最具普世性的价值观念是仁、义、礼、信、和、敬这六大观念。这六大观念中，"仁"是具有主宰地位的核心观念，是兼融"民主仁爱"核心价值的根本之道。坚守"仁"道，就必须坚持"以人为本"，就必须承认人民在国家政治生活中的主宰权利，就必然实行"民主仁政"。其他五德——义、礼、信、和、敬都是"仁"的体现，是"仁"道之用。五德的基本内涵是公平正义、遵礼守法、诚实守信、和谐合作、敬畏人事。因此，我将当代儒学的核心价值观概括为"一道五德"价值观。

（四）民主仁学的基本特性：道德理性、人文性、兼容性

我们从对民主仁学的体用论、文化观、价值观的认识中可以概括出民主仁学的基本特性。这些基本特性可以从三个方面去思考：

首先，民主仁学的根本特性在于其道德理性。在"民主仁学"的理论架构中，"民主仁爱"是道之本体，礼法科技是道体之用，即道的实践与应用。我们必须清楚地认识到，"民主仁爱"并非仅仅是一种工具、一种"外王之用"的制度，而首先是一种人生的、社会的核心价值，一种普遍的道德理性。这是人之所以为人、"人之异于禽兽者几希"的那点东西。如果不确立起这一道德理性，那么所谓"民主仁学"云

云，就是无本之木、无源之水，是不能长成参天大树、汇聚成澎湃潮流的。

其次，以人为本的人文性，即人文关怀的特性。儒学与宗教都有终极关怀，所不同的是，宗教的终极关怀是人死后能否进入天国，而儒学的终极关怀是人生道德价值的实现，是君子人格的完成，是死后文化生命与人文精神的代代相传。所以儒家始终是以人为中心而非以上帝或神、佛为中心展开其价值论述的。民主仁学尤其重视人文关怀。坚持社会以人为本，国家以民为本的理念，其逻辑归宿，必然是对人民民主权利的肯定与实践。民主仁学这种"以人为本，民为主宰"的人文精神，无疑包含着从传统民本走向现代民主的人文基因。

最后，重视开放日新、多元和谐的兼容性。儒家历来重视开放日新精神，《周易·大畜·象》曰"日新其德"，《大学》引汤之《盘铭》曰："苟日新，日日新，又日新。"强调的是不断求新的精神。求新必然是对他者的开放学习，开放学习的前提是对客观世界多元化存在的承认与接纳，所以孔子要求君子要有"和而不同"的胸怀。中华文明的开放日新精神在本质上乃是一种追求"多元和谐"的文化观与发展观。民主仁学继承与发展了这种"多元和谐"文化观与发展观，承认世界各大文明体系的多元化存在与多样性特点，主张通过文明的交流与对话加深相互的了解，化解文明的对立与冲突，保持各大文明的竞争性共存与战略性和谐。尤其是在国际关系中，当发生利益的冲突与对立时，民主仁学主张通过和平对话加深彼此的了解，找出达致国际和平的方法与途径。

总之我认为，全球化时代的儒学应当是继承传统、服务现实、面向未来的新儒学，是坚持多元和谐文化观的民主仁学。

（五）"民主仁学"在当代政治生活中的积极作用

在全球化、民主化的世界潮流以及中国和平崛起、儒学复兴的大趋势下，"民主仁学"论提出了一种既传承传统儒家的道德人文精神又兼融现代民主价值观的新儒学思想模式，提供了一个能够深入社会生活与大众理性的儒学发展新方向。那么，民主仁学在当代中国的政治生活中将能起到怎样的作用呢？我认为可从以下方面去思考：

第一，将对构建中国特色社会主义的核心价值体系提供充沛的思想资源。中国共产党十八大政治报告中提出的二十四字社会主义核心价值体系新论述，其中"富强、文明、和谐，公正、爱国、敬业、诚信、友善"十六字就来自于传统儒家文化的价值体系。这说明，中国特色社会主义的核心价值观与儒家文化的价值观在根本上是一致的，是可以会通兼融的。民主仁学则能涵盖社会主义核心价值体系的所有环节，因而将比传统儒学更能起到提供现代充沛思想资源的作用。

第二，推动民主仁政。现代化的一大趋势是政治民主化，中国也不例外。问题是这种转型必将具有中国的特色。什么特色呢？就是中华文化特别是儒家文化传统中民本与仁政的传统。民本的含义就是社会以人为本，国家以民为本。仁政的含义就是统治者宽以待民，推行亲民、爱民的政策，建立以德治国的治理模式。民主仁学在当代中国政治生活中的重要使命，就是要促使中国政治从传统的民本走向现代的民主，促使民主仁政的建立。

第三，提升和改善全民道德自觉与人文素质。民主仁学归根结底是一种道德人文主义哲学，其本质的特性首先是确立道德理性。在当前社会上人性异化、道德滑坡、社会风气不正的背景下，扶正祛邪，端庄党风、政风、民风，提倡全民族的道德自觉已成为当务之急，这也是实现中国梦的必要条件。而民主仁学在提升民众的道德自觉、培养君子人格、改善人文素质方面可以发挥其他核心价值体系难以企及的优势，从而为实践中国梦的道德教育和移风易俗发挥重要的作用。

第四，促进功利社会竞争的良性发展。现代化社会往往以功利为导向，无论是政治、经济还是社会、文化，到处都有竞争。有竞争本来是好事，大至社会与国家，小至企业与团体，有竞争就有活力。但是竞争如果不以道德正义去规范，不以和谐发展为目标，就会变成唯利是图、危害社会与民生的恶性竞争。就像近年来中国某些不良企业为了一己之利不顾民众生死而生产、制造毒奶粉、毒药品、地沟油那样，是危害人民健康的严重犯罪，必须严加惩治！民主仁学提倡多元和谐文化观和"一道五德"价值观，对于促进功利社会的良性竞争、和谐发展将起到十分积极的作用。

第五，辅助法治建设中的道德正义。现代社会必定是法治社会，法治建设是实现中国梦的根本性举措。儒家历来重视德治、礼治与圣人之治，法治思想的资源不如西学。民主仁学主张学习和吸收西方思想资源，建设现代法治文明是其历史使命。但"法治"社会必须遵循道德理性。"德"与"法"的关系是相辅相成的：道德是立法的依据，是良法之"本"，"法"是社会的公德，是每个公民必须遵行的道德底线，所以"德"与"法"的关系是"德本法用"。况且，法是人制订的，需要人去执行，故立法者与执法者的道德水准与人文素质对于实现司法正义十分重要，有良吏无良法固然不足为政，有良法而无良吏也不能达到善治。而民主仁学的仁爱、和谐、公正、廉明等价值观念对于培养良吏、公正执法、实现法治社会的道德正义将能起到积极的辅助作用。

第六，有利于推行积极有为的和平外交。中国的现代化道路是和平发展、和平崛起道路，不但不称霸，且反对霸权。儒家"以德服人"的王道战略和"远交近和"的外交政策将有利于中国梦圆。

总之我相信，兼融东西方文化之核心价值的民主仁学，将在21世纪的中国社会生活中发挥日益重要的作用，将对中国建成全面小康社会和建立互利共赢、和而不同的和谐世界作出历史性贡献，将对实现中华民族伟大复兴的中国梦起到积极的推动作用。

儒家仁学与人的发展

涂可国*

"仁"是儒学核心之核心，孔学有时被归结为仁学。近年来在儒学创新的背景下，学术界致力于会通儒释道等传统文化资源并吸收西学养分构建新仁学，牟钟鉴先生可谓其中的杰出代表，他以一种强烈的社会责任感和学术使命感推出了《新仁学——爱的追寻》，本书最大的贡献一是阐发了"以仁为体，以和为用；以生为本，以诚为魂；以道为归，以通为路"的三大命题，二是提出了"仁性论、仁修论、仁德论、仁志论、仁智论、仁礼论、仁事论、仁群论、仁力论、仁艺论"十论。受到牟先生新仁学的启发，笔者以"儒家仁学与人的发展"为主题就仁学问题发表粗浅的看法，求教于各位同人。

一、仁的丰富内涵：己他两爱的统一

毫无疑问，儒家所讲的"仁"，其本质规定就是爱人。孔子在回答弟子樊迟问"仁"时，就说："爱人。"孟子也讲："仁者爱人"（《孟子·离娄下》）朱熹则将"仁"界定为"爱之理，心之德"（《四书章句集注·论语集注》卷一）。然而，人又可分为己他两种对象。很显然，

---

* 涂可国：山东社会科学院文化所研究员。

孔孟仁爱思想更为凸显他爱或爱他人。在孔子看来，"仁"首先是"孝亲"，也就是从孝顺父母、敬爱兄长开始，因而有子才说"孝弟也者，其为仁之本与"（《论语·学而》）。之所以说"相亲相爱"是仁的本义之一，就在于孔子之"仁"是由前代的"血亲之爱"发展而来。清代段玉裁在《说文解字注》释"仁"说："独则无耦，无耦则相亲，故仁字从人二。"这也表明，仁是一种人与人的互爱关系。孔子之后的儒家进一步阐发了"爱自亲始"的观念。《中庸》说："仁者人也，亲亲为大"，孟子认为"亲亲，仁也"（《孟子·尽心上》）。当然，仁不仅仅限定于"爱亲"，它要求由此出发根据推己及人的方法，施爱于其他人，这就是《论语》所讲的忠恕之道："己所不欲，勿施于人"（《论语·颜渊》）、"己欲立而立人，己欲达而达人"（《论语·雍也》），以达到"泛爱众，而亲仁"，以及孟子所说的"亲亲而仁民，仁民而爱物"（《孟子·尽心上》）。这些无不表明，儒家的"仁"是一种协调人与人之间关系的利他主义道德规范。

不过，"仁"是不是也是调节个人与自身关系的伦常呢？"仁"是不是也蕴含着自爱的成分呢？道德的本质规定性之一就是舍己利他，儒家之"仁"作为一个重要道德原则无疑要求克己舍己，这就是"克己复礼为仁"、"杀身成仁"。客观地讲，孔孟儒学并未明确肯定仁包含自爱，这导致绝大多数人认为仁主要是指向他爱。然而，也有一些证据表明，儒家的仁蕴含着自爱的意思。一是《论语·颜渊》中孔子有一句话："爱之欲其生，恶之欲其死。"如果像张曙光所解释的那样既爱己之"生"，又爱人之"生"，并且把"仁"等同于爱，那么，仁就应包含自爱了。戴震反对朱熹仅将"仁"释为"私欲净尽"的观点，而认为"仁者，生生之德也。……一人遂其生，推之而与天下共逐其生，仁也"（《孟子字义疏证》卷下《仁义礼智》）。二是荀子曾经明确讲过"仁者爱人"（《荀子·议兵》）、"仁者必敬人"（《荀子·臣道》）为王道之本，但同时也指明"仁者自爱"（《荀子·子道》）。三是郭店楚简中"仁"的本义是"心里存着自己"。这表明"仁爱"建立在对自己痛痒、喜怒关切的基础之上。不论是《礼记·表记》中孔子所讲的"中心憯怛，爱人之仁也",还是孟子所说的"恻隐之心,仁之端也"(《孟子·公孙丑上》),都表明同情之心乃是仁的心理情感根基,而同情之心正是对他人疾苦引起自己产生同一感受的切身体验。四是《孔子家语·三恕》记载:"子路见于孔子,孔子曰:'智者若何?仁者若何?'子路对曰:'智者使人知己,仁者使人爱己。'子曰:'可谓士矣。'子路出,子贡入,问亦如之。对曰:'智者自知,仁者自爱。'子曰:'可谓士矣。'子贡出,颜回入,问亦如之。对曰:'智者自知,仁者自爱。'子曰:'可谓君子矣。'"由此可见,孔子认为仁爱不仅是爱他人,还应包括人的自尊自立自重自强及自爱。

二、仁的地位作用:全德之称

在儒学系统中,仁是总德目,也是总的道德原则,它统摄差不多所有的德性品格和行为规范,许多伦理范畴和命题正是从仁中引申出来的。孔子在回答"仁"的提问时,从不同角度和层面作了界定,充分展现了仁的丰富多样性。《论语》讲:"子张问仁于孔子。孔子曰:'能行五者于天下为仁矣。''请问之。'曰:'恭,宽,信,敏,惠。恭则不侮,宽则得众,信则人任焉,敏则有功,惠则足以使人。'"(《论语·阳货》)可见,恭宽信敏惠五种德目隶属于仁德。孔子还认为刚强、果断、质朴、谨慎最接近于仁:"刚、毅、木、讷近仁。"(《论语·子路》)他的弟子子夏还强调"博学而笃志,切问而近思,仁在其中矣"(《论语·子张》)。同时,其他一些重要道德范畴如勇、孝等也被孔子纳入"仁"之中。当然,最重要的是孔孟儒学把仁视为礼义这两大主要范畴的根本和核心。可以说,孔子建构了一种仁本礼用的伦理关系结构。一方面,"克己复礼为仁",遵循礼可以算作仁;另一方面,"人而不仁,如礼何?"(《论语·八佾》)缺乏仁德,礼显得无意义。从某种意义上说,仁是人的一种道德行为(善行)内容,而礼则是此种行为的方式(状态)方法。孟子所讲的仁宅礼门从一定意义上正确揭示了仁对礼的统摄作用,它同孔子仁学一样展现的是一种引仁入礼、以仁释礼的理路。同样地，孔孟儒学也致力于纳义入仁，仁义并举，以义补仁，以义体仁。如果说对仁与义的制约关系孔子论述还不够明晰的话，那么，由孟子所提出来的"恻隐之心，仁之端也；羞恶之心，义之端也"（《孟子·公孙丑上》）、"仁，人心也；义，人路也"（《孟子·告子上》）、"仁，人之安宅也；义，人之正路也"（《孟子·离娄上》）、"居仁由义，大人之事备矣"（《孟子·尽心上》）等论断则表明，仁是义的根源，义从仁那里获得了自身的规定性，依义而行，就可达至仁。可见，仁是一切道德规范和美德的总称。不过，在孔子这里，仁虽然没有达到"博施于民而能济众"的圣人境界，但是，它又是具有较高标准的道德，并非所有德行均可归于仁。孔子在回答樊迟问仁时，认为"居处恭，执事敬，与人忠"（《论语·子路》）为仁，可是他又指出"令尹子文三仕为令尹，无喜色；三已之，无愠色。旧令尹之政，必以告新令尹"（《论语·公冶长》），只是"忠"，尚不是"仁"，这说明在孔子看来，并非一切"忠"都可称为"仁"。他还明确指出："仁者必有勇，勇者不必有仁。"（《论语·宪问》）仁是人应当做的行为要求，而"克、伐、怨、欲不行"只是正当的行为，故此，孔子也不轻易许人以仁。

正是基于全德之称的考量，历代儒家对"仁"的地位和价值从不同方面作了阐发。孔子讲："唯仁者能好人，能恶人。"（《论语·里仁》）孟子指出："居仁由义，大人之事备矣"（《孟子·尽心上》）、"仁者无敌"。

三、仁的基本特点：差等之爱与普遍之爱的合一

儒家之"仁"是否倡导差等之爱，到底如何评价差等之爱？从孟子一直到今天一直是聚讼不已的问题。墨家非议儒家之仁是"亲亲有术，尊贤有等"（《墨子·非儒下》）。胡适、任继愈等先生认为儒家之"仁"主张"爱有差等"，旨在"严格维护宗法血缘关系"。黄裕生同

样明确批评道："甚至连'仁'这个最高原则本身都不可能具有普遍性（因为它没有非经验的绝对根据）。"因此，它所倡导和维护的那种"亲爱只是一种特殊之爱，而不是普遍之爱"、"爱有等差，这是儒家伦理学中最荒诞、最黑暗的思想，它在理论上导致整个儒家伦理学陷于相对主义和特殊主义，从而否定一切绝对的普适性伦理法则；在实践上，则给实践——践履原则的过程留下了可以灵活的巨大空间，直至一切保证正义的绝对原则都丧失掉规范作用"。刘清平也指出，由于孔孟儒学强调"父慈子孝"、"事亲从兄"、"孝亲为大"等血缘亲情团体性的本质根据和至上地位，导致它压抑限制人们遵守法律正义和任人唯贤等普遍准则。

实际上，儒家的仁爱既是一种特殊主义伦理规范也是一种普遍主义伦理原则，是差等之爱和普遍之爱的统一。一方面，儒家所倡导的"仁"的确是一种具体的、特殊的人间之爱。这主要体现在三个层面：第一，作为一种全德之称，仁蕴含着"三纲五常"这样用以调节个人性关系的角色道德，充分展现了君臣、父子、夫妇、朋友之类个人性关系的行为要求；第二，儒家之"仁"凸显人际关系的亲疏远近（以个人自我为中心），尤其是讲究"孝亲为大"、"孝弟也者，其为仁之本与"（《论语·学而》），强调血缘亲情的本根性；第三，儒家之"仁"往往同强调上下、长幼、尊卑等差序的"礼"和名分结合起来，这也在一定程度上强化了儒家仁爱差异化的特殊主义色彩。然而，另一方面，儒家之仁爱又具有普遍主义伦理规范之特质。第一，作为总德目的"仁"，不仅涵盖诸如"孝悌"之类的特殊伦范，同时还包括"义"、"信"、"智"、"恭"、"敬"之类适用于不同人际关系的道德规范，孔子弟子子夏还提出了"四海之内，皆兄弟"（《论语·颜渊》）的理念；第二，儒家之仁在继承血亲之爱的基础上倡导把爱的对象扩展到广泛的人际关系，主张根据推己及人的忠恕之道，做到"泛爱众"、"博施于民而能济众"（孔子）、"亲亲而仁民，仁民而爱物"、"老吾老以及人之老，幼吾幼以及人之幼"（孟子）、"天下万物一体之仁"（程朱）等博爱思想；第三，儒家提倡个人的修己、为己、克己（自爱）服从服务于社会大爱

（修齐治平），力主"杀身成仁"、"舍生以取义"，从而实现仁义的社会理想。

早在先秦百家争鸣时期，墨家就批评儒家仁爱过于狭隘，夷子甚至提出"爱无差等，施由亲始"的观念，认为一个人可以像爱兄之子一样爱邻之子，从而主张无差别地"兼爱"所有人。据此，孟子驳斥墨家的"兼相爱"是"二本"（《孟子·滕文公上》）、是"无父无君"。而以黄裕生、刘清平等人为代表的当代学者则指斥儒家的"仁爱"（尤其是"亲爱"）会抑制公平、正义、法制等普遍原则的践履，限制人的个体性存在和社会性存在的发展，始于"孝亲为大"的"推恩"同普遍之爱之间会产生深度悖论。在我们看来，儒家之仁爱作为一种特殊主义的有差等之爱既有其合理之处也有其不合理之处。合理之处是：它充分而又准确反映了中国宗法血缘关系发达的社会现实，即使到今天有差等的血亲之爱仍是人间之爱的普遍形态；儒家的血亲仁爱对于推动和维护自古至今家庭的和谐、稳定和发展发挥着极为重要作用，就是现代化社会也需要父慈子孝、兄友弟恭这样的家庭伦理风范；有人类天生的同情心（恻隐之心）和普遍人性（人同此心，心同此理）作为文化心理基础，完全可以根据"施由亲始"、"推己及人"的基本原理，实现由亲亲之爱扩展至普遍之爱（泛爱众）；在一般情况下，亲人之爱同普遍之爱并不产生矛盾，二者完全是可以并行不悖的；最为重要的是，孝亲之爱不仅是普遍仁爱的出发点，也是培养后者的文化心理基础，不仅较为现实，较为符合人之常情，也是实现人类大爱的本根，正如朱熹所言，孝弟如同树木之有本根，如此方始枝叶繁茂，仁民爱物从孝弟做起。儒家仁爱的不合理之处是：在血亲之爱同泛爱众之间产生矛盾时，由于它强调前者的至上性，就可能牺牲普遍之爱，这就在一定程度上遏制正义、忠恕、法则、诚信等普遍伦理规范的践行；墨家的"兼相爱"虽然没有完全顾及人际之间的血缘亲情关系，使其缺乏现实根基（正如王阳明在《传习录》上说的："墨氏兼爱无差等，将自家父子兄弟与途人一般看，便自没了发端处。不抽芽，便知得他无根。"），但墨家的兼爱道德境界，显然要高于儒家的仁爱（这就不难理解"大义灭亲"受到人们的推崇），也容易同当代的普遍主义伦理相整合。

四、儒家仁学的当代意义：推动人的发展

正是在儒家仁学的长期影响下，传统中国形成了尚仁的文化精神，这一重仁精神文化对个人发展已经并将继续产生广泛而深远的影响。

（一）为个人人格操练提供深厚的伦理基础

在儒家看来，仁者虽达不到圣贤境界，但同君子人格一样，是一种具有较高德性的人格范型，儒家从多个方面为建构仁者风范提供了思想指导。首先，儒家认为仁是主体内在的心性，它植根于人先天固有的不忍人之心之上，并指出亲亲作为仁的表现是人的天性，是人区别于禽兽的本质规定性，它来源于自然界的"生生之德"。宋明理学家更是断言人天生即具有仁心、道心。这些将有助于提升人们培养仁性品格的自觉性和自信心。其次，孔孟儒学把仁看成是全德之称，是贯穿于礼义智信、恭宽敏惠、忠孝廉耻等各种德目的灵魂，各种具体德目是对仁道这一儒家人道原则的展开、补充和表现，这就意味着任何具体德性修养如循礼、守义、知耻、守静、孝养等均在一定意义上是对仁德的修炼、提升，从而从不同层面形塑人的仁德人格。犹如孔子所说"能行五者（恭宽信敏惠）于天下，为仁矣。"（《论语·阳货》）其次，儒家仁学以其鲜明的时代特色和强有力的思想观念范导人心。像仁者爱人、杀身成仁、仁者无敌等理念极大地震撼人心，激励无数中国人以弘道气魄去修身齐家治国平天下，成为为人所景仰的仁人志士。同时，诸如"惟仁者能好人，能恶人"（《论语·里仁》）、"君子而不仁者有矣夫，未有小人而仁者也。"（《论语·宪问》）这些鲜明的伦理标准，具有强烈的实践指向性，引导人们去恶扬善，比照着仁者君子理想磨砺自己。最后，儒家仁

道借助于特殊的社会机制去培养人的仁德。这些机制不仅包括由孟子极力倡导的仁政实践和王道政治，还包括各种社会慈善事业、公益活动，也包括各种蒙学读物和家训，藉于此，逐渐使人的仁爱情怀得以生长养成。

（二）为构建良好的人际关系提供重要的行为规范和原则

如果说墨家倡导的是兼爱，基督教倡导的是博爱，那么，儒家的仁爱就是泛爱。这种泛爱不仅内在地蕴含"泛爱众"，还包括自爱、爱人和爱物，这种泛爱是调节人际关系的重要规范。首先，只有真正的自爱才能爱他人，才能处理好己群关系。如上所述，荀子直接指出"仁者自爱"，显然这是对孔孟仁学的发展，它把爱的范围扩展到主体自身。作为仁德体现的自爱绝非自私自利，也不是扬朱式的消极为我主义，而是个人对自身生命、才智、身心、需要等的珍惜、重视，既包括修己、克己、成己（《中庸》说："成己，仁也"），也包括爱己。贺麟先生在谈到儒家五伦观念内含的等差之爱时讲道："等差之爱的意义，不在正面的提倡，而在反面的消极的反对的排斥等差之爱。非等差之爱，足以危害五伦之正常发展者，大约不外三途：一、兼爱，不分亲疏贵贱，一律平等相爱。二、专爱，专爱自己谓之私，专爱女子谓之沉溺，专爱外物谓之玩物丧志。三、躐等之爱，如不爱家人，而爱邻居，不爱邻居，而爱路人。又如以德报怨，也可算在躐等之爱范围内。"显而易见，儒家仁爱框架下的自爱并不是专爱，而是合理的自爱（在一定意义上含贵生）。一个人自爱并不全属于个人私事，也不仅仅属于个人性进取道德，它同样牵涉到己他关系，也算是一种协调性道德。因为只有好好自爱如康德所说的重视生命、发展才智，他才有资格、条件和能力去爱亲人、爱社会的人。其次，儒家仁道中的爱人精神直接会促进人际关系的改善。仁爱可以用孟子"亲亲而仁民"来概括，包含爱亲人和爱一般人，这两者都体现了一种利他主义精神。毋庸赘言，夫妻之间的恩爱、父子之间的慈爱、兄弟之间的关爱（兄弟之情）等是维护家庭和睦、稳定、幸福的精神动力。由于每个人都会遇到困难、危险、灾害、挫折等，需要他人的关爱、帮助、关怀，因而爱人会给予他人以温暖，促进彼此之间关系的提升。同时，人与人之间有时会产生冲突、矛盾，这更需要一种张载所说的"民吾同胞"仁爱情怀去加以协调。在一般情况下，爱亲与爱他人并不存在冲突和矛盾，况且它们均具有利他本质规定性，彼此之间可以互相转换，因而，儒家的差等之爱是合理的，也符合人之常情。只是在特定情境下两者会产生不可两全的矛盾，儒家的亲亲为大会同爱人、泛爱众产生所谓的"悖论"，甚至会牺牲社会正义，这时如若执意坚守等差之爱会使人走向以家族本位为内容的自私自利（个人主义）。再次，儒家仁道中的爱物理念会改善人的生存处境。孟子的仁德包含亲亲、仁民和爱物三个层次，由此可见儒家并不是强式人类中心主义者。到了宋明时代，张载把"仁民爱物"进一步发展成为"民吾同胞，物吾与也"（《张载集·正蒙·乾称》），程颢也提出了"仁者，以天地万物为一体"（《二程集·河南程氏遗书》卷二上）的一体之仁说，朱熹也认为"仁者，天地生物之心"（《朱子语类》卷五十三《孟子三·公孙丑上之下》）。人之爱物不仅可以促进天人和谐、生态平衡，改善人的生态环境，同时，由于物是人与人之间的中介，如何占有、分配、使用"物"直接关系到同代之间及代际之间关系的走向、性质，如果出于仁心而合理合法地爱物，就会保持和促进人的社会关系融洽发展。

（三）儒家的仁爱思想能够为人成德成善提供方法途径

儒家不仅提出了行仁的道德要求，还指明了许多为仁之方，如孔子及其弟子的忠恕之道、能近取譬、中道而行，《中庸》的"絜矩之道"，孟子的存心养性、推恩，王阳明的致良知、发明本心、四句教，等等。应当说，遵循这些古训，是每个人修养仁性的重要门径。孟子认为，不忍人之心是仁的端始，同情心是践仁的本根，因此，日常生活中只要看一看所作所为是否心安，就是养仁的方法。孟子认为齐宣王不忍杀掉一头活牛正是因为他心中有不安、不忍，故他说："无伤也，是乃仁术也，见牛未见羊也。"人要培养仁爱之心，就要在社会实践中反复历练，就要在善行中提升自身仁爱的境界，就要在行动中加强自身修养。正如《中庸》所说："好学近乎知，力行近乎仁，知耻近乎勇。"

先秦社会转型与孔孟荀仁学思想的嬗变

李慧子[*]

　　春秋战国时代是中国历史上的第一次社会大转型时期。这期间旧制度与旧秩序的崩溃与瓦解催生了思想的更新与发展。早期儒学如何应对时代的变化，完成了自身的调整，从而在传统中国社会发挥巨大的影响力，是本论题所主要研究的议题。以仁学思想为核心，考察孔子、孟子到荀子思想理路的蝉变，有助于洞察先秦时代社会的变迁与转型对于早期儒学的影响，也有利于分析早期儒学内部如何完成自身的调整与转向以应对时代发展的需要。

一、春秋社会转型与孔子的仁学思想

　　春秋初期，周天子的势力式微，政权由王臣支配。在春秋中后期，周天子的权力逐渐落入大夫手中。周天子权威的丧失，诸侯各行其是，彼此攻击兼并，强者称王称霸，使得社会秩序越发混乱。孔子就生活在这个"周室微而礼乐废"、旧有的社会秩序解体的时代。孔子痛心于社会的动乱、人心与文化的衰落，致力于社会秩序的重建。他承继西周的礼治精神，将传统德目中的"仁"发展为以"仁"为核心的儒家思想体

＊　李慧子：韩国成均馆大学儒学学院访问教授，儒教哲学文化创新研究所研究员。

系，将人从"神"之中分离出来，强调人的自强不息，提出了以仁爱为核心，以礼为秩序的儒学思想。

"仁"字在《论语》中出现一百余次，含义丰富，因情境而变，但是都体现着一贯的思想体系。孔子的"仁"具有诸多构成因素，而"诸多因素互相依存、渗透或制约；从而具有自我调节、互相转换和相对稳定的适应功能。正因如此，它就经常能够或消化掉或排斥掉外来的侵犯、干扰，而长期自我保持、延续下来，构成一个颇具特色的思想模式和文化心理结构。"①

首先，孔子的"仁"是以血缘关系为基础的。孔子把"孝"、"悌"这种家庭内部的亲情作为"仁"的最为根本的来源与基础，将"亲亲尊尊"作为"仁"的标准。"在当时氏族体制、亲属关系崩毁的时代条件下，转化为意识形态上的自觉主张，对这种超出生物种属性质、起着社会结构作用的血缘关系和等级制度作明朗的政治学解释，使之摆脱特定氏族社会的历史限制，强调它具有普遍和长久的社会性的含义和作用，这具有重要意义。"② 这种爱从家庭之爱推扩到邻里之爱，以至爱陌生人。其次，人要充分发挥自己的主体能动性，去追寻和实现仁。"君子求诸己"，"为仁由己"，"求仁而得仁"。孔子主张"克己复礼"，要恭敬自律，"出门如见大宾，使民如承大祭。己所不欲，勿施于人。在邦无怨，在家无怨"（《论语·颜渊》），"居处恭，执事敬，与人忠。虽之夷狄，不可弃也"（《论语·子路》）；与此同时，还应当勤于学习，不断提升自己的智识能力，提高反思与批判的能力。"好仁不好学，其蔽于愚"（《论语·阳货》），"博学而笃志，切问而近思，仁在其中矣"（《论语·子张》）。

第二，孔子的"仁"学思想强调人是关系性的存在，旨在如何和谐地与他者共在。孔子以宗法血缘为基础，建立一种由"亲"及人，由"爱有差等"到"泛爱众"，由血亲关系（血缘关系紧密的氏族贵族）推

---

① 李泽厚：《中国古代思想史论》，天津社会科学院出版社2004年版，第11页。

② 李泽厚：《中国古代思想史论》，天津社会科学院出版社2004年版，第13页。

扩到人民（全氏族、部落的自由民）的有等级秩序的充满仁爱精神的人伦关系。孔子的"爱人"并非一种抽象理念，而是在日常生活中的亲亲之爱。这种仁爱精神体现在"老者安之，朋友信之，少者怀之"（《论语·公冶长》），"宽则得众，惠则足以使民"（《论语·阳货》）的关系性存在之中。人如果离开了父母兄弟、君臣上下等等社会关系，就无法获得自身存在的意义。

第三，孔子的"仁"学思想在强调人是关系性存在的同时，也突出了个体人格的自主与独立。孔子强调"为仁由己，而由人乎哉？"（《论语·颜渊》），"当仁不当于师"（《论语·卫灵公》），"夫仁者，己欲立而立人，己欲达而达人"（《论语·雍也》），这些记述都凸显个体的能动性与自主性。"仁"作为一种精神原则与至高理想，需要个体的践行才能达成。所谓"天生德于予"（《论语·述而》），"文王既殁，文不在兹乎"（《论语·子罕》），正体现儒者的历史责任感与伟大的人格追求。儒家之所谓强调"修身"之重要，就要通过学习与意志品质的锻炼，培育具有独立反思精神的"君子"人格。

第四，孔子的"仁"学思想具有重大的政治意义。"子为政，焉用杀"（《论语·颜渊》），"百姓足，君孰与不足？百姓足不足，君孰与足"（《论语·颜渊》），"不教而杀谓之虐，不戒视成谓之暴"（《论语·尧曰》），"伤人乎？不问焉"（《论语·乡党》）"四方之民则襁负其子而至矣"（《论语·子路》）……这些记述体现了孔子的政治主张，即维护氏族体系的上下尊卑的等级秩序，同时又能保护人民的利益，反对残酷、暴力的剥削与压迫。仁爱原则与整个社会"即氏族—部落—部落联盟，以及大夫（"家"）—诸（"国"）—天子（"天下"）的利害相关联制约着"①。从远古到殷周的宗法统治体制的目标是"修身齐家治国平天下"。孔子时代所讲的"家"，不是现代意义上的个体家庭或家族，而是与"国"同一的氏族、部落。

第五，孔子的"仁"与"礼"是一内一外互为补充的。但仁是礼

---

① 李泽厚：《中国古代思想史论》，天津社会科学院出版社 2004 年版，第 19 页。

的基础。孔子认为"仁"是各种美德的源头与核心。仁者"爱人","弟子入则孝，出则悌，谨而信，泛众爱，而亲仁"（《论语·学而》）。孔子的"仁"也是"礼"、"乐"的基础，是天下治理的情感与道德的基础。"人而不仁，如礼何？人而不仁，如乐何？"（《论语·八佾》）没有了仁的基础，一切的制度规范都失去了合情合理的基础。每个君王也应当"博施于民而能济众"，"仁者安仁，知者利仁"（《论语·里仁》）。

二、战国中期的社会转型与到孟子的仁学思想

儒家学派虽然在春秋末年已成为显学，但是诸子百家的争鸣使得儒学受到各种思想的冲击。墨家学派在春秋末期与儒家并称为显学，它以"兼相爱"、"交相利"为基本主张，在理论上满足了人们情感与求利的需要。杨朱学派以利己为原则，强调个人权利，这在个人利益难以自保的战乱时代也具有影响力。此外，法家学派倡导耕战，崇尚暴力，与儒学的仁爱学说背道而驰，迎合了大小诸侯的口味。而纵横家主张的"合纵"与"连横"，不是联合弱国抗衡强国，就是依附强国攻击弱国，都是凭借权谋取胜的不义之战。这与儒家倡导的圣人、君子的高尚德行力量相去甚远。

正是诸子百家对于儒学的冲击，使得儒学在现实政治中被逐渐边缘化，才使得重振儒学成为孟子思考的重要问题。孟子在那个动乱的时代，提出唯有"仁政"才能平治天下。"尧舜之道，不以仁政，不能平治天下。今有仁心仁闻，而民不被其泽，不可法于后世者，不行先王之道也。"（《孟子·离娄上》）

孔子论仁，都是根据不同情境，因事而论，随问随答，没有系统的论述。孔子对仁的界定，一是"仁者爱人"，二是"克己复礼为仁"。前者是如何以爱待人，后者是如何以仁律己。孔子对于仁所确立的根本依据还缺少系统的论述的话，那么孟子就进一步完成了这一任务。孟子是从心性论的层面集中阐释了"仁"的内涵。

其一，孟子将"仁"与"心"相联系来进行分析。"仁，人心也。"（《孟子·告子上》）"恻隐之心，仁之端也。"（《孟子·公孙丑上》）每个人都有"心"，而恻隐之心，是"仁"萌发的开始。孟子为仁在人心上找到了一个内在的依据，使得仁成为每个人都具有的基本心理感受，是一种普遍共通感。

孟子进一步论证人心何以是仁的。在孟子的时代，频繁的战争以及残酷的社会现实，使得人性善恶问题成为诸子百家讨论的重要问题。孟子提出的"性善"论主要是针对告子而展开的。告子认为"生之谓性"、"食色性也"。人性就是人与生俱来所拥有的物质欲望和自然本能。孟子反驳告子说，"天下之言性也，则故而已矣。故者以利为本"（《孟子·离娄下》）。孟子认为，如果把人性看作本能（"故"）的话，那么人性就只是趋利避害的。但是人区别于动物的一个本质特征就在于，人还与生俱来的有一种特殊的本性，那就是"良知"、"良能"。这体现了人之为人的高贵所在。孟子就是通过阐明人的"良心"与"本心"，从而证明"仁"是人所具有的一种天然的道德能力。因此人的本性是善的。孟子将"心"与"性"有机地结合在了一起，"性"离开了"心"就无法被理解。"在孟子看来，作为文明社会基本规范的仁道原则，便是以人的内在心理结构为出发点。"①

其二，将"仁之端也"的"恻隐之心"显现、发展出来。需要"存心"与"尽心"。孟子认为"君子所性，仁义礼智根于心"（《孟子·尽心上》）。就是说人所具有的道德意识是心所本有的。"仁义礼智，非由外铄我也，我固有之也。"（《孟子·告子上》）但是如何将这种道德意识显发出来，就需要休养工夫。孟子认为，"万物皆备于我矣，反身而诚，乐莫大焉。强恕而行，求仁莫近言"（《孟子·尽心上》）。只要真诚地发展心中固有的"仁义礼智"，就能够接近"仁"。孟子认为每个人在心性上都是平等的。"尧舜与人同耳"（《孟子·离娄下》），因此"人皆可以为尧舜"（《孟子·告子下》）。

---

① 杨国荣：《孟子的哲学思想》，华东师范大学出版社 2009 年版，第 28 页。

善端虽为人所固有，但并不是非常稳固的，可能会受到外界的不良影响而有所丧失，即所谓"陷溺其心"、"失其本心"。因此君子应当"存心"。"君子所异于人者，以其存心也。"（《孟子·离娄下》）而"存心"的方法就是"寡欲"。"养心莫善于寡欲。其为人也寡欲，虽有不存焉者，寡矣；其为人也多欲，虽有存焉者，寡矣。"（《孟子·尽心下》）外界的各种诱惑会干扰本心，因此减少欲望、克制欲念，才能使得心思清静。

除了"存心"之外，还应当"尽心"。孟子曰："凡有四端于我者，知皆扩而充之矣，若火之始然，泉之始达。"（《孟子·公孙丑上》）善端只有经过不断的长养与扩厂，才能不断提高仁爱境界。孟子曰："尽其心者，知其性也，知其性则知天矣。"（《孟子·尽心上》）"由于善性是根于心的，所以充分发挥道德主体的功能——'尽心'，就能够确认心中固有的仁义礼智四种善端乃是自己的本性——'知性'；又由于善性乃受之于天，是'天之尊爵'，人之性实际上也是天的本质属性，所以确认了人的本性是善的，也就体认了天命和天道了，这就是'知天'。孟子把天作为善的最终根源，赋予了天以道德属性，同时也沟通了人的心性和形上之天，使性善论获得了终极的根据，从而彻底解决了仁的来源问题。"①

孟子认为保养本心是尤为重要的。"学问之道无他，求其放心而已矣"。也就是说，长养、呵护那颗本心，使得那刻本心充盈、完满，感到踏实与幸福。最终达到的境界就是即使不经过可以的修为和理性的控制，那颗本心依然可以明亮、完善，发端出善言善行。

其三，孟子的仁学具有层级性。最基础层次的就是由血缘关系而来的亲亲之情，它是仁的自然基础。"仁之实，事亲是也"（《孟子·离娄上》），"未有仁而遗其亲者"（《孟子·梁惠王上》）。他甚至直接以"亲亲"定义"仁"："亲亲，仁也"。（《孟子·尽心上》）孟子关于仁的层次性的最为清晰的表述是："君子之于物也，爱之而弗仁；于民也，仁

---

① 白奚：《孟子对孔子仁学的推进及其思想史意义》，《哲学研究》2005 年第 3 期。

之而弗亲。亲亲而仁民，仁民而爱物。"（《孟子·尽心上》）"这段话中包含了几个重要的思想……就其对象和范围而言，仁有三个层次——'亲'、'民'、'物'；由此而有三种相应的、程度不同的态度——'亲'、'仁'、'爱'。"①

第一个层次是"亲亲"。孟子的"仁"不是抽象的概念，而都带有日常生活的温度与生活经验的印证。孟子云："仁之实，事亲是也；义之实，从兄是也。"（《孟子·离娄上》）朱熹对这句话的解释是："仁义之道，其用至广，而其实不越于事亲从兄之间。盖良心之发，最为切近而精实者。"②唐君毅认为，"孟子言仁义之原，必在此心性之原始表现，见于吾人之生命之始生时所在之家庭，而有之孝弟之情、孝弟之德上言。"③仁爱情感最初发源于家庭之爱。人们在家庭的亲情关系中培养、发展出了爱的情感与能力。

第二层次是"仁民"。所谓"老吾老，以及人之老；幼吾幼，以及人之幼。"（《孟子·梁惠王上》）这就是将家庭内部的仁爱情感扩展到家庭之外的其他人。

第三个层次是"爱物"。"亲而仁民，仁民而爱物"，这是将仁爱的观念与情感由亲及疏、由近及远地逐层推扩，直至延展到世间万物。拥有仁爱之心，对世界一切人、事、物都可以慈悲与同情。

"亲亲而仁民，仁民而爱物"这一命题表明，"仁虽然始于亲，却不终于亲，这是仁能够成为人类最普遍的道德原则的关键所在。由'亲亲'推展到'仁民'，再由'仁民'扩充到'爱物'，清楚地表达了仁的层次递进性的思想。"④在这三个层次中，"亲亲"是仁的最初的情感基础，"仁民"是仁的核心和重点，而"爱物"的实现标志了仁的全面完成。

---

① 白奚：《孟子对孔子仁学的推进及其思想史意义》，《哲学研究》2005 年第 3 期。

② 朱熹：《四书章句集注》，中华书局 1983 年版，第 287 页。

③ 唐君毅：《中国哲学原论：原道篇》，中国社会科学出版社 2006 年版，第 103 页。

④ 白奚：《孟子对孔子仁学的推进及其思想史意义》，《哲学研究》2005 年第 3 期。

三、战国后期社会转型与荀子的仁学思想：由仁及礼

战国时代，"诸侯异政，百家异说"（《荀子·解蔽》），"天下大乱，贤圣不明，道德不一，天下多得一察焉以自好。……天下之人各为其所欲焉以自为方"，"道术将为天下裂"（《庄子·天下》）。继孔子之后，儒家思想分化为多家思想，各有特色。儒家的思想的多分发展，一方面促进了儒学的多向发展；另一方面，由于各家学说的彼此排斥，削弱了儒家的力量，使得儒学的影响逐渐下降。尽管孟子是孔子思想最为有力的传承者，他为儒家道德学说确立了本源与本体的根据，将仁、义、礼、智等道德规范阐释为人内在本有的天赋秉性，从人的主体心性角度奠定了成善成德的内在基础。孟子的学说表现一种强烈的道德理想主义，虽然在道德和内在心性的提升方面具有巨大的感召与提升力量，但是在应对复杂、残酷的社会现实时，显得力不从心难以实现。荀子正是认识到了孟子思想的不足，对孟子思想进行了批判。荀子强调从现实出发，法后王，隆礼重法，重视礼乐规范等外在的规范制度的作用，使得儒学思想更加能够适应现实，并且对于现实具有积极的指导作用。

荀子继承了孔子"仁"的理念，主张不管是从个体的修为，家庭的伦理秩序，还是到国家的治理之中，"仁"都具有重要的奠基性的意义与价值。"仁者爱人"（《荀子·议兵》），"仁之所在无贫穷，仁之所亡无富贵"（《荀子·性恶》）。荀子认为"仁"是君子修养的核心之本。"君子养心莫善于诚，至诚则无它事矣。惟仁之为守，惟义之为行。诚心守仁则形，形则神，神则能化矣。"（《荀子·不苟》）荀子在承续孔子"仁"的思想的同时，也对其进行了发展与扩充。他认为对贤能的重视和对于不贤之人的唾弃也是符合"仁"的，"贵贤，仁也；贱不肖，亦仁也"（《荀子·非十二子》）。这种尊贤任能的思想与当时战国时期对思想的渴求有很大关系。

孟子的"仁"更多偏重的是内在心理的爱之力量，而荀子的仁义虽然也具有内在的德性品性，但他也强调了外在规范的约束性。也就是说，在荀子的时代世道人心都与孔孟时代颇为不同，如果只通过要求人们修养内心的方式达到社会和谐，是不能实现的。面对诸多的社会矛盾，以及人们思想、欲念的变化，荀子认为还必须通过外在的规范制约的方式塑造人的心灵，达到义礼之境。

孟子有云："义，人之正路也。"（《孟子·离娄下》）"义"就是人应当走的那条最正直、正确的道路。荀子认为"正利而为谓之事，正义而为谓之行"（《荀子·正名》）。符合正当的利益的事情就是"正利"，而那决定什么是正当的就是正义。只有按照正义的原则去行事，所做之事才会是正当的。因此"义"之道是最为核心和根本的。

荀子又云："不学问，无正义，以富利为隆，是俗人者也。……法先王，统礼义，一制度……张法而度之，则晻然若合符节：是大儒者也。"（《荀子·儒效》）荀子在这里将"正义"与"礼义"及其"制度"相互对应。在这里"正义"是指"礼义"，即建构"礼"所要遵循的"义"。

荀子的"义"是一种至高原则，它是一切正当、适宜的基础，也是礼仪规范、制度安排的基础。因此荀子的"义"既是一种形而上的道，也可以贯穿到形而下的具体器物层面之中。"义分"是"分"的灵魂，它保障群体的和谐有序。义的外化就是礼义。"圣人君王"是"义分"的主导者，"君臣父子"是义分的实行者。而"义"在社会生活中的表现就是"礼"。"义分则和"就集中表现在对"礼"的建构与实施之中。

在荀子的思想体系中，作为制度规范的"礼"的建构基础是"义"。有学者指出，"'礼'有不同的用法：有时指祭祀活动的典礼仪节，谓之'礼仪'；有时指所有一切制度规范，谓之'礼制'；此外还有'礼义'，即礼之义。"这种分法较为清晰地区别了"礼义"与"礼仪"、"礼制"的关系，并且划分了三者的层级。"'礼'涉及三个层面：'礼制'：作为其外在表现的'礼仪'；作为其内在根据的'礼义'。其决定关系是：礼义→礼制→礼仪"①。

荀子继承了孔子"礼有损益"的思想传统，认为作为社会公共生活规范与秩序的"礼"，是可以"损益"的，是可以随着时空条件的不同而发生变化的。但是荀子的"损益"涉及的只是"礼制"与"礼仪"的层面，而"礼义"是不可改变的。所谓"立隆以为极，而天下莫之能损益也。……礼之理，诚深矣！"（《荀子·礼论》）

"礼有损益"的思想是制度规范为了适应时代的变化而发生的必然变革。而荀子的"义"是先于"礼"的普遍原理。尽管荀子说过"义者循礼；循礼，故恶人之乱也"（《荀子·议兵》），但是这句话并不是说"礼"先于"义"，而是指适当、合宜的人会遵循礼制、礼仪背后的义之道。而恶人则会以遵循固有的礼法为由，借机作乱。这句话中的"义"是明白"义"之道理，按照"义"去行为的人。这种合义之人，虽然会遵循礼仪，但并不会死守礼仪的条规，他们遵循的是礼仪背后的"义"之道。

荀子认为，"礼"（制度规范）本身应当符合"义"。《左传》有"义以出礼"（《左传·桓公二年》）、"礼以行义"（《左传·僖公二十八年》）的观念。荀子指出："不知法之义而正法治数者，虽博，临事必乱。"（《荀子·君道》）"人无法，则怅怅然；有法而不志其义，则渠渠然；依乎法而又深其类，然后温温然。"（《荀子·修身》）这里的"法"是由"义"决定的。

由此可以发现荀子的"义"具有形而上学的高度。而将这种形而上学的"义"之道贯穿于公共生活的制度建构之中，就会产生适宜、正当的礼制与礼仪。而人们在日常生活中通过"礼义"之道的研习，对于"礼制"、"礼仪"的修习，就能在群体、社会中成为一个"立于礼"之人。

荀子的"群"之"分"需要礼法作为制度上的保障，"分"实质上是"礼分"。在荀子的思想里，人就是礼义化的人，"人无礼不生"（《荀

① 黄玉顺：《荀子的社会正义理论》，《社会科学研究》2012 年第 3 期。

子·修身》），礼义是"群"的组织原则与方法。人们通过学习、遵守和实践礼仪，使得"义"得以实现。"夫贵为天子，富有天下，是人情之同欲也。然而从人之欲，则势不能容，物不能澹也，故先王案为之制礼义以分之，使有贵贱之等，长幼有差，智愚能不能之分。"（《荀子·荣辱》）

"义"的下贯到形而下的制度规范、人间安排上就形成了"礼义"。荀子"义分则和"的观念旨在建立一个以"礼"为制度安排的有序、和谐的社会。荀子的这种观念与他所处的时代背景有关。战国后期分崩离析的社会需要建立统一的君主集权制的统治秩序。而"义分则和"的观念恰恰适应了时代的需要。

与孔子所要维护的"周礼"不同，荀子所崇尚并且试图建立的"礼"（隆礼），是以君主集权制为核心的等级制度。在荀子"礼"的思想体系中，农、工、贾等非贵族阶层的庶人也被纳入其中。荀子否定"以世举贤"、"以族论罪"等旧有等级制度，主张"无恤亲疏，无偏贵贱，唯诚能之求"（《荀子·王霸》），"图德而定次，量能而授官"（《荀子·正论》）。荀子主张，"虽王公士大夫之子孙，不能属于礼义，则归于庶人；虽庶人之子孙也，积文学，正身行，能属于礼义，则归于卿相士大夫"（《荀子·王制》）。这与周礼有很大的不同。周礼是按照姬姓血缘系统而建立的宗法等级制度，每个等级是一个血缘组团结构，是世袭的。而荀子的理想的等级制度中，上下等级身份是根据"图德而定次，量能而授官"的原则，可以流动。因此荀子的"礼论"是适应新兴地主阶级的政治需要。而这种新型的社会秩序恰恰需要理论作为支撑。

仁学是儒家思想的核心内涵，基于社会时代转型的大背景，仁学的内涵在孔子、孟子、荀子的思想体系里发生了嬗变。孔子面对春秋时期礼崩乐坏的社会现实，致力于社会秩序的重建。他承继西周的礼治精神，将传统德目中的"仁"发展为以"仁"为核心的儒家思想体系，将人从"神"之中分离出来，强调人的自强不息，提出了以仁爱为核心，以礼为秩序的儒学思想。孔子对仁虽然没有系统的论述，但是"仁"是孔子思想的核心与精髓，是一切形上原则和制度规范的基础。孔子的

"仁"决定了儒学思想的基本品格。

孔子之后的孟子更多偏重从心性层面，将仁阐释为一种内在心理的爱之力量。孟子高扬人的主体性，强调人先天具有一种美好与高尚的可能性，呼吁人们向内求，将内心的仁爱力量发动、显现出来。孟子以此为基础提出了"仁政"思想，以此应对战国中期诸子百家对儒学的挑战。

而荀子的仁义虽然也具有内在的德性品性，但他更强调外在规范的约束性，他认为还必须通过外在的规范制约的方式塑造人的心灵，达到义礼之境，从而实现仁的品格。先秦时期的三位儒学大家为儒学的日后发展奠定了方向。

以仁学思想为核心，考察孔子、孟子到荀子思想理路的蝉变，有助于洞察先秦时代社会的变迁与转型对于早期儒学的影响，也有利于分析早期儒学内部如何完成自身的调整与转向以应对时代发展的需要。

管仲非仁者与?

——对孔子"仁"概念的一个考察

李浩然*

孔子在《论语》中,品评的人物有一百五十九位。[①] 这些段落极其重要,可以看作是孔子道德哲学在具体历史中的应用,对于后世的学者来说,这些人物评价不仅为我们研究儒家哲学提供了现实论据,也让我们在重返孔子思想世界时获得了一条经验感知的途径。若不算门下弟子,孔子品评的历史人物有近五十章之多,这其中有一位人物他先后评价的次数最多[②],且历代学人对孔子于这个人评价的"矛盾"之处也最为困惑,这个人便是管仲。(今本通行的《论语》应是西汉末张禹合《鲁论》、《齐论》、《古论》而成,于此前人已多做考证,本文不再赘述)我们可以看见孔子提及管仲共有四处:

> 子曰:"管仲之器小哉!"或曰:"管仲俭乎?"曰:"管氏有三归,官事不摄,焉得俭?""然则管仲礼乎?"曰:"帮君树塞门,管

---

① 参见李零:《丧家狗——我读〈论语〉附录》,山西人民出版社 2007 年版,第 32 页。

② 本文所指评价为道德评价,孔子提到次数最多的历史人物是舜,在《论语》中出现七次,但有几次未作评价。另外孔子谈到伯夷、叔齐四次,如果把"伯夷、叔齐饿于首阳之下,民到于今称之"(《论语·季氏第十六》)也看做是一种评价,则孔子对二人的评价就和管仲一样多。

氏亦树塞门；邦君为两君之好有反坫，管氏亦有反坫。管氏而知礼，孰不知礼？"（《论语·八佾》3.22）

或问子产。子曰："惠人也。"问子西。曰："彼哉！彼哉！"问管仲。曰："人也。夺伯氏骈邑三百，饭疏食，没齿无怨言。"（《论语·宪问》14.9）

子路曰："桓公杀公子纠，召忽死之，管仲不死。"曰："未仁乎？"子曰："桓公九合诸侯，不以兵车，管仲之力也。如其仁，如其仁。"（《论语·宪问》14.16）

子贡曰："管仲非仁者与？桓公杀公子纠，不能死，又相之。"子曰："管仲相桓公，霸诸侯，一匡天下，民到于今受其赐。微管仲，吾其披发左衽矣。岂若匹夫匹妇之为谅也，自经于沟渎而莫之知也。"（《论语·宪问》14.17）

这四段材料中，前一条批评管仲器小而不知礼，后三条赞许管仲有仁之德。综观整部《论语》，孔子言语向来从容无碍，词不迫切①，如是般前后不一致者鲜有，故孔子对于管仲的这一抑一扬，便成了后世学人一直争论的问题。尤其是对于最后两段材料，究竟如何理解孔子许管仲以"仁"，给我们理解孔子"仁学"思想的历史实践意义提供了一个很好的案例，历代学者也据此做出了自己的分析。

一

后儒对于这两段孔子评价管仲的理解，基本上是从三个方面进行

---

① 《论语》中孔子说话其背后之情感大部分都是"发而皆中节"的，但也有几次例外：1.宰予昼寝让孔子很生气（《论语·公冶长第五》）；2.宰予反对孔子所说的"三年之丧"让孔子很生气（《论语·阳货第十七》）；3.子路因孔子见南子一事而误会孔子，孔子很着急（《论语·雍也第六》）；4.颜回去世让孔子很伤心（《论语·先进第十一》）；5.孔子老朋友原壤夷俟而坐，孔子十分看不惯（《论语·宪问第十四》）。

分析的。一、训诂说，这一类的注释基本上没有进行义理上的延伸，只是从字词的训诂方面认为孔子是许管仲以"仁"的，如西汉孔安国把"如其仁"训作"谁如管仲之仁"，清代王引之训"如，犹乃也……'如其仁！如其仁！'言管仲不用民力而天下安，乃其仁，乃其仁也"，今人杨伯峻把"如其仁"解释成"这就是管仲的仁德，这就是管仲的仁德"。但清末俞樾以杨雄《法言》中"吾闻先生相与言，则以仁与义；市井相与言，则以财与利。如其富，如其富"一句与"如其仁"进行对比，认为"如其仁"是"如何其以仁也"之意，从而认为管仲与仁德无关。二、道义说，这一类注释是从春秋时代的义理上去论证管仲不死又相桓公的行为是合理的，如三国时王肃说："管仲、召忽之于公子纠，君臣之义未正成，故死之未足深嘉，不死未足多非，死事既难，亦在于过厚，故仲尼但美管仲之功，亦不言召忽不当死"，北宋程子也讲："桓公，兄也。子纠，弟也。仲私于所事，辅之以争国，非义也……知辅之争为不义，将自免以图后功亦可也。"三、功业说，这一类的注释认为管仲功烈而惠民，亦属外王而爱民之仁道。如东汉末年郑玄道："重言'如其仁'者，九合诸侯，功齐天下，此仁为大。死节，仁小者也"，南宋朱子说："盖管仲虽未得为仁人，而其利泽及人，则有仁之功矣"，清代顾炎武说："君臣之分所关者在一身，华裔之防所系者在天下，故夫子之于管仲，略其不死子纠之罪，而取其一匡九合之功。盖权衡于大小之间，而以灭下为心也"，清代刘宝楠说："盖不直言'为人'而言'如其仁'，明专据功业而明之"，近代钱穆说："本章舍小节，论大功，孔子之意至显。"

从上面各家的注解中我们可以大体了解到，历代学人基本上是同意孔子许管仲以"仁"的。但除了从训诂、义理、功业这些角度去分析之外。我们研究这两段材料更应该注意两件事：一、孔子为何要许管仲以"仁"；二、孔子许管仲之"仁"有何实质的规定性，而实际上这两个问题又是息息相关的。

关于第一个问题，孔子在《论语》中提及管仲的四段材料中，只有一处是真正以"仁"许之，另一处在《宪问篇》第九章，"问管仲。

曰：'人也。夺伯氏骈邑三百，饭疏食，没齿无怨言'"，虽然后世学人多把"人"解作"仁"，并用"井有仁焉"（《论语·雍也篇》）中"仁"字的用法作为证据，但实际上"人"与"仁"内涵是不是完全一样，还是值得进一步商讨的。① 关于第二个问题，之所以要去研究"仁"的实质的规定性的问题，是因为在《论语》中"仁"概念出现了一百零九次，在孔子的论说中，道德伦理、历史政治等各个方面都可以与"仁"有关，不同的学生问仁，孔子会给出不同的答案（《颜渊篇》里先后四个学生问仁），同一个学生不同的时候问仁，孔子的回答也不一样（樊迟曾经两次问仁）。孔子的仁学是一个有机的整体，且整体大于部分之和。孔子每一次论"仁"都会根据当时的情景而有所侧重，这些不同的对"仁"的规定构成了仁学的要素，他们互相制约又互相促进，终于使得孔子之"仁"成为中国思想绵延几千年而未断的文化生命体。

由是看来，孔子许管仲之"仁"的实质的规定性，是与当时对话发生的情景有关的，而这个情景也是促使孔子许管仲以"仁"的原因，这个情景便是子路、子贡以"管仲不仁"来询问老师自己的判断是否正确。

孔子许管仲以"仁"虽然是出现在与子路的对话中，但下面子贡的问话应该是与其紧随而发生的。因为第一，子路和子贡与孔子的这两段对话被连续记载于《论语》的第十四篇《宪问》之中，两人问老师的问题是一样的，所引用的材料是一样的，叙述材料的语言是相似的。更重要的是，子贡对老师说的话，上来便反问道"管仲非仁者与？"位列言语科，向来和孔子说话十分恭敬的子贡如此直接发问，必有所承接，才符合情理。第二，子贡的问题更像是对子路问题的一个补充。子路判断管仲"未仁乎"的论据只是"召忽死之，管仲不死"，在没有得到孔子的肯定之后，子贡又补充了另一个"管仲非仁"的论据，即"又相之"。这就是说在子贡看来管仲若能如伯夷、叔齐那样"不降其志，不辱其身"（《论语·微子篇》），即使不死也可，但他却做了仇敌齐桓公的

---

① "井有仁焉"之"仁"乃"仁人"之意，"仁人"与"仁"不相等，具体见后文论述。

相，这无论如何也是不仁的，朱子也说："子贡意不死犹可，相之则已甚矣。"（《四书章句集注》）即便由、赐的问话是不同的时间，由于二人问题内容和性质的相似，孔子"如其仁"的回答也是同样适合于子贡的问题的。所以，我们可以看到，孔子许管仲以"仁"是在他的两位徒弟对管仲进行了错误的判断的情况下发生的，也就是说，孔子许管仲以"仁"的目的是为了让子路和子贡明白自己问题中的错误所在，其实这种方式是孔子最常用的教育自己弟子的方法："不愤不启，不悱不发。"（《论语·述而篇》）"启"、"发"意味着孔子不会直接告诉弟子终极的确定答案，他只是"举一隅"来让学生"以三隅反"（《论语·述而篇》），所以孔子即便许管仲以"仁"，也只不过是以管仲之所为来证"仁"学之一方面，绝不是说管仲等于"仁"概念的全部。如前所述，"仁"是一个可以自我损益的概念系统，如果把它与某个具体的历史个人等同起来，必然会出现荒谬，哪怕是把"仁"与孔子本人等同起来也是如此，如明代李贽所讨论的："若必待取足于孔子，则千古以前无孔子，终不得为人乎？"①（《焚书·答耿中丞》）孔子所希望的是，通过许管仲以"仁"来让子路和子贡"闻一而知十"（《论语·公冶长篇》），更全面地了解"仁"，从而知道自己理解问题的错误所在。

二

那么子路和子贡究竟错在哪里了呢？一直以来，学人把"仁"作为孔子哲学的核心概念，并与"义"、"礼"、"智"等诸多概念联系起来，如孟子的把这四者作为人之"四心"（《孟子·公孙丑上》），朱熹把这四者作为"太极"中"纲领之大者"（《答陈器之》）。这就使得"仁"

---

① 李贽的问题对那些只懂得"取足于孔子"的糊涂读书人有一定的警示作用，但他没有明白的是，真正的儒者"取足"的不是孔子，而是孔子所讲的普适性的道理。千古之前虽无孔子，但孔子所言之道理定在。

与"义"、"礼"、"智"等概念有了价值上的共同指向。于是当子路、子贡两位徒弟以"桓公杀公子纠，召忽死之，管仲不死"的史实质疑管仲时，实际上也就是在用"不忠"（主亡而不死）和"不义"（事仇敌为主）来论证管仲的"不仁"。当然，由、赐二人的论证是有问题的，这个问题不是出在"忠"、"义"与"仁"的关联上，而是出在事例论据与"忠"、"义"的关联上。

首先，我们来探讨管仲是否是"不忠"的问题。在孔子的思想中，确实是强调君臣等级秩序的，所以每每知道有破坏这种秩序的行为出现，如八佾舞于季氏之庭、三桓以雍彻，都会加以批判，甚至不惜"事君尽礼，人以为谄也"（《论语·八佾篇》）。然而，孔子所说的"君君，臣臣"只是对周礼继承的诸多方面之一，其根本目的还是为了要恢复起原有的社会结构，而并非是对君主权力的绝对服从。所以当卫灵公问陈于孔子（《论语·卫灵公篇》）时，孔子却只言礼而不言军，且"明日遂行"。可见孔子认为行政之方在于"复礼"而不在于对于君主权力的承认与服从。实际上，在孔子所要恢复的周礼之中是包含着原始的民主性和人民性的①，这就必然使得孔子肯定君主权力结构的同时，又用道德上的人道主义去制约和规范君主权力，他说"子为政，焉用杀"（《论语·颜渊篇》），"不教而杀谓之虐，不戒视成谓之暴，慢令致期谓之贼"（《论语·尧曰篇》）。这也就是孔子为何会把"政"、"刑"与"礼"、"德"在某种程度上对立起来，子曰："道之以政，齐之以刑，民免而无耻，道之以德，齐之以礼，有耻且格。"（《论语·为政篇》）明白了这一点，也就不难理解为何儒家思想发展到孟氏之儒，便开始十分强调民本思想的根源所在了。②需要进一步说明的是，在孔子的思想里，"忠"可以作为事君之道，孔子曾说过"君使臣以礼，臣事君以忠"（《论语·八佾篇》），但在今本《论语》中"忠"作为"忠君"的概念便只出现过上述

---

① 李泽厚：《新版中国古代思想史论》，天津社会科学院出版社 2008 年版，第 12 页。

② 《韩非子·显学篇》中把儒分为八，其中有子思之儒和孟氏之儒。后世学人常把思、孟并作一派，如康有为《孟子微序》、郭沫若《儒家八派的批判》等。孟子于子思可能确有师承关系，但民本思想却是孟氏一派之独有。

一次，其余十六处出现的"忠"则与"仁"、"信"等概念一样，是人与人交往的道德准则之一，① 并没有特定的对象。何况曾子把自己老师孔子的学说归纳成"忠恕之道"（《论语·里仁篇》），足见"忠"是可以普遍化的道德概念，朱子训之为"尽己"② 便很是理解这其中含义。所谓忠孝两难全的问题，起码在汉代之前是不存在的，我们可以从《论语》中"子为父隐"（《论语·子路篇》）的故事和《孟子》中"瞽瞍杀人"（《孟子·尽心上》）的问答上看出先秦儒家对于"忠"与"孝"的取舍。还有一则证明的材料是来于《郭店楚墓竹简·语丛三》："父亡恶，君犹父也；其弗恶也，犹三军之旌也，正也。所以异于父，君臣不相戴也，则可已；不悦，可去也；不义而加诸己，弗受也"，这种想法儒家"立爱自亲始"（《礼记·祭义》）的原则是一致的，我们也可以发现，先秦典籍中并举"亲"与"君"时，一般都会把"亲"置于"君"前，这是没有问题的。③ 至于后世"天地君亲师"这种顺序的确定，据余时英先生的考证，则最早不会先于南宋。④ 所以孔子在《论语》里讲的"忠"是一种道德自律，是通过主体性的道德修养达到"仁"的先验范畴，也就是说，"忠"就是"行仁"。这一切都是在道德理性世界的内部完成的，与"忠"的对象无关，孔子说："为仁由己，而由人乎哉？"（《论语·颜渊篇》）便讲的是这个道理。由孔子这里传下去，到了曾子讲"忠"，仍是强调个内在省察的工夫："吾日三省吾身，为人谋而不忠乎？与朋友交而不信乎？传不习乎？"（《论语·学而篇》）到了孟子讲"忠"，他不但说明了"反求诸己"的修养办法，还进一步说明了"忠"与具体的客观实在无关："君之视臣如手足，则臣视君如腹心；君之视臣如犬马，则臣视君如国人；君之视臣如土芥，则臣视君如寇仇。"（《孟子·离娄

① "忠"大体上有两个含义：外在表现为信（《论语》中常"忠""信"并举），内在表现为诚（即一种向内的道德追求，刘宝楠在《论语正义》便认为"忠"就是《大学》里所说的"诚"）。

② 朱熹：《四书章句集注》，中华书局 1983 年版，第 48 页。

③ 徐梓：《"天地君亲师"源流考》，《北京师范大学学报》（社会科学版）2006 年第 2 期。

④ 余时英：《现代儒学的回顾与展望》，生活·读书·新知三联书店 2004 年版，第130 页。

下》）于是由孔、曾、思、孟这一脉传到宋明，终于开出了心学。

"忠"可以体现在行为上，但由行为去判断"忠"，便未必准确，否则烹子飨桓公的易牙肯定要比箭射桓公又相之的管仲更具忠心的。至此我们看到，子路在《论语·宪问》中以"不死"去质疑管仲不具有"忠心之仁"，这是站不住脚的。在这里，"死"与"不死"不构成道德判断的对立面，"召乎死之"和"管仲不死"可以同样具有善的价值，只要他们都是在"尽己"，都是在"行仁"。而且，臣可以为君死，但原因只会是"杀身成仁，舍生取义"，而绝不会因为"君让臣死，臣不得不死"，换句话说，只要出于道义君子可以为任何人牺牲自己，但不一定只为了君主。在中国古代政治体制中，君主拥有的是绝对的决定权，大臣拥有的是具体的实施权和对君主的监督权。这里所说的监督，并非是后世西方民主意义上的监督，而是儒者一直所希望实现的为帝王师去"格君心之非"（《孟子·离娄上》），这又可以追溯到"儒家"之名出现之前，巫、史、方士在氏族集团中的政治功能。所以，儒家所说的君臣关系是和主仆关系大大不同的，这二者最大的区别便是是否具有道德上的主体性，否则便会出现道德悖论，如君让臣为恶，臣是因忠君而善还是因为恶而恶便成了问题。是故，管仲之"不死"不能证出管仲之"不忠"。

三

其次，我们来探讨管仲是否是"不义"的问题。孔子讲"义"主要涉及三个方面：一是讲"义"要作为道德修养的内容，二是讲"义"与其他概念的比较，三是讲"义"是君主为政的方法。关于第一个方面，孔子提出了两个修德之方："徙义"和"见得思义"。"义"是一种价值判断，与充满情感原则的"仁"比起来，"义"则具有更多的理性原则，当然，这种判断是非的理性思考归根到底还是要受到"仁爱"的支配的，因为在孔子的思想中，合理性（伦理规范、社会制度）永远都是建立在先验情感（血缘亲情）之上的。有了内在的"合义"的心（即"仁"），才会有外在"合义"的制度（即"礼"）。所以把"义"作为道德修养的内容，"徙义"也好"思义"也罢，就是要让"是非之心"发显，这便能保证我们行为动机之纯粹，这也是长期以来学人视孔子道德哲学为动机论的原因。但实际上孔子虽然承认道德实体的先天存在，但他没有把行为动机作为判断道德行为是否具有善的价值的唯一标准，这一点，在孔子拿"义"与其他概念的比较中便有体现，其中最有代表性的便是儒家的"义利之辨"。北宋程明道说："天下之事，惟义利而已。"（《河南程氏遗书》卷十一）朱子也说"义利之说，乃儒者第一义"（《朱文公文集》卷九）。在《论语》中，明确把"义"、"利"概念作对比的，只有一处："君子喻于义，小人喻于利"，其他与"义利之辨"有关系的尚有五处。① 孔子比对"义"、"利"，其中要义是讲二者之流行，而非对待，换句话说，孔子是要告诉人们，怎样以"义"取"利"。其实，说儒家义利之辨重要，是因为这二者代表的是道德理性和情感欲望的关系，这是道德哲学的核心母题。我们在孔子的思想中，从未找到过明确反"利"的说法，孔子反对的是"不以其道得之"的"利"，孔子注意的是以何种方法得"利"，荀子的观点便与此一脉相承："好荣恶辱，好利恶害，是君子、小人之所同也，若其所以求之之道则异矣"（《荀子·荣辱篇》），即便老子所讲的"不尚贤，使民不争；不贵难得之货，使民不为盗"（《老子·第三章》）。也是在说问题处于"尚贤"、"贵货"的行为上而不在"贤"与"货"本身，于是老子才会去讲无为。在这里，"义"成为具有道德价值的行为过程。如果孔子的道德哲学仅仅是目的论，那么他便不可能谈到"利"，但在《论语》中，孔子并非不谈"利"："富而可求也，虽执鞭之士，吾亦为之。如不可求，从吾所好"（《论语·述而第七》），"子贡问政，子曰：'足食，足兵，民信之

---

① 见《论语》《述而篇》第十六章、《宪问篇》第十二章、第十三章、《季氏篇》第十章、《子张篇》第一篇，论述了"富贵"、"得"、"取"与"义"的关系，与"义利之辨"相似。

矣'"（《论语·颜渊篇》），"子适卫，冉有仆。子曰：'庶矣哉！'冉有曰：'既庶矣，又何加焉？'曰：'富之。'曰：'既富矣，又何加焉？'曰：'教之'"（《论语·子路》）。通过这几段材料，我们可以看到孔子谈"利"时，除了讲到要用"义"去规定"利"的正当性，还说到了一个"利"与为政关系的问题。即便觉得"何必曰'利'"的孟子在谈到君主治国的具体政策时，也会讲"制民之产"，因为孟子十分清楚"无恒产而有恒心者，惟士为能。若民，则无恒产，因无恒心。苟无恒心，放辟邪侈，无不为已"（《孟子·梁惠王上》）。于是君主为政之王霸与否，在于他们能多大程度上满足百姓的生存需要，即"其使民也义"（《公冶长篇》）。百姓的公利①的实现便是君主"义"的体现，在这里"义"又成为一个可以衡量的效果。至此我们可以得出结论，"义"是一个包含着道德行为发生整体过程的概念：善的动机，符合道义而中庸权变的方法，公利的效果，缺一不可。

长期以来，学人把孔子在《宪问篇》中赞扬管仲之功业这两段材料看作是孔子"仁学"思想的功利性一面，由此来证明儒家思想所具有的"外王"特征。这种看法的错误之处在于没有搞清楚儒家的"外王"思想是与道德行为的效果的公利性有关，而非功利性。两者的区别便在于一个"公"字，利益由私到公便是由己到人、由少到多。孔子在这里又为这种由己到人、由少到多的行为效果与心中的道德原则②构建了

---

① 值得注意的是，说"义"有公利性和告子说"义"是外在的（《孟子·告子上》），是不一样的。"义"是不能对象化出来的价值标准，属于人们理性情感世界的范畴。即便充分肯定小生产劳动者利益的墨子，也是反对"以外"之说的："仁爱也；义利也。爱利，此也；所爱所利，彼也。爱利不相为内外，所爱利亦不相为外内。其为仁内也、义外也，举爱与所利也，是狂举也。"（《墨子·经说下》）至于郭店楚简《六德》篇所提到的"仁，内也；义，外也；礼乐，共也。内立父子夫也"中的"内""外"并非是理性情感世界和现实世界的内外之分，而是现实世界中氏族集团的亲疏之分："门内之治恩掩义，门外之治义斩恩。"（所引《六德》篇文字，出自李零：《郭店楚简校读记》，北京大学出版社2002年版）

② 这个道德原则便是：己欲立而立人，己欲达而达人。按照康德定言命令的说法："你应如此行动，你所依照的行为准则也能成为普遍规律"，这个道德原则是具有先天的善的价值的。

一种应然的联系，儒家所说的"外王"便是这种联系真正的确立。之所以要构建这种联系，是因为孔子认为仅有行为效果还不足以具有道德价值（比如战国时齐国田氏大斗借粮只是为了收买人心），道德价值的出现是在道德行为过程诸要素都存在的情况下才得以可能，即，确定行为全过程的"合义性"。这样说来，若想论证管仲相桓公为"不义"，便应该去考察三件事：相桓公之目的是否为了一己私利（避死或者贪恋利禄功名），相桓公之所用治国之法是否不符合道义，相桓公之结果是否施惠于齐国。管仲相桓公并非是自己主动的行为，而是老朋友鲍叔牙的推荐，史记记载："及小白立为桓公，公子纠死，管仲囚焉。鲍叔遂进管仲"（《史记卷六十二·管晏列传第二》），而鲍叔牙推荐管仲为齐相的原因是让管仲助齐桓公治国家而王天下。① 所以管仲考虑的只是自己作为齐臣应不应该承担一份责任去竭力治理好国家而不是去考虑君王之能力如何、君王会对自己如何，后世诸葛孔明辅佐刘禅也是如此，这便是儒家道德主体性的确立，而非向外去求道德价值。况且齐桓公于管仲在世时可以称得上一位明君，孔子便评价他"正而不谲"（《论语·宪问》）。实际上，在管仲出任齐相的几十年中，他确实做到了博施济众，使齐国成为几十个大小诸侯国中的霸主。我们可以从《韩非子》、《管子》、《国语》、《左传》、《史记》等诸多记录先秦的史料里都可以看到一个兢兢业业改革齐政，因地之便发展经济，深入民间了解百姓疾苦并且还懂得灵活权变为政之方② 的贤臣管仲形象。而管仲为齐国之相的功绩，也是有目共睹的，如孔子说的："霸诸侯，一匡天下，民到于今受其赐。"如此看来，管仲出任齐相一事，从善的动机到公利的效果，似乎没有什么不"义"之处。

---

① 鲍叔牙说："臣之所不若夷吾者五：宽惠柔民，弗若也；治国家不失其柄，弗若也；忠信可结于百姓，弗若也；制礼义可法于四方，弗若也；执包鼓立于军门，使百姓皆加勇焉，弗若也。"（《国语·齐语》）

② 《史记卷六十二·管晏列传第二》讲他："其为政也，善因祸而为福，转败而为功。贵轻重，慎权衡。"

　　我们可以从孔子回答两位弟子的疑问而许管仲以"仁"这件事中看到，第一，孔子是要当下地否定掉两位弟子的判断，这是因为一旦轻易地断定某人"仁"或"不仁"，就立刻面临着"好仁"与"恶不仁"的道德要求。这样既不符合孔子"无臆、勿必、勿固、勿我"（《论语·子罕》）的道德修养要求，又与孔子所提倡的"三人行必有我师"（《论语·述而》）的治学方法背道而驰。第二，我们可以从孔子对于史实的引述中，看到他对"仁"内涵的厘定。"桓公九合诸侯，不以兵车"，这是在讲管仲治国之方符合道义；"霸诸侯，一匡天下，民到于今受其赐"，这是讲管仲利于民之功绩；"岂若匹夫匹妇之为谅也"这是反过来讲管仲心志之纯粹。管仲既有尽己忠心之道德理，又有合义之全部行为过程，于是孔子才许之以"仁"。第三，孔子对于弟子的回答，充满了理智的圆融性。孔子没有直接做出"管仲，仁也"的价值判断（只能是价值判断）是因为在孔子的思想体系中，无论是经验论① 意义上的"仁"，还是实在论② 意义上的"仁"，这个概念都充满着共同体价值的开展，而不能和某个具体的历史个人所等同。所以我们可以看到在《论语》中，人可以"归仁"，可以"不违仁"，可以"依于仁"，可以"欲仁"，但是人不能成为"仁"本身。正如本文所一直强调的，孔子的"仁"学自洽的，各要素之间不断补充丰富的概念系统，具体的个人只可能具有"仁"规定性中的某一部分而不可能占有全部，这样一方面不断激励着人们追求道德向善，另一方面又因为先天地把"仁"置于人心之中，从而避免了人们出现向外求善的悲观被动的宗教情绪。

　　孔子对子路和子贡的回答说到底是不希望自己的学生们整天谈论仁义之事却不知其真正实质，蔽于文不知用而流于空疏，而这个担心，也确实成为孔子殁身之后儒家发展的一个问题，以致明末清初之时，民间讥儒林中人为"平日袖手谈心性，临难一死报君王"。五四以来所批

---

① 《孟子·公孙丑上》："今人乍见孺子将入于井，皆有怵惕恻隐之心非所以内交于孺子之父母也，非所以要誉于乡党朋友也，非恶其声而然也。"这里孟子是用经验上的感知来论证"仁"的存在。

② 宋明理学中程朱一派把"仁"外化为独立存在的天理。

判的儒家文化陈旧迂腐之问题，也莫不与此有关。所以今日学人更应有一份责任去讲清孔子"仁"学思想的实质所在。我们还有好长一段路要走，但千百年来多少往圣先贤已经为我们做下了榜样。也许生命的意义就在于，永远朝着道德理性的方向前进，再前进。

儒学新论

尼山铎声

认识儒学价值需要正本清源

杨朝明[*]

我们所处的是一个"文化自觉"的时代。从孔子到现在，在差不多两千五百年的岁月里，孔子受到亿万人的关注。在传统中国，孔子更多的是被尊崇、被膜拜的偶像，在 20 世纪，孔子则成为被评论、指责乃至被谩骂、揶揄的对象。新世纪过去了十几年，这十几年中，中国的经济快速增长，中国在世界的地位得到提升，人们更加需要对中国传统文化的重新认识，需要理论思考和实践关怀相结合的态度。

文化自我意识的觉醒源自对当下问题的思考，源自对现实的关切。21 世纪的今天，任何国家与民族都不能不面对全球一体化的处境。当今的世界，热爱和平的人们呼吁对话，期待和谐，以避免冲突、消除纷争。对话的基础在了解，和谐的前提在尊重，当了解有限而认识朦胧、模糊时，理解与尊重就无从谈起。与之同时，要使他人了解自己，首先要自己的自我了解，我们认为，就中国文化的现状而言，"认识自我"甚至比"介绍自我"显得更为紧要。

西方不少人对"中国"了解有限是客观现实。在一些外国人眼中，中国仍是一个古老而神秘的国家。在 20 世纪的西方，有人描述说，他心目中的中国简直就是"世界的末端"。他关于中国最初的概念，至多是曾在茶杯或花瓶上见过的几幅图画，他想象着这里有"神情呆板的长

---

* 杨朝明：孔子研究院院长、研究员。

辫子的小个子男人"、"有弓形桥的富于艺术性的花园"以及"挂着铃铛的小塔"……

可是，最近几十年来，对中国的有限了解正慢慢成为过去。一些睿智的学者看到了古老中国智能的价值，更有学者呼吁西方人要"从尊重中国哲学的特殊性入手"，达到对中国哲学特殊性的同情与理解，因为中国哲学最初是由来华的传教士们翻译的，基督教意味的词汇表主宰着西方中国哲学著作的书写。如安乐哲先生，他作为当代中西比较哲学领域的领军人物，就希望西方读者像尊重希腊哲学传统一样尊重中国哲学。他认为，翻译者本身必须是专业哲学家。安乐哲先生的言语值得回味，因为中文西译如此，古文今译同样如此！

然而，能够真正认识到"中国精神生活"的学者毕竟太少了！也许，就像很难"完全学透"《易经》一样，在他们心中，孔子只能是"一个实际的世间智者"。少数学者看到，中国的先哲们乐此不疲地争论的是对"知"、"行"体用的事情，他们沟通了天人，贯通了政治、伦常，拓展个体到了社会。要知道，中国的圣哲很早就在思索"太一生水"、"礼达天道"之类与世界本源相关的问题，当外国人研究物质和意识谁是第一性、是先有鸡还是先有蛋的时候，中国的诗人也在思考"江上何人初见月？江月何年初照人？"

不过，当我们思索这种境况出现的原因时不难发现，外国人的观念在很大程度上来自中国学人"自己的迷茫和纷乱"（宋健先生语）。我们认为，当前研究孔子儒学，不能没有古老文明现代发展的纵深视野，为此，就必须首先清醒地认识到中国学术发展的特殊历史文化背景。

孔子创立了儒学，孔子思想影响后世既深且远。我们常常强调"孔子文化"而不是"儒家文化"，意在强调孔子在儒家文化创造中的突出地位，彰显孔子本人超凡智慧的灵光。因为事实是，后儒诠释孔子，发挥他的学说，虽然主观上都力图"汲取其精华"，但"偏执一端"的现象却不一而足，因此，关于孔子的思想，关于儒学的特征，关于孔子、儒学与现代社会的关系，都存在不同认识，有的理解甚至存在很大偏差。就像西方的思想界，苏格拉底曾说世上最有价值的知识就是道德伦理知识，便有人据而贬抑一切艺术和学问，认为只要懂得道德伦理，就不再需要其他知识。

孔子文化影响力的升降浮沉与中国国力的变化密切联结。近代以来，中国落后挨打，不少人迁怒于中国的传统文化，从而强化、放大了人们对传统文化负面影响的认识。于是，在20世纪，中国甚至形成了一个"反传统的传统"，似乎中华民族要摆脱苦难，就必须摒弃中华文化传统。后来，"古史辨"运动兴起，学者们由疑古史到疑古书，中国古代文化典籍遭到前所未有的怀疑。经过疑古学者的层层剥离，本来实实在在的"孔夫子"，竟然变成了一位"空夫子"（金景芳先生语）！

一般说来，任何一个国家的国民，任何一个民族的成员，都应当热爱自己国家的传统文化，对自身民族的历史抱有一种"温情与敬意"。可是，中国近代以来，竟然形成了这样一种"传统"！显然，这种"传统"的形成原因很多，而说到底，人们对孔子儒学现实意义的"多虑"，对中国传统文化价值的"误解"，应该都是不同文化交汇与碰撞的结果，宋代疑古思潮之于佛学的影响，近代以来与传统"彻底决裂"之于西方的科学主义，都是很好的证明。

难道儒学就这么"不堪一击"，就这么缺乏"竞争力"？可是，反观中国儒学传流与传播的历史，思考儒学在今天世界的影响，似乎情况并非如此。那么，当今国人对儒学的认识为何如此这般？为什么儒学的现代价值需要学者们一说再说？怎样才能尽快架起传统与现代之间的桥梁？

带着焦虑，满怀期盼，许多学者提出种种设想，探讨祖国优秀文化的传承，思索返本开新的具体途径。很显然，要将所谓儒学的"现代转换"问题梳理清楚，对儒学价值的认识必须到位，尽管这样的论述已经数不胜数，但要得到全民族、全社会的普遍认可，恐怕还有很长的路要走，还有太多的工作要做。而要准确、充分地认识儒学价值，不仅要研究儒学与中国社会历史文化的密切关联，更要弄清这种关联的内在机制，为此，我认为，现在最为迫切的工作应该是正本清源——还原原始儒学面貌，了解原始儒学本真。

说起来，许多研究中国传统文化的学者所从事的都是"正本清源"的工作，每个人也都有自己心目中的儒学真面目。从理论上讲，历史研究者们的工作主观上都是为着"求真"、"求是"，都希望通过研究和探索历史本来"有什么"、"是什么"，进而追问历史问题的"为什么"。无论研究方法上的"二重证据"（或"多重证据"）还是"大胆假设，小心求证"，无论是告诫自己要做历史问题上的"超然者"以求研究结果的客观真实，还是所谓"疑古"、"释古"、"证古"乃至"走出疑古"，大家的努力方向似乎并无二致，可是，人们的研究结论却往往大相径庭，研究的现状并不能够令多数学者满意。

很显然，无论具体的历史问题研究，还是思想文化研究，都需要或者离不开理论的指导，但同任何理论都应当来源于实践一样，学术研究的理论与方法也应来源于学术研究的具体实践。但是，这绝不意味着理论或方法是对自身学术实践的简单归纳，更非"少年"学者靠"勇气"借"时势"所能成就。换句话说，学术研究理论既要来源于他人的实践，也要来源于自身的实践，因为任何人的研究都深深打上了时代的印记，也都会带着自身的"特点"乃至偏见。理论应当具有普遍的指导意义，应当具有指导实践理性、健康行进的功效，而不是导引实践者直如脱缰野马般不知回头地前奔。

如果仅仅从逻辑上推论其他人的方法或"理论"，论述其他理论指导下的其他人的实践，往往会因为一个环节把握不准，而出现极大的偏差。历史研究中我们不难见到的一个现象是：正确的理论和方法并没能够在实践中发挥应有的作用，最显见的例证就是倡导"大胆假设，小心求证"，而事实上却假设非常大胆而求证未必小心。这正如"取其精华，去其糟粕"应是一个正确、科学的提法，而在操作层面上，人们竟然偏离得那样远。不难理解，如果要取得理想的效果，必要的前提应该是合理、准确、科学地区分"精华"与"糟粕"。

还有一个令人感到悲哀、值得深思的结果，那就是传统的"辨伪学"考辨中国古代文化典籍的所谓"成就"。人们已经强烈地感到，从事辨伪学的学者们古书辨伪的热忱越高，人们就越无书可读了。仅仅张心澂的一部《伪书通考》，辨及的伪书就有一千一百多部，有学者说它"将我国古代的文化名著几乎一网打尽"（廖名春先生语），真是恰如其分！

学术研究应当辨析材料，怀疑精神在任何时候、任何人的历史研究中都不可或缺。但是，不少人不明就里，以为"走出疑古"就意味着走向盲目"信古"，以为重视出土文献就意味着完全相信出土文献，意味着其中的记载都为"真实的历史"。给人的感觉是，大家在存有这份担忧的时候，在强烈使命感的驱使下进行评论指责的时候，似乎并没有接触相关具体问题的研究，或者没有认真考察"走出疑古"、倡导"重写学术史"的深层学术背景。

当中国传统学术研究借助地下早期文献而出现新的转机时，当中国古典文明正在逐渐揭开疑古大幕的遮掩而渐渐露出曙光的时候，不少学者竟感到不安和忧心忡忡，对"走出疑古"的学术思潮心存疑虑！要想让更多的人走出疑古大幕的遮掩，这里有个"结"需要解开却很难解开——"你要看人家辨伪学者是如何考证的"。可是，"伪书"这么多，"可信"的材料那么少，你用什么或怎样去看人家的考证。如果不对中国古代文明有精到的研究，如果没有对古代文化的敏锐洞察力，而单从所谓理论或逻辑的推理并不容易做到。不难看出，"正本清源"确实"说起来容易做起来难"，如果放在整个中国学术史的视野中来观察，真正做到"正本清源"还将是一个艰苦而漫长的历程。

古书真伪是研究古代文献中的重要问题，清人姚际恒称其为"读书第一义"。清代以前，学者们研究古籍真伪问题时，绝大多数都侧重于伪书的考订，将许许多多传闻为"真"的古籍判定为伪书。由"真"而"伪"的研究线索，是整个古籍辨伪学史的主流。有学者曾经将明代宋濂的《诸子考》、胡应麟《四部正讹》及清末姚际恒《古今伪书考》比较，许多宋、胡认为是"真"或者"真杂以伪"的古籍，到了姚的手中，都无不变为伪书了。而前者认为是"伪"的古籍，又无一不被姚判断为真书。再看看张心澂的《伪书通考》，该书所录，基本上都是由"真"而"伪"的考订文字。要知道，这种学术趋向的改变是极难的，因为这种方法的影响太大了。

毕竟学术在进步，不少学者在研究过程中已经发现了问题的严重性。海外有学者认为，"古籍辨伪"这样的名字是"一个十分不理想的名称"。因为研究应当有两条路线，不仅研究"真"书，也要考订"伪"书。这门学问应当是一门由"真"到"伪"和由"伪"而"真"双轨的学问，而不是单向的由"真"而"伪"的单轨学问。"就古籍辨伪而言，竹简帛书出土所带来的震撼，恐怕与古史辨派新说的震撼不相伯仲；因为古史辨学派为古籍真伪带来'石破天惊'的新说，而竹简帛书却为这些新说带来'冷酷无情'的否决……在竹简帛书严峻的考验下，许多被过去学者判定为伪造的古籍，都纷纷平反翻身。"所谓的"古籍辨伪学"存在着严重的问题显而易见。

对于古书的成书年代，显然应当动态地加以理解和认识。余嘉锡先生在《古书通例》中曾说："古人著书，本无专集，往往随作数篇，即以行世，传其学者各以所得，为题书名。"意思是说，先秦两汉诸子就像后世的文集，作者随写随传，有时是单篇流传，常常不署姓名，到后来才由其后学或者后人汇集成书。实际上，有许许多多的书籍都是多次、多人、多时结集而成。不少书籍其实都未必是一人所作，有的则是一个学派的集体作品，由学派中的第二代、第三代等陆续收集编订而成，而该书的名字，便取其祖师爷的名字。

有了这样的认识，我们研究先秦两汉时期的典籍，特别是对这些典籍进行所谓真伪问题的研究，就应当采取逐篇研究的方式，以"篇"为单位，甚至以"段"为单位，逐篇逐段考订及观察，而不是过去那种以书为单位的方式。这些认识，学术界已经有不少学者明确加以指出。

儒学研究要正本清源，首先应当明白何谓儒学"本"、"源"。探寻儒学本源的途径很多。1980年，在美国哈佛大学人类学系执教的张光直教授出版了《商代文明》一书，是耶鲁大学出版社《中国早期文明丛书》的第一本。他在书中列举了"通向商代的五条门径"，就是：传统的历史文献学、青铜器、甲骨文、考古学、理论模式；用国内通用的词语来说，这"五条门径"包括了历史学、文献学、考古学、古文字学和理论的探讨。新中国成立以来影响最为重大的国家社会科学研究项目"夏商周断代工程"，集合了许多领域的专家，用数年的时间，终于取得了阶段性的成果。这样的重大课题，绝非一人或少数人用单一的方法所能够完成。中国儒学的形成本源于中国的古代文明，根植于中国古代的文化传统，没有对中国古代文明的深入研究，儒学研究的正本清源根本无从谈起。

从理论上讲，"条条大路通罗马"，无论哪一种方法与途径，都能够很好地从事古文明研究或者孔子儒学研究，但事实上，每一位学者的研究都不是采取了单一的研究方法。可是，细细想来，好像研究门径又不是同样的宽广，似乎中国古典文献的研究显得十分紧要，不然，"古史辨"就不会最终变成了"古书辨"。人们应该能够赞同这样的看法，儒家文献研究是孔子、儒学乃至整个中国传统文化研究的核心，就像辨别古史最后都落脚到辨别古书那样，文献是思想的载体，没有对儒家文献相关学术问题的正确认识和准确把握，孔子与儒学的科学研究也就无从谈起。但古史辨派辨别古书的严重后果又让我们警觉：文献的研究应该怎样努力，才能避免学术路向上大的偏离？

或许儒家文献研究的重要性已经决定了它的难度，儒家文献研究之难可谓原因多多：其一，学术界对中国上古文明的发展程度认识不够，估价偏低；其二，儒家认为"六经"乃"先王政典"，是儒学根本，但"六经"性质不同，而相关记载匮乏；其三，孔子"述而不作"，孔子遗说由其弟子后学整理，数量虽多却显得凌乱；其四，孔子儒学胸怀天下而关注民生，思维恢宏却包蕴精微；其五，自宋代开始兴起的疑古思潮到"古史辨派"时期发展到登峰造极的程度，怀疑古书成为不可逆转的学术趋向；其六，近代以来中国国力的落后，人们迁怒于中国的传统文化，严重影响到对孔子儒学的客观评价，反过来影响到了对儒学文献的正确认识。

孔子儒学存在如此之多的难题与纷争，除了儒学自身体大思精的特征外，最重要的原因就在于儒家文献研究的严重失误。学术界过于苛刻地审查史料，戴着有色眼镜检查审核古书，最终使中国古代文化典籍研究成为"受灾"最为严重的领域，早期儒学典籍几乎无一幸免。它同时带来的另一个严重恶果，这就是它给许许多多人这样的印象：中国的早期文化典籍多为"伪书"，中国的古书多不可靠；中国的先辈学人有很多"作伪"高手。后来，疑古辨伪思潮兴起，学者们开始了"捉盗"的"搜捕"与"调查"行动，后世不少"辨伪学者"费尽千辛万苦，取得了学术"成就"，于是，人们赞叹其好像"捕盗者之获真赃"（陈鳣：《孙志祖家语疏证序》）。这样，最讲诚实守信的儒家学者竟然出现了众多的伪造古书者，中华文化中的诚信美德又从根基上被彻底撼动。

当然，这种具有极大讽刺意味的结局，并不说明所有的学者都没有看到或者远离了事实的真相，只是这样的声音显得十分微弱，正如近代学者谈及《古文尚书》研究时高声赞扬阎若璩而很少注意毛奇龄等人的结论那样；就像顾颉刚《孔子研究讲义》介绍清代学者《孔子家语》的研究仅仅表彰孙志祖、范家相而仿佛没有陈士珂那样。在疑古大潮的推动下，人们的倾向性十分明显，人们已经难以理性客观，难以做到"正本清源"。

研究儒家学术，必须明白以往问题的症结所在。具体而言，儒家文献研究出现的问题主要体现为：其一，怀疑古书的相关记载，不相信古代典籍有关成书时代与作者的记载，人为后置了不少典籍的成书年代；其二，不明古书传流的一般规律，不能动态观察古书的形成过程，以今例古，遂造成对古书的很多误解；其三，缺乏对先秦时期中国学术源流的细致研究，不能整体把握夏、商、西周到春秋、战国学术文化的发展演变，从而颠倒了同类文献的先后顺序，甚至误判了学派属性；其四，不能理解各个学术派别之间的纵横关系，不能理解各个学派之间的彼此交融与互相影响，先入为主，用贴标签的方式进行学派判断，无端地将古书问题复杂化。

儒家文献研究出现问题，与整个孔子儒学与传统文化的研究和认识出现重大失误紧密联结。学术问题直接与社会生活的运行息息相关，本来，儒学是修身的学问，儒学是社会管理的学说，可是，随着儒学研究种种问题的出现，儒学在当今社会几乎完全丧失了治世理人的功能。

正像钱穆先生所说的，许多人"感到现在我们是站在以往历史最高之顶点"（见《国史大纲》），可以任意标榜自己的"清高"或"高超"，可以动辄"轻贱唐虞而笑大禹"、"非汤武而薄周孔"。对历史文化的"无知"常常导致浅薄狂妄的"自大"与"无畏"，这样的现象随处可见。

事实上，我国从很早的时候起，我们就已经形成了水平足以令国人骄傲的文化，有了丰富的文献记载，所以《尚书·皋陶谟》说："天叙有典，敕我五典五惇哉！天秩有礼，自我五礼有庸哉！"《尚书·多士》说："惟殷先人，有册有典。"我们的祖国很早就形成了"有典有则，贻厥子孙"（《尚书·五子之歌》）的传统。我们正本清源所要做的，其实就是清楚认识这种久已被人为湮没的传统，还原根植于这种深厚传统中的儒家文化真相。

荀子人性论辨证

赵法生[*]

在儒家人性论史上，荀子是性恶论的代表，"人之性恶"（《性恶》）是荀子本自然性以论人性的结论，也代表了他对人性自身的价值判断。但是，打开《荀子》一书，依据荀子关于性的定义去按图索骥，我们会发现其中性的内涵要广泛得多，而被置于性恶论的价值判断之下的只是其广义人性内涵的一个组成部分而已。仔细分析荀子论性的诸般内涵，以及它们与性恶论之关系，不但有助于我们理解荀子人性论面向的复杂性，也有助于我们理解其性恶论之历史脉络和深层意蕴。

一、情性：荀子人性论对于原始儒家性情论的承接

王充在《论衡·本性》篇指出"周人世硕，以为'人性有善恶，举人之善性，养而致之则擅长；性恶，养而致之则恶长'。如此，则性各有阴阳，善恶在所养焉。故世子作《养书》一篇。宓子贱、漆雕开、公孙尼子之徒，亦论情性，与世子相出入，皆言性有善有恶"。世硕、宓子贱、漆雕开乃孔子弟子，公孙尼子为七十子弟子，王充的这一段论述事关七十子及其弟子们的人性观。按照王充的说法，他们皆论情性，

---

* 赵法生：中国社会科学院世界宗教研究所副研究员。

而且主张性有善有恶，说明七十子及其后学的人性论中，情占有重要地位。由于世硕等人的著作均已佚失，他们论情性的具体内涵已经无法确知。但20世纪90年代末期出土的郭店楚简中的《性自命出》和《五行》篇等中的人性论，则透露出其间性情论发展的重要思想线索。

《性自命出》认为"道始于情，情生于性"，又说"喜怒哀悲之气，性也，及其见于外，则物取之也"，明确将情视为性之所发，以喜怒哀悲之气作为性的具体内涵。楚简《五行》篇更从安、乐、悦、戚、爱、亲等各种情感入手挖掘道德的心理机制，将这些与《中庸》的"喜怒哀乐之未发谓之中，发而中节谓之和"结合起来，便可以发现人性与情感之间具有不可分割的内在联系。孟子以心论性，他的心主要是道德情感之心，四端之情正是人性善的确证。将《性自命出》、《中庸》、《五行》和《孟子》中的有关性与情的论述联系起来，可以发现孔子之后先秦儒家人性论的发展，贯穿着一条基本线索，就是以情论性，故性情论构成了原始儒家人性论的基本形态。那么，荀子的人性论与此前的性情论有何关系？性情论对于他的人性观产生过影响吗？

《荀子》是使用情字最多的先秦典籍，情字单字出现了94次，"情性"17次，"性情"2次，"天情"2次。相比之下，同样十分重视情的《庄子》中情字作为单字出现了54次，另有"情性"2次，"性情"1次，"人情"2次，"情欲"1次，不论是情的单字还是复合字的数量都远远低于前者。《荀子》一书中情字的内涵也十分丰富，凡是先秦儒家情字曾经有过的义项，《荀子》中的情字基本都有。综合起来，《荀子》中的情字有五种含义。一是指情实，如"君子不下堂而海内之情举积此者，则操术然也"（《礼论》），这两句话中的情都是情实之意。二是指真诚。《修身》中的"体恭敬而心忠信，术礼义而情爱人"，其中的情是"真诚"的意思。三是指事物的属性，与"性"同义。"敬人有道：贤者则贵而敬之，不肖者则畏而敬之；贤者则亲而敬之，不肖者则疏而敬之。其敬一也，其情二也。"（《臣道》）这里的情是质性的意思，是说两种敬的性质并不一样。四是指主观情感，如"不事而自然谓之性。性之好、恶、喜、怒、哀、乐谓之情"（《正名》），以及"祭者，志意思慕之情也"(《礼论》)。五是指欲望，《荣辱》篇说："人之情，食欲有刍豢，衣欲有文绣，行欲有舆马，又欲夫馀财蓄积之富也；然而穷年累世不知不足，是人之情也。"

情字的上述义项并非毫无关联，其中情实是情字的本义，性质的意义是在情实意义的基础上发展而来，由事物的客观情况提升到事物本身的客观属性，情字便获得了性的意义。在实际运用中，作为性的情字，往往同时也具有情实的潜在含义，比如"故千人万人之情，一人之情是也"中的情是指人性，同时表明人性是一种客观存在的真实。情的真诚和情感两个义项也密切相关，当情实专指人的内心情感时，便成了"诚"。《诗经》、《尚书》到《左传》、《国语》一直到《性自命出》和《礼记》的文献证明，情字义项的发展大体经历了一个从客观到主观，从情实、属性、真诚再到主观情感的发展过程，今天最为广泛运用的情感义，在情字语义学发展史上反倒是相对后起的。

另外，在荀子那里，性与情的关系也极为密切，荀子有如下两段说明：

> 散名之在人者：生之所以然者谓之性。性之和所生，精合感应，不事而自然谓之性。性之好、恶、喜、怒、哀、乐谓之情。情然而心为之择谓之虑。(《正名》)
>
> 性者，天之就也；情者，性之质也；欲者，情之应也。(《正名》)

前一段话表明，性是生的依据，性的特征就在于"不事而自然"。"性之好、恶、喜、怒、哀、乐谓之情"表明了人性的具体内涵，也表明好、恶、喜、怒、哀、乐是属于性的，是性的表现。后文"性者，天之就也；情者，性之质也"同样说明性是自然形成的，情就是其具体内涵。荀子是将情视为性的内涵之呈现，情又是指"性之好、恶、喜、怒、哀、乐"，这与《性自命出》的"喜怒哀悲之气，性也。及其见于外，则物取之也"的性情观是颇为相似的。不过，荀子对于性与情的名理辨析之精微细致要远超《性自命出》。

《荀子》一书中，性与情不仅从含义上密切相关，在语法运用上同样是如此，性与情的用法表现为以下三种情形：

首先，性与情在前后文中并列出现并相互诠释。

《性恶》篇说："从人之性，顺人之情，必出于争夺。"王先谦引《论语·八佾》篇《集解》曰："从，读曰纵"，则"从人之性"就是"纵人之性"，而"顺人之情"就是"从人之性"的具体内涵，因为性是恶的，放纵性的结果必然是彼此争夺，情则是性的具体内涵。《性恶》又说："所贱于桀、跖、小人者，从其性，顺其情，安恣睢，以出乎贪利争夺。故人之性恶明矣，其善者伪也"，桀、跖与小人之"从其性"，也就是"顺其情"，因为"顺其情"，所以才贪婪争斗，"顺其情"同样是对"从其性"的具体说明。《大略》篇的"不富无以养民情，不教无以理民性"中情与性的关系同样也是如此。上述三种用法中，"顺其情"都是"从其性"的具体实现形式。如果说性的特征是不事而自然，性的内容就是情，因为"情者性之质也"。性与情之前后并列出现，说明前者只能通过后者来展现自身，也表明了二者密不可分的内在联系。

其次，以情代性而"性""情"互用。

> 人之情，食欲有刍豢，衣欲有文绣，行欲有舆马，又欲夫馀财蓄积之富也；然而穷年累世不知不足，是人之情也。（《荣辱》）

> 夫贵为天子，富有天下，名为圣王，兼制人，人莫得而制也，是人情之所同欲也，而王者兼而有是者也。（《王霸》）

> 尧问于舜曰："人情何如？"舜对曰："人情甚不美，又何问焉？妻子具而孝衰于亲，嗜欲得而信衰于友，爵禄盈而忠衰于君。人之情乎！人之情乎！甚不美，又何问焉！"唯贤者为不然。（《性恶》）

上述引文中的"人之情"、"人情"，实质是之人的自然欲望，具体来说分为两种，一种是感官享受的欲望，如同第一条引文所说的"食欲有刍豢，衣欲有文绣，行欲有舆马，又欲夫馀财蓄积之富也"的自然欲望。另一种是对于权力的欲望，即"制人而不制于人"的欲求，也就是第二条引文说的"夫贵为天子，富有天下，名为圣王"。这两类欲求加起来，大体就是荀子所说的人性的基本内涵，显然，上述引文中的人情就是指人性。所以同样的内容，荀子又直接称之为人性："今人之性，饥而欲饱，寒而欲暖，劳而欲休，此人之情性也。"（《性恶》）从内涵来讲，上述引文中的情字兼有情实和质性两方面的含义，它既是指人性的实存状态，有真实不虚之意，但侧重点是指人性。其中的性情代称和互用，表明二者已经可以看作是一个概念了。

再次，情与性直接组合为一个概念。

今人之性，饥而欲饱，寒而欲暖，劳而欲休，此人之情性也。……故顺情性则不辞让矣，辞让则悖于情性矣。（《性恶》）

然则礼义法度者，是生于圣人之伪，非故生于人之性也。若夫目好色，耳好声，口好味，心好利，骨体肤理好愉佚，是皆生于人之情性者也。（《性恶》）

夫好利而欲得者，此人之情性也。（《性恶》）

以秦人之从情性，安恣睢，慢于礼义故也，岂其性异矣哉？（《性恶》）

顺性情则不辞让矣。（《性恶》）

纵情性，安恣睢，禽兽行，不足以合文通治；然而其持之有故，其言之成理，足以欺惑愚众，是它嚣、魏牟也。（《非十二子》）

性与情连用组合成的概念，极少数为"性情"，如《性恶》篇之"顺性情则不辞让矣"，但绝大数称之为"情性"，情被置于性之前。荀子所言的"情性"，多是指"饥而欲饱，寒而欲暖，劳而欲休"的自然欲望，"情性"一词在《性恶》篇出现最多，而本篇是反映荀子人性论的主要篇章，可见其在荀子人性论中的重要性。

比较以下荀子有关性、情和情性三个概念的具体用法是颇有意义的，"今人之性，饥而欲饱，寒而欲暖，劳而欲休，此人之情性也"（《性恶》）。这段话清楚表明，性即是情性，荀子将二者等同看待；荀子又说："夫人之情，目欲綦色，耳欲綦声，口欲綦味，鼻欲綦臭，心欲綦佚。"（《王霸》）则自然欲望又被说成是"人之情"，可见情、性、情性在荀子那里经常是被作为同义词使用的，它们具有共同的内涵。从性与情并列出现，到二者相互代用，再到二者合称为一个范畴，表现了性与情的关系逐渐密切、深化而合一的过程。

以上有关性与情的关系表明，荀子的人性论同样是性情论，是性情论的发展，因为性与情的关系在这里达到了密不可分甚至等而同之的程度。在《性自命出》、《易传》和《孟子》中，情都没有荣膺过如此的地位，它在那里或者是作为性的内涵，或者是与性合为一词而屈居于性之后（《易传》："利贞者，性情也"），但现在，它不但可以作为性的代称，甚至在合成词中的位置也跃居于性字之前了。

荀子人性论与性情论的历史关系，不但体现性与情这两个概念的密切联系上，还体现在有关情感的论述上。如前所述，荀子之"情"的内涵丰富，包括情实、真诚、情感、性质和欲望等义项，情感是其重要内容之一，他说："性之好、恶、喜、怒、哀、乐谓之情"（《正名》），将好、恶、喜、怒、哀、乐等情感看作是人性的表现。人的"好恶喜怒哀乐之情"，荀子又称之为"天情"："天职既立，天功既成，形具而神生，好恶、喜怒、哀乐臧焉，夫是之谓天情。"（《天论》）所谓"天情"，就是不事而自然之情，可见荀子所说的情感主要是人的自然情感。正如他将性看作是"不事而自然"的结果一样。另外，"夫民有好恶之情而无喜怒之应则乱"（《乐论》）。这里的情也主要是自然情感。这里情的规定性与《性自命出》和《中庸》较为接近而与孟子有所不同，孟子很少提到好恶以及喜怒哀乐，他立论的基础是四端这类道德情感。

《荀子》不仅正视情感在人性中的地位，也论及情感在道德中的作用，这主要体现在《礼论》和《乐论》两篇。《礼论》说：

凡礼，始乎棁，成乎文，终乎悦校。故至备，情文俱尽；其次，情文代胜；其下，复情以归大一也。

这一段文字同时见于《大戴礼记》，王聘珍《大戴礼记解诂》解释说："礼者，因人之情而为之节文，德盛者神化，故情文俱尽，……复，反也。复情以归太一，谓反本修古，不忘其初者也。"王氏用"因人之情而为之节文"解释"情文俱尽"，甚合文义。《礼记·坊记》曰："礼者，因人之情而为之节文，以为民坊者也"，《礼运》也说："故礼义也者，人之大端也……所以达天道顺人情之大窦也"，同样强调礼义是顺从人情而起，情感是礼的基础，礼义与情感并非矛盾。对此，《礼论》篇还有更详尽的说明：

> 故说豫婉泽，忧戚萃恶，是吉凶忧愉之情发于颜色者也。歌谣傲笑，哭泣谛号，是吉凶忧愉之情发于声音者也。刍豢、稻粱、酒醴、餰鬻、鱼肉、菽藿、酒浆，是吉凶忧愉之情发于食饮者也。卑绖、黼黻、文织，资粗、衰绖、菲繐、菅屦，是吉凶忧愉之情发于衣服者也。疏房、檖、越席、床第、几筵，属茨、倚庐、席薪、枕块，是吉凶忧愉之情发于居处者也。两情者，人生固有端焉。

这里告诉我们，礼仪中的容色、声音、饮食、服饰、起居等，都是吉凶忧愉两种内在感情的外化和表现。那么，吉凶忧愉是从何而来？答案是"两情者，人生固有端焉"，杨倞解释说："两情，谓吉与凶，忧与愉。此言两情固自有端绪，非出于礼也。"也就是说，人心本具的忧伤与愉悦两种情感正是礼的根源。

《礼论》又论三年丧曰：

> 三年之丧何也？曰：称情而立文，因以饰群别，亲疏、贵贱之节而不可益损也。故曰无适不易之术也。创巨者其日久，痛甚者其愈迟，三年之丧，称情而立文，所以为至痛极也；……今夫大鸟兽则失亡其群匹，越月逾时则必反铅过故乡，则必徘徊焉，鸣

号焉，踽踽焉，踟蹰焉，然后能去之也。小者是燕爵，犹有啁噍之顷焉，然后能去之。故有血气之属莫知于人，故人之于其亲也，至死无穷。

在以理性思辨著称的《荀子》书中，这样饱含深情的文字并不多见。这里解释三年之丧的依据是"称情而立文"，三年丧的设立是因为父母之亡使儿女"至痛极也"。连鸟类都知道感伤亡类，人若朝死而夕忘，则是连鸟兽也不如了。这同样是将礼建立在情感基础上。

除了《礼论》外，《乐论》开篇即说"夫乐者，乐也，人情之所必不免也，……使其曲直、繁省、廉肉、节奏足以感动人之善心，使夫邪污之气无由得接焉。是先王立乐之方也"，同样是从情感世界中寻找乐的起源，所谓好的乐曲能够"感动人之善心，使夫邪污之气无由得接焉"，因为它能够唤起人心中美好的感情，而此种感情不过是"喜怒哀悲之气"，善良的情气已然被唤醒，邪污之气自然无处藏身了。又说："且乐者，先王之所以饰喜也；军旅斧钺者，先王之所以饰怒也。先王喜怒皆得其齐焉。是故喜而天下和之，怒而暴乱畏之"，这里"饰喜"、"饰怒"之说，与《礼论》篇之"称情而立文，因以饰群别，亲疏、贵贱之节而不可益损也"的说法一样，都是以礼乐作为情感之缘饰。乐舞与斧钺不过是表现的手段而已；喜与怒才是所要表达的内涵。

上述"情文俱尽"，"两情者，人生固有端焉"和"称情而立文"的说法，都将情感视为礼义之基础，礼文是顺着情感而非背着情感，这正是原始儒家性情论的核心思想，其中"两情者，人生固有端焉"的提法，与孟子的四端说的理路近似；而鸟类感伤亡类的一段描述，甚至可以看作是性善论的一个生动例证，放到《孟子》书中也会相得益彰。指出这一点并非毫无意义，它意味着，如果单就上述内容看，荀子的人性论并非性恶论，反倒是接近于性善论。如此说来，上述所引内容中的论性趋向与荀子的性恶论岂非矛盾？

这种矛盾是客观存在的。通观《荀子》全书，除了《礼论》、《乐论》两篇中出现过以亲情作为礼义基础的思想外，同样的思想在其他篇章再也没有出现过。在《性恶》、《富国》、《王制》、《王霸》等表现其社会思想的主要篇章中，礼义的基础并不是伦理亲情，而是现实的等级名分，这就是他反复强调的"礼者，贵贱有等，长幼有差，贫富轻重皆有称者也"（《富国》）。对于礼作为外在性、强制性规范的强调意在突出其化性起伪功效，这显然与性恶论相表里，而过于强调亲情作为礼乐的基础实际上会为性善论打开方便之门。所以，荀子对于它在论述只是点到为止，没有进行过多发挥，更没有作为其人性论的立论基础。那么，从论证人性恶的角度，回避情感是儒家礼乐之基础这一点岂不更为有利？这是因为以情感作为礼乐基础的思想肇始于孔子，经过七十子及其弟子的发展已经成为儒家思想的成说与共识。

以往研究荀子人性论，对于其中的情感部分的内容不甚重视，其实它是荀子广义上的人性观的构成部分，因为，按照荀子在《正名》篇关于人性的定义，"不事而自然谓之性。性之好、恶、喜、怒、哀、乐谓之情"，情感也是无法排除在人性的内涵之外的。但是，一个思想家已经考察过的内容，未必会成为其立论的基础，这恰恰是感情在荀子人性论中所遭遇的情境。他从礼乐角度注意到了情感的重要，显示了荀子对于以往性情论的历史继承。但是，这显然并非荀子所独创的思想，更没有被他选择作为人性之本质性规定，真正在荀子人性论建构过程中发挥了重要作用的是作为事物之性质的"情"，在此种意义上，他将人之"情"等同于人之"欲"，于是，欲望被界定为人性的本质规定，这是我们下面要论述的。

二、欲性：荀子对于原始儒家人性论的转进

荀子重情，以至于将情作为性的代名词，但是，如果我们将荀子的情等同于此前儒家性情论中的情，就要犯莫大的错误。实际上，在将情的重要性提到前所未有的程度的同时，情的内涵已经悄然转变，此一转变将儒家人性论引向了另一个完全不同的方向。

荀子在《正名》中提到了"好恶喜怒哀乐"，在《天论》中将其称为天情，但在集中阐述其性恶论的《性恶》篇中，我们却没有发现情感的影子。《性恶》篇开头说：

> 今人之性，生而有好利焉，顺是，故争夺生而辞让亡焉；生而有疾恶焉，顺是，故残贼生而忠信亡焉；生而有耳目之欲，有好声色焉，顺是，故淫乱生而礼义文理亡焉。然则从人之性，顺人之情，必出于争夺，合于犯分乱理而归于暴。故必将有师法之化，礼义之道，然后出于辞让，合于文理，而归于治。用此观之，然则人之性恶明矣，其善者伪也。

这是一篇开宗明义的话，人天生就是好利、疾恶、好色的，这些生而具有的自然欲望就是人性的内涵，如果顺着人性本身发展，人类必然会归于暴力和战乱，唯有依靠师法和礼义才会有道德的产生。这正是《性恶》通篇所论述的思想，这一类的说法在《性恶》中比比皆是。如果将上述观点与前述《礼论》和《乐论》中的相关观点比较，我们便在《荀子》一书中发现了两种相反的关于道德基础的学说，在《礼记》、《乐记》的相关论述说礼乐之形成是顺着人情而发展的产物，是因"人之情而为之节文"；可是，在《性恶》篇中，荀子反复强调，礼义是与人的性情相悖的，"故顺情性则弟兄争矣，化礼义则让乎国人矣"（《性恶》）。于是，人情与礼义的关系，就由顺而悖，由和谐转向对立，情也由礼乐的基础转而为征服之对象。

这一转变和矛盾之关键在于荀子对于"情"的定义发生了重大转变，在《礼论》和《乐论》中，情是指人的感情尤其是与吉凶相关的哀乐；可是，在荀子的关于人性论的其他论说尤其是在系统阐述其人性观的《性恶》篇中，情已经不再是人的感情而是另外一种不同的情："人之情，食欲有刍豢，衣欲有文绣，行欲有舆马，又欲夫馀财蓄积之富也；然而穷年累世不知不足，是人之情也。"（《富国》）这里的情，其实是欲的代名词。《性恶》篇中七个情字，有六个是指人的欲望，其中的性字都是指自然欲望，而其中的九个情性，一个性情，也统统是指自然欲望。于是，情、性和欲三个概念，便在其内在含义上达成了一致："性者，天之就也；情者，性之质也；欲者，情之应也。"（《正名》）对于性的规定、情的叙说，最终落实到了"欲"上。前面已经分析，在荀子的情，情性（或者性情）与性往往是同意互换的，其原因就在于它们在内涵上都指向欲，都是欲的不同表达语汇而已。由于他将性的内涵看作是情，而情的内涵则是欲，于是，与此前的性情论相比，性的规定不可避免地发生了根本性变化，由此而导致了性恶论的诞生。

荀子以前的儒家具有鲜明的贵情倾向，《性自命出》所谓"凡人情为可悦也。苟以其情，虽过不恶，不以其情，虽难不贵"。另外，郭店楚简《五行》篇，《中庸》以及《小戴礼记》中的《乐记》、《礼运》、《礼器》、《坊记》、《三年问》等众多篇章，同样显示了贵情的思想取向。但是，以欲释情意味着贵情思想的终结，因为欲望被看作是恶的。所以，在荀子那里，单从语言学的角度看，情受到的重视是空前的，然而物极则反的规律在思想史中同样起作用，如果说性善论是性情论的历史巅峰，性恶论则是传统意义上的性情论的终结。性恶论形成之后，性与情的价值判断也从肯定转向了否定。

在性恶论中，情与礼义的关系由和谐转向对立，荀子对于礼义起源的解释也发生了相应的变化。在荀子之前，儒家都从人的内在感情中探寻礼乐的基础。可是，在欲望成了情的内容以后，礼的起源也有了新的解说。荀子在《性恶》篇说："古者圣王以人之性恶，以为偏险而不正，悖乱而不治，是以为之起礼义，制法度，以矫饰人之情性而正之，以扰化人之情性而导之也。始皆出于治、合于道者也。"这与《礼论》篇中"先王恶其乱也，故制礼义以分之，以养人之欲，给人之求"一样，都强调礼义乃是圣王针对性恶而采取的外在强制性约束。与思孟学派相比，道德的基础、动力和目的都发生了根本性变化，而此一转变并非毫无意义。

此前的儒家从人情中寻找道德的基础，进而以情感作为性的主要内涵，情感问题几乎吸引了他们全部的注意力，以至于欲的问题基本被他们排除在人性论的视野之外。情感不同于欲望，情感是在某种特定情境下的情绪反映，是社会成员的可以彼此交流或者共享的精神感受，不管是喜怒哀乐还是四端之情，并不直接以占有外在对象为目标。但是，欲望就不同了，它有明确的外在的追求目标，这些目标是功利性的，只有占有了对象方才满足，目标的实现是排他性的。但人之不可缺少欲望，就如同人之不可缺少情感；无欲之人和无情之人都不再是人，所以，欲望是人性探究无法回避的重要内容。

但是，荀子之前的儒家对于欲望的问题关注较少。孔子的"君子有三戒"（《论语·季氏》）是主张节欲，孟子则主张"寡欲"，所谓"养心莫善于寡欲（《孟子·尽心下》)"。先秦儒家提及欲望问题的还有《礼运》和《乐记》。《礼运》说："何谓人情？喜怒哀惧爱恶欲，七者，弗学而能。……饮食男女，人之大欲存焉。死亡贫苦，人之大恶存焉。故欲恶者，心之大端也。"将饮食男女看作是"人之大欲"，将死亡贫苦看作是人之"大恶"，又将欲恶视为"心之大端"，说明《礼运》充分意识到了欲望在人心中的作用。但是，欲只是被作为情的内容之一被置于七情之末，说明了它尚未从情中独立出来。《礼运》主张"人情以为田"、"礼义以为器"，强调的仍然是情感在道德培育中的基础作用。

《乐记》指出："人生而静，天之性也；感于物而动，性之欲也。物至知知，然后好恶形焉。好恶无节于内，知诱于外，不能反躬，天理灭矣。夫物之感人无穷，而人之好恶无节，则是物至而人化物也。人化物也者，灭天理而穷人欲者也。"《乐记》意识到了好恶无节所导致的物化危险，进而将天理与人欲的对立揭示了出来。但是，欲望在《乐记》中并未成为心性论的基础，也没有能够动摇对于内省反躬式的道德修养的信心。欲望的潜在威胁不过凸显了内在德性人格成长的紧迫性，而"不能反躬，天理灭矣"，正反映了性情论以内在德性自觉来化解欲望的负面作用的理路。在此一理路下，道德修养的关键不在于驱邪而在于扶正，扶正的要点在于培育扩充人内在的道德情感，以达到"正气存内，邪不可干"的目的。

荀子也不主张去欲而主张节欲，他说："故虽为守门，欲不可去，性之具也。虽为天子，欲不可尽。欲虽不可尽，可以近尽也；欲虽不可去，求可节也。"（《正名》）就此而言，他对欲望的态度与思孟学派并无大的不同。但是，在如何判断欲望与人性的关系以及如何判断欲望的善恶上，二者出现了重大分歧。七十子的性情论和孟子人性论，都将性的内涵落实在情（情感）上，这使得他们很难得出性恶的结论，因为从情感更容易走向人与人的感通和谐。既然亲情被设定为人性自我完善的出发点，成德的途径就在于将此种"美情"（《性自命出》）的尽力扩充，而容易导致纷争和冲突的欲望则须尽力节制。但是，荀子在建构其人性论时，舍弃了情感而是以欲望作为人性的本质，并从顺从欲望必然导致纷争祸乱的经验出发，顺理成章地得出了性恶论，由此从性善论转向了性恶论。

三、知性：心在道德形成中的作用以及心性关系

既然人性为恶，道德是如何形成的？这就涉及荀学中知性的作用。荀子对于人的认识能力问题进行了细致研究，他将认识归结为感官和心灵综合作用的结果，他说：

> 心有徵知。徵知则缘耳而知声可也，缘目而知形可也，然而徵知必将待天官之当簿其类然后可也。五官簿之而不知，心徵之而无说，则人莫不然谓之不知，此所缘而以同异也。（《天论》）

"天官"各有所接，获得了对于认知对象的感性认知，然后经由"天君"——心的察辨综合，方能形成对于事物的知识，单纯的感官印象本身尚无法构成知识。荀子认为，尽管"心有徵知"，但认识的路途绝不是一帆风顺的。

荀子对于感官认识的可靠性抱有高度的警惕，他曾在《解蔽》篇中遍举感官被蒙蔽诱导而发生的认知错误，认为人时常处于"观物有

疑，中心不定，则外物不清，吾虑不清"的状态，所以如此，是因为"凡人之患，蔽于一曲而暗于大理"，而人心之蔽又是如此之多："欲为蔽，恶为蔽，始为蔽，终为蔽，远为蔽，近为蔽，博为蔽，浅为蔽，古为蔽，今为蔽。凡万物异则莫不相为蔽，此心术之公患也"，几乎认识的每一个侧面都足以构成真理的屏障，这就是"心术之患"。怎么办？荀子提出的解决办法是"虚一而静"，使得心灵保持在虚明宁静，澹然若一的"大清明"状态，从而清除干扰认识的各种蔽障，而保持"大清明"的途径在于"故导之以理，养之以清，物莫之倾，则足以定是非，决嫌疑矣"（《解蔽》），只有顺从理义的引导，消除欲望的干扰，才是保持心灵清明的必由之路。这里的"定是非"表明，正确认知的最终目的并非仅仅是客观知识，它与价值密切相关，这就引出了荀子认识论的另一个重点：认识的重点在于"知道"。

荀子认为"以知人之性，求可以知物之理而无所疑止之，则没世穷年不能遍也"（《解蔽》），认识的对象是无穷无尽的，认识的蔽障又是如此之多，怎么办呢？荀子提出了如下解决方案：

> 圣人知心术之患，见蔽塞之祸，故无欲无恶，无始无终，无近无远，无博无浅，无古无今，兼陈万物而中县衡焉。是故众异不得相蔽以乱其伦也。何谓衡？曰：道。故心不可以不知道。心不知道，则不可道而可非道。人孰欲得恣而守其所不可，以禁其所可？以其不可道之心取人，则必合于不道人，而不知合于道人。以其不可道之心，与不道人论道人，乱之本也。夫何以知！曰：心知道，然后可道；可道，然后能守道以禁非道。以其可道之心取人，则合于道人，而不合于不道之人矣。以其可道之心，与道人论非道，治之要也。（《解蔽》）

显然，他的"衡"就是道，而他所谓的道，"非天之道，非地之道，人之所以道也，君子之所道也"（《儒效》），他所谓的人之道就是礼义。荀子认为，以心合道乃是消除众蔽的有效法门，也是尽伦尽制的关键所在，所以说"心不可以不知道。"如果人心没有对于道的认知和自觉，就会否定道而认可非道，人人否定道而认可非道，则必然天下无道，正是动乱之根源。在设定了认识的主要目标后，对于那些与人道无关的奇辞异说，他都毫不留情地予以排斥。

人心对于道的认知功能，对于荀子礼义之统的完成至关重要，它是化性起伪的前提："心虑而能为之动谓之伪。虑积焉、能习焉而后成谓之伪。"(《正名》)因为情欲本身为恶，善的实现要依靠伪，而伪的达成要依靠心的辨识功能，荀子称之为"虑"，心虑后再落实到行动，积虑成习才是伪，才有了善。可见，在性和伪之间，存在着心的认知作用(虑)和道德修行的实践这两个环节。

心的辨识选择功能，荀子又称之为"辨"，他说：

> 人之所以为人者，何已也？曰：以其有辨也。饥而欲食，寒而欲暖，劳而欲息，好利而恶害，是人之所生而有也，是无待而然者也，是禹、桀之所同也。然则人之所以为人者，非特以二足而无毛也，以其有辨也。……故人道莫不有辨。辨莫大于分，分莫大于礼，礼莫大于圣王。(《非相》)

荀子在这里将"辨"提高到了人禽之辨的高度，作为人和动物区分之所在，辨的目的在于区分把握礼义，只有辨别把握了礼义，才能够践行礼义。

但是，荀子的心不仅具有认识功能，它还有另一种重要功能即支配五官："耳目鼻口形能，各有接而不相能也，夫是之谓天官。心居中虚以治五官，夫是之谓天君"(《天论》)，五官各自有其特定认知功能但却互不统属，对于五官的调控指导要靠被称为天君的心的作用，"天君"这一称谓本身已经表明心对于五官的主宰性。最早提出心的主宰性的并不是荀子，郭店简《五行》篇即有"耳目口鼻手足，心之役也"的说法，表明心的主宰性在战国中期的儒家那里已经得到确认。但是，荀子对于心的主宰性的阐发更为系统，他对于心之主宰与道德关系的理解也十分不同于郭店简的《五行》篇和孟子。荀子论心的功能说：

> 心者，形之君也，而神明之主也，出令而无所受令。自禁也，自使也，自夺也，自取也，自行也，自止也。故口可劫而使墨云，形可劫而使诎申，心不可劫而使易意，是之则受，非之则辞。（《解蔽》）

心被称为"神明之主"，它是超越形体之上的，它只发布命令而不接受命令，是完全自由自主自为的，它只按照自己的是非标准行事。心能够"自行也，自止也"，说明它不仅具有认识的自由，而且具有充分的行动的自由，这种自由主要体现在心对于欲望的制约作用上，荀子在《正名》篇指出："故欲过之而动不及，心止之也。心之所可中理，则欲虽多，奚伤于治！欲不及而动过之，心使之也。心之所可失理，则欲虽寡，奚止于乱！故治乱在于心之所可，亡于情之所欲。"可见对于礼义的实现而言，欲望的本身并非难以逾越的障碍，问题在于天君（心）如何辨别抉择，只有这一选择"中理"而不"失理"就会有善的产生，对于那些过度的欲望，心可以通过"出令"而制止它们，免于由此而引起的祸乱，"治乱在于心之所可，亡于情之所欲"，说明心知才是天下治乱的关键所在。

上述心的"知"、"虑"、"辨"、"止"等功能，分别从不同角度阐发了心在道德形成过程中的作用。人的知性功能不但足以知道，还能通过思虑进行选择和辨证。在此基础上，进一步发挥心对于感官欲望的驾驭控制功能，克制不合理的欲望，师法圣人的榜样，遵从礼义的要求，就能达成矫饰人的情性从而化性起伪的目标。这也就回答了既然性是恶的，道德是如何产生的这一重要问题。

既然知性在道德形成过程中具有如此重要的作用，应当如何定位它的属性呢？它是人生而具有的吗？它与人性的关系是什么？

荀子对于性的主要定义是"凡性者，天之就也，不可学，不可事"，《正名》篇也说："性者，天之就也"，"天之就也"显然是荀子对于性的基本规定，所以，他每每将性与伪对举，以突显性之"不事而自然"的规定性。

那么，认知能力是否属于人的天性呢？《解蔽》篇说："凡以知，人之性也；可以知，物之理也"，"心生而有知，知而有异"，"人生而有知，知而有志。"可见，荀子将认知能力看作是所有人都生而具有的天赋，它无疑应该归入到性的范围。

然而，完全符合荀子性的定义的知性，在荀子的性恶论中却不见了踪迹，原因何在？这涉及心与性的关系这一儒学思想史上的重要问题。

关于心与性之关系，儒家历来有几种不同的说法，孟子以心论性，认为心即是性；朱熹认为性在心，所谓"心统性情"；戴震认为心在性，心是性的构成部分，以"血气心知"为性之实体。可是，荀子既没有将心等同于性，也没有将性看作是心的组成部分，或者反过来像戴震那样将心看作是性的构成部分。荀子将性界定为人的欲望，而按照《解蔽》篇"心者，形之君也，而神明之主也"的说法，心应该是位于性之上并且有指导和控制性的作用。但这不是因为它具有价值属性而是因为它的客观认知功能。在荀子看来，人的知能功能是中性的，它们是先天的材性而不具备价值属性，它们必须接受外在价值规范的指引，因为价值是外在的而非内生的。

按照荀子本人有关性的定义，知能是人的本始材朴，应该属于性。但是，荀子没有将它们列入性的外延之中，而是将它们放在了作性和伪之间。知与虑是天生的材性，却不属于欲望，因而不属于性；它们是伪的主要依据，是伪之源但又不是伪自身。所以，荀子的心是从性到伪的一座桥梁，是性伪之间的转化器。所以，他既没有将心说成是性，没有将性置于心之上，因为性本身是恶的，而人的知性材能本身作为人的本始材朴，不可能是恶的。所以，他最终将价值形成的指望放到了"术"上："故相形不如论心，论心不如择术。形不胜心，心不胜术。"（《非相》）心不胜术表明了术对于心的优先性，只有选择了正确的术也就是师法礼义，才能达到始乎为士而终乎圣人的修养目标。蒙文通说："荀卿所言之心非本心，而实并放心言之。则其所谓心，惟觉知之明，无德性之实。"这一结论是符合荀学实际的。

综上所述，我们有必要将荀子的所论述的人性内涵与他对于人性的价值判断区别开来。在定义人性概念时，荀子重视的性伪之分，性乃是"天之就也"，凡"不可事"、"不可学"、"不事而自然"（《正名》）者即为性。按照此一标准，荀子所谓性内涵应当包括情感、欲望和认知三个方面，与此相对应，荀子所涉猎的广义人性包括了情性、欲性和知性三方面。由此可见荀子思想的综合性，情、知、欲三方面已经统括了先秦儒家论性的全部历史内涵，即使宋明理学论性的内容也没有超出以上三方面，而只是在三个方面之间进行辨析组合，其中朱熹的"心统性情"和刘蕺山的性情之辨都是如此。荀子对于人性论的独特贡献在于他借鉴先秦名学与道家的认识论对于人的知性进行了空前深入的探究，并对欲性的内涵及其作用进行了深入分析，将对于知性和欲性的认识推进到一个新阶段。如果荀子果真是从情、欲、知三方面以论性，就不会得出性恶论，比如戴震以"血气心知"说性，而他的血气心知正包括了欲、知、情三个方面，但他的人性论却是性善论。但是，在最终确立其人性论时，荀子实际上只选取了欲望作为立论基础，情性和知性则没有被作为立论的基础，这显然与他对于人性的价值判断有关，也与其社会政治思想密不可分。因此，荀子的性恶论是对于广义上的人性内涵进行选择的结果，表现了他对于人性的价值判断，却不足以概括其人性的定义下所涵盖的全部人性内容。仔细阅读《荀子》一书，我们就会发现其论性的内涵与论性的价值判断之间的不对应，如果坚持其关于性的定义与内涵，我们就不可能得出性恶的结论；如果坚持其性恶的结论，就无法容纳他客观上论述的人性内涵。学者们以往曾多次言及而不得其解的荀子人性论中的矛盾或者"不周衍"之处，正是由于其人性内涵与其对于人性的价值判断之间的分歧所导致的，只有将人性定义与内涵与人性价值判断之间的差异揭示出来，我们才能对于荀子的人性论有一个客观全面和深入的把握。

"天下一家"与神圣血缘伦理

高予远[*]

近十年来，儒家诸多血缘伦理命题一直被误解。本文认为：这种误解源于未有把儒家血缘伦理放在《大学》三纲八条目中予以界定。循此思路，孟子"以天下养"应解为"以天下得以养"为"养之至"，非如某些学者臆断为儒家腐败宣言。今日治西学者，多有以西学之"名"解中国哲学义理，安能不产生"名不正"，则义理有言不顺之语怪。儒耶信与思多以天下生民为本，虽言意有分殊，但吾人若于心上反复其道则多有冥冥神契。"一阴一阳之谓道，继之者善。"中西哲学互为阴阳乃东西文明大幸。

一、神圣血缘伦理

（一）神圣血缘伦理的义理框架

孔子之学是天下一家之学，天下人皆是吾家人，对家人吾自要公义地仁之爱之。这是儒家血缘伦理大中大正的宗法人伦基础。

《大学》三纲八条目基础在正心诚意。正心诚意、致知格物是齐家

＊ 高予远：深圳职业技术学院人文学院教授。

的人格基础。天之道，诚也；人之道，诚之也。经此正心诚意，吾心秉天地生生之德，源于生生天德之吾意莫不是仁、莫不是爱。宋儒陆九渊曰："吾心即宇宙，宇宙即吾心。"可谓是对儒家正心诚意最好的生命体悟。儒生独自静默屹立于宇宙星空下，望着星汉西流宇宙星空之浩渺，内心充满了宇宙千亿年生命洪流所具有独立自由的神圣力量，这种独立自由的神圣力量以吾人不可抗拒的神圣大力流贯吾心，这是儒家正心诚意也。陆九渊之"宇宙心"是儒生神圣自由独立人格的天道基础。吾人乃千亿年宇宙生命洪流经千亿劫所孕育的宇宙生命巅峰杰作，吾人作为宇宙生命洪流的巅峰杰作，内心万象森然而又秉"惟精惟一"之仁。若宇宙生命洪流有其终极目的，这一终极目的即正心诚意赞天地之化育，从而使吾人庄敬华美、万象森然而又充满仁爱地进行着惟精惟一的"仁"的创造。

《大学》八条目之齐家、治国与平天下的基础，是奠定在正心诚意、格物致知而具"宇宙心"之仁的神圣自由独立人格的君子——宇宙生命洪流的巅峰杰作——这一基础上。

"齐家、治国、平天下"是以"宇宙生命巅峰杰作"——"君子人格"为核心的，发之于外即是"三纲"。

"大学之道，在明明德，在亲民（或新民），在止于至善。"

何谓"明明德"？

吾人秉天地之正，乃宇宙生命洪流经过千亿劫孕育出的"宇宙生命洪流的巅峰杰作"，是宇宙生命洪流最神圣的生生华美的生命奥秘顶端。"明明德"即是要吾人终日乾乾，秉天健地厚之力，循日月雄健之幽微，"既济"、"未济"反复其道地彰明吾人这一"宇宙生命巅峰杰作"所秉有的天命之神圣人性或宇宙生命洪流华美庄严生生大德。故明明德乃吾人类政治、伦理与社会组织方式的最高目的，舍此最高目的，吾人类必将陷入技术与商业资本联盟的魔咒中，自己奴役自己。

何谓"亲民"？

仁民爱物也。"宇宙生命洪流的巅峰杰作"——君子人格，秉天命之神圣人性，胸含宇宙生命洪流神圣庄严生生大德，宇宙内事乃己之身事，他人之苦即己之苦，故其不能自已地仁民，即亲民或新民。同时，君子人格——这一"宇宙生命洪流的巅峰杰作"对天命有一种深深的敬畏，天地万物莫不是天命所为，故其爱物。这种爱物视天地万物为神圣庄严不可违逆的生生和美秩序，这种生生和美秩序，吾人必要尊之循之。惟有在此仁民爱物的神圣实践中，儒生方能成就宇宙生命洪流历千亿劫而锻造出的巅峰杰作——君子人格。

何谓"止于至善"？

我们"明明德"创造是在时间中完成的，每一时代、每一儒生，在宇宙生命洪流的每一事件上，都有自己的创造使命与创造局限。负"明明德"使命之儒生心秉仁与智于己身，这种儒生不能自已地"终日乾乾"地进行着仁爱的伟大创造，同时其又智地知己在时间中的创造边界，正所谓"知之为知之，不知为不知，是知也"。即"为往先圣继绝学"，破当下之困局，解生民立命之道，为后昆垂圣人之法。"宇宙生命洪流的巅峰杰作"——君子人格，若此生生不息进行着神圣伟大的"仁"的创造，此谓止于至善也。

中国的血缘伦理当在《大学》的三纲八条目框架内理解。

（二）神圣血缘伦理的公与私

天地之大德曰生，吾父吾母乃天地大德的具体体现。敬爱吾父吾母乃天命吾人神圣庄严之秉性。吾能违天德否？故敬吾父吾母乃天地赋予吾人之神圣使命与义务责任。

同时生命本性是自利，对人而言即自我中心主义，血缘伦理若无神圣庄严精神浸染即是这种自我中心主义的延伸。问题是人是有神圣公义秉性的，如何不违生命的自利法则而又实现人类神圣公义，这实在是人之为人的奥妙困境。

耶教是爱上帝（公义）胜过爱家人。耶教理路认为：人天生是自利的，血缘亲爱是自然人的本性。为限制这种自然本性，以上帝公正高于血缘伦理从而约束人天生的自利性。耶教是以外在超越的上帝格正吾人血缘之私，从而促生命融入到神圣的宇宙生命洪流创造中。

《系辞》："一阴一阳之谓道，继之者善也，成之者性也。"孟子言："尽其心者，知其性也，知其性则知天矣。"即在中国人的观念中，吾人惟正心诚意、格物致知，尽心知性，吾人才能秉天地生生之德。中国人克服血缘伦理的自利性，基于人性善，即人是宇宙生命洪流的巅峰杰作，人有道德上"仁"的潜能，"仁者，人也"。人的这种秉天"仁"的潜能，经过"格致诚正"奠定了血缘伦理大中大正的基础。即君子人格在处理血缘伦理公私问题上，是以"至仁无私"格正血缘家族的过度自利。若一宗族无此君子人格齐家，那么这一宗族的领导者则失去了治国平天下的道德依据，这一宗族因无君子人格治理、不循礼乐，这一宗族将在华夏的礼乐社会体系中无坚韧发展的道德空间。在《大学》的三纲八条目中，"明明德"于天下乃吾国最高理想、最高标准，各个宗族血缘伦理群体必须以这个最高理想为标准齐己家。

儒家血缘伦理既尊重人之为人的自然性，同时更尊重秉天地生生之德的君子人格为血缘伦理的精神基础，将人的血缘自然私性融入到整个群体的"明明德"神圣"至善"努力中。故儒家的血缘伦理是通过格致诚正，承认血缘伦理的自然私性，但当血缘伦理的自然私性与"至善"相冲突时，血缘伦理的自然私性要服从儒家最高的政治理想"止于至善"。

儒耶这两种克服血缘私性的理路，在理论方法上皆有一定的完备性。当然，理论上的完备性不能代替实践上的完备性，否则人类的历史就会因理论的完备性成为静态的耶教天国、佛教西方极乐世界，而非现实世界人类向至善永恒努力的伟大实践。在实践上两种理路皆是一种理想，是人类不断道德进化的理想源泉。两种理路实无高下之分，但两种理路皆应以对方为镜子，见贤思齐，通过双向格义，共同成为今日人类社会完善自己的道德源泉。

理解中国儒家血缘伦理的本质，必要以三纲是宇宙生命洪流的终极目的为基点，这种终极目的是群体与个人皆处于"至善"的统一。八条目是以三纲核心，以个体生命的正心诚意为基础，从而在"至善"意义上实现治国平天下的目的。儒家血缘伦理是在此格局中反复其道地涵养陶铸个体及家族的美德，并以此有严格道德自我约束的血缘家族伦理为组成社会的单位，实现天下之美善。

《大学》三纲八条目是宇宙生命洪流的终极目的，这一"目的性"生动具体体现了中国血缘伦理的本质特性：亲情人伦与神圣公义的"至善"结合。试问天下何人不爱自己的家人，亲情人伦岂能废；老吾老、幼吾幼，神圣公义岂能无。大哉三纲八条目！

二、何为"以天下养"

（一）孝与天下

"孝者，蓄也，顺于道。"（《说文》）故儒家之孝是"顺于道"之孝，孝有强烈的道德约束，是建立在生生和美"道"的基础上。

儒家"孝"的思想是历史与逻辑的高度统一。从人类发展角度来讲，先有血缘宗族伦理后有天下。血缘宗族环境是吾人第一个生长的环境，"亲其亲"乃人之为人的第一生命意念，故吾国先哲必要在"亲其亲"的生命意念上，秉大中大正的宇宙生命力量养正此第一生命意念。

《孝经·开宗明义》："先王有至德要道，以顺天下，民用和睦，上下无怨。……夫孝，德之本也，教之所由生也。……身体发肤，受之父母，不敢毁伤，孝之始也。立身行道，扬名于后世，以显父母，孝之终也。夫孝，始于事亲，中于事君，终于立身。《大雅》云：'无念尔祖，聿修厥德。'"

《孝经·天子章》云："爱亲者，不敢恶于人；敬亲者，不敢慢于人。爱敬尽于事亲，而德教加于百姓，刑于四海。盖天子之孝也。《甫刑》云：'一人有庆，兆民赖之。'"

天子之孝，德教加于百姓，刑于四海。天子之德，敬爱天下人，这是天子亲其亲的伦理基础。通观《孝经》，自天子以至庶民，皆以孝为本，而孝又严格奠定在道德基础上，其终是实现"民用和睦，上下无怨"的伦理天下，每个宗族皆应"聿修厥德"，彰显宗族美德，各宗族以美德立于社会，成为组成天下的基本单元，这个基本单元是经济的共同体，更是自我美德教化的共同体。

华夏人的天下观是一个"民用和睦，上下无怨"的道德天下，这个美德天下是建立在"亲其亲"的血缘伦理基础上。吾宗吾族乃千亿年大化流行生命杰作，宇宙万象森然的华美庄严乃吾宗吾族共同的神圣敬畏，故"亲其亲"是受到万象森然神圣庄严浸染的"孝"。故《大学》要培养"诚正格致"的君子人格，"亲其亲"、"齐其家"、"治国平天下"。何谓齐其家、何谓治国平天下？《孝经·谏诤》："父有争子，则身不陷于不义。故当不义，则子不可以不争于父，臣不可以不争于君；故当不义，则争之。从父之令，又焉得为孝乎！"

华夏之"孝"是从"亲其亲"的自然情感，经过"格致诚正"，达到"教以孝，所以敬天下之为人父者也。教以悌，所以敬天下之为人兄者也"。

"非至德，其孰能顺民，如此其大者乎！"华夏天下是"孝"的天下，是有"如此其大者乎"崇高俊伟的美德天下！"孝"以崇高俊伟美德为基础。

（二）何为"以天下养"

《孟子·离娄上》曰："人有恒言：皆曰：'天下国家。'天下之本在国，国之本在家，家之本在身。"身之本又在何？孟子曰："尽其心者，知其性也，知其性则知天矣。"身之本在吾人"求放心"，以达"尽其心"、"知其性"与"知天"，所谓"知天"乃"默而识之"之知，非口舌之辩之知。"默而识之"之知乃宇宙万象森然的生生和美充盈吾心，吾心吾身自是江河日月、源泉不竭。故孟子曰："吾善吾浩然之气。"孟子浩然之气乃宇宙万象森然的生生和美义理为基的浩然之气，这是孟子的修身之本，是孟子的最高道德标准。儒家的道德非康德式的源自理性，儒家的道德是个体生命如宇宙星河流转、充满了生生和美的神圣庄严力量流，故儒家有"沛然莫之能御"之说。儒家的道德生命是宇宙生命洪流千亿年无数次大劫难孕育出的巅峰杰作，这个生命融《六经》于己身，与宇宙万象森然的生生和美相契相默。儒家的道德生命在"天人之际"的"际"上"默而识之"涵养己身。

明乎孟子"天下国家"的义理框架与"家之本"在己之道德生命，则何为"以天下养"义理如日月之明。孟子的"以天下养"在传统古典世界中，是一个最公允的自然而然的神圣道德命题，儒家先贤无有认为"以天下养"就是腐败。故朱子《四书集注》、《孟子正义》与杨柏峻《孟子译注》皆对"以天下养"无过多解释。

杨泽波先生对"以天下养"循朱子、焦循先贤理路解"以天下养"，符合先贤理路，但不能有效地割除刘清平、邓晓芒之妄解。鉴于此，王兴国先生在全面分析《孟子·万章上》基础上，又结合《礼记·祭义第二十四》和《大戴礼记·曾子大孝第五十二》对儒家之孝作出了更加准确的界定，并进一步认为儒家的"孝"是一种宇宙形上学。本人非常认同这一观点，且认为只有从宇宙形上学角度理解"孝"，吾国现代知识分子在理解国故儒学上才不会妄解。

本人认为，真正揭示"孝"的宇宙形上学意义的应属《孝经》。如《孝经》"开宗明义章"、"三才章"皆揭示了"孝"的宇宙形上意义。

"夫孝，天之经也，地之义也，民之行也。天地之经，而民是则之。则天之明，因地之利，以顺天下。是以其教不肃而成，其政不严而治。先王见教之可以化民也，是故先之以博爱，而民莫遗其亲，陈之于德义，而民兴行。先之以敬让，而民不争；导之以礼乐，而民和睦；示之以好恶，而民知禁。《诗》云：'赫赫师尹，民具尔瞻。'"

从"三才章"我们可以明显地看到：儒家之"孝"有严格的宇宙形上道德精神或曰宇宙神圣静寂的生生和美生命力量为大中大正的基础，儒家的孝是"天之经也，地之义也"，因是之故，儒家孝是宇宙万象森然生生和美的"人格化显现"。这种"宇宙神圣力量人格化的显现"就是"圣人人格"，自天子至庶民皆以圣人人格为己生命楷模，故《孝经·三才章》引诗申之云："赫赫师尹，民具尔瞻。"

吾国先贤作为宇宙生命洪流的巅峰杰作，深明"血缘伦理"之生生乃宇宙生命洪流生生的最具创造的宇宙力量，这种力量必以"孝"——这种充满宇宙形上神圣精神为始基，明人伦、行教化，若此"血缘伦理"的"自利性"才可神奇地、令人惊叹地转化为"至孝无私"公天下的创造性神圣伦理。因是之故，《孝经》论孝，自天子至庶民皆以孝为本，这个"孝为本"充满了严格的道德自律的生命力量，是宇宙生生创化精神在人世间的"人格化"或"社会化"的道德化体现。

大哉孝矣！先王之至德要道，顺天下，民和睦，上下无怨。孝之所以成为至德要道，乃在于孝为宇宙生命洪流形上道德精神。正是因为孝为宇宙形上道德精神，故孝为治理社会古今不变之恒道。故吾国先贤云：

"夫孝，置之而塞乎天地，溥之而横乎四海，放诸后世而无朝夕，推而放诸东海而准，推而放诸西海而准，推而放诸南海而准，推而放诸北海而准。《诗》云：'自西自东，自南而北，无思不服。'此之谓也。"（《礼记·祭义第二十四》）

明乎"孝"为宇宙生命洪流形上道德精神，则以天下养应从下解：

"以天下养"当从"民用和睦，上下无怨"乃是天下"孝之本，教之所由生也"角度理解。

"孝子之至，莫大乎尊亲；尊亲之至，莫大乎以天下养。为天子父，尊之至也；以天下养，养之至也。"（《孟子·万章上》）

养之至、尊之至是德教加于百姓，刑（型）于四海，天下和睦之意也。"以天下养"，以天下得以养为孝也，这是"以天下养"的了义所在，是吾国孝道的精义所在。自天子至庶民之孝皆不悖此大化流行生生和美道德精神。《左传》曰："大上以德抚民，其次亲亲，以相及也。"（《左传·僖公二十四年》）

通观《孝经》、《礼记》与《大戴礼记》，吾国先贤所论之"孝"，顺乎人情人理、达乎天理，又有严格的"至孝无私"公天下神圣伦理的创造力量。

吾国之爱家人是循严格的宇宙形上道德精神的爱家人，尊父莫过于以天之"公义"约束父，若此尊父才可配天。

《孝经·圣治章》："天地之性，人为贵。人之行，莫大于孝。孝莫大于严父。严父莫大于配天，则周公其人也。昔者周公郊祀后稷以配天，宗祀文王于明堂，以配上帝。是以四海之内，各以其职来祭。"

吾国"孝"的精神绝非狭隘的宗法的利益，也非狭隘的民族主义，而是一种秉宇宙形上精神的、具有"普适性的血缘伦理"。这种伦理与西方伦理可相通而非冲突。

三、电脑、人脑——宇宙心

（一）程序化的思维

鉴于西方形下兵器"文明"的强势，张之洞深怀"国不威则教不循，国不盛则种不尊"之忧。秉华夏五千年精深强健"仁本文化"提出"中体西用"思想以励国民。以今日看"中体西用"思想有告诫国人之效，即不要失去了吾国义理形上符号体系。吾国丧失形上义理符号体系，则吾国必然失去话语权。失去话语权意味着吾国知识分子大脑将为西方语言编程。

西洋以形下资本技术动摇吾国乃至整个非西方世界的形而下文明，并进一步否定吾国及非西方世界的形上义理文明体系。1840年以后，近两百年时间，西方的理论符号体系深深植入吾国知识精英大脑中，吾国某些知识分子思考问题的符号体系就像被西方人用电脑语言编了程一样。这就导致他们对中国传统语句的理解必要放在西方的语言符号理论体系中才能理解。

这种理解可以是积极的，也可以是消极的。所谓积极的借用李泽厚先生早年发明一词"误读的意义"，即儒家思想在西方语言体系的多面棱镜中显示出另一种神奇光芒，这种积极的意义在西方汉学家著作中常有彰显，并对吾国儒家学者有积极的启发意义。如美国汉学家赫伯特·芬格莱特著作《孔子：即凡而圣》，即是西方语境中孔子敦实厚重而充满神圣性东方先哲智慧的形象，通读氏著，吾人不免对先圣孔子重新有了一种神奇的新理解。误读儒学而有积极意义基于两个条件：其一，误读者对儒学有一种积极的同情理解；其二，误读者自身有一完整精细的义理符号体系，若无此精细深邃的义理符号体系，误读无法对他人产生深刻的正面影响。

思想批判总是在批判中有同情，在同情中有批判，这样的儒家批判才是一种有助于中西方文明发展的批判。纯粹批判而无同情，中国历史岂不就是非人的历史！岂不就是鲁迅所说的"吃人"历史！若说吃人历史，不惟东方历史中有吃人的假文明，西方历史难道不也是充满了吃人事实的虚伪文明！

学术批判的逻辑：我对你错，你对我错；我对你也可能对，你对我也可能对；你错我也可能错，我错你也可能错；虚心理解，各美其美，美美与共；通过双向格义，你中有我，我中有你，从而形成彼此相互校正向前发展的精神共同体。

秉"天下一家"之"宇宙心"情怀，持"学无常师"之治学态度，牟宗三先生的哲学体系堪称中西哲学会通的典范。牟氏有深厚的中国传统哲学功底，治康德哲学虽常被人诟病，但牟先生在中华文化圈中毫无疑问地堪称康德哲学专家，其对康德哲学持一种深深敬畏态度，虽对康德哲学或有误读，但这种误读是积极意义的误读，是创造性的误读。姑不论牟先生的康德哲学，仅就牟宗三先生的新儒学而言，无论对当代中国人还是西方学者都有积极的思想意义。

（二）宇宙心与"分殊理一"的多元共同体

五四新文化运动中提出"传承国故、融纳新知"思想，无疑是这种"仁的反思"的具体实践，秉儒家这种固有的"仁的反思"，贺麟、牟宗三皆作出了卓越的贡献。现在我们要问这种"仁的反思"是否有形上的终极意义。

中国哲学的最高境界为"天人合一"，于此境界内，吾人只能体"有"而不能言"有"，一言"有"即非形上"天人合一"之"有"，而成形下之"器有"。但吾人天生是言形上之有的"物种"，吾人言形上之有的天命本性是吾人类生命活力所在，也是吾人类文明的基石与终极目的所在。《周易》六十四卦相较"易"这个形上之有乃形下之有，有意思的是《周易》最后两卦为"既济"、"未济"。"既济"、"未济"反复其道，下学上达，上达贯下。所谓下学上达，吾人在研习"六十四卦"的下学中，达宇宙万象森然的充盈之生生和美；所谓上达贯下，即"义"也，义者宜也，即以万象森然生生和美之仁践于具体事也，故中国哲学有"君子不器"之论，即"时中之圣"以仁临事，臻于"中庸"。

《周易》六十四卦从形上之有化出，同时又是吾人体形上之有的六十四种人生境域。六十四卦就像一个"际"，循此"际"向上"体"形上之有、向下践于具体事而臻于"中庸"。六十四卦这种"际"的形上形下功效，从哲学上可理解为司马迁的"究天人之际"之"际"，"际"上为形上之有，"际"下为形下"有"之言器。惟在"天人之际"的"际"上立心，吾人才能因时制宜地建立义理结构以达"通古今之变"目的。

陆九渊望着生机勃勃、万象森然的宇宙星空，四方上下、古往今来的宇宙心灵十字大开，深深长叹"宇宙不曾限隔吾人，吾人自己限隔自己"。大了悟"吾心即是宇宙，宇宙即是吾心"，将吾人卑微的生命提升到宇宙生命洪流的巅峰境界。自此宇宙有了自己的仁心，这个宇宙心不是"器心"，而是充满神奇宇宙力量的生生大创造心，是宇宙自己的创造心。这个宇宙心静默地屹立在"天人之际"的"际"上，因时制宜地编程着义理结构，处理具体事宜。因这个创造的宇宙心，吾人不断斟酌、反复编程以"通古今之变"，又不断否定已有程序再"通古今之变"。这是中国儒学的常与变也。常者，宇宙心也；变者，宇宙心因时制宜也。君子不器、君子心不是 C 语言编程之固定程序，宇宙吾心也。宇宙吾心也，中国儒生内心是万象森然神奇雄美的宇宙大创造心。儒生宇宙大创造心，形上地体悟、形下地创造。宇宙大创造心在"天人之际"的"际"上，无言地静悟"理一"，有言地因时制宜"分殊"，且能超越中西分殊静观分殊。

每一民族皆有自己的语言符号体系，离开了本民族的语言符号体系，该民族就不可能产生极高明道中庸的巅峰思想。毋庸置疑，西方文化乃人类光辉灿烂之文明。同样，华夏文明为代表的东方文明同样是光辉灿烂之文明。

如何使东西方文明成为彼此理解、彼此欣赏，从而共同和鸣奏出人类宁静持久的"韶乐"式的"欢乐颂"，乃是吾人类文明的共同使命。

儒学、耶教皆有四海之内皆兄弟之理念，以西方符号体系肢解、歪曲东亚文明，不仅是对东方文明的毁灭，同样也是对西方文明的毁灭。

因是之故，人类应建立起"分殊理一"的语言多元共同体，惟若此吾人文明才是多元分殊且和而不同。正所谓一阴一阳之谓道，东西方文明互为阴阳、循宇宙生命洪流法则相磨相荡才是人类文明正宗。

人脑不是电脑。吾人惟立在天人之际的"际"上，吾人心灵才可秉宇宙生生之仁、鸢飞鱼跃地创造而不是被编了程的电脑。

我们希望，这场肇始于 21 世纪初的以西学否定中学争论应告一段落，应转变思路进行建设性的对话，应从"各美其美，美人之美"，建立起中国哲学乃至世界哲学界"分殊理一"的多元哲学共同体。

"一阴一阳之谓道，继之者善。"中西哲学互为阴阳乃吾国哲学大幸，东西方文明大幸。

《周易》的婚恋与家庭观

周玉银[*]

　　《易经》作为群经之首，包含的内容丰富多样。六十四卦中涵盖的事物规律，涉及宇宙自然与社会人生。人文方面几乎囊括了古代先民的政治、经济、文化、社会等多方面的内容。不但如此，《周易》的易本经和易大传中还有专门的经和传指导个人怎样处理婚恋与家庭的关系。本文希望通过分析《周易》原文，还原古人有益的婚恋家庭观与读者分享，让我们站在古代先贤的肩膀上，有所取舍，帮助自己形成健康的婚恋家庭观。

一、《周易》婚恋家庭观的理论前提

　　《周易》蕴含内容丰富，但又自成一套完整的理论体系。《周易》的婚恋家庭观作为内容之一，也是遵循其内在理论体系前提下形成的独特的婚恋家庭观。因此在进入文章主体之前，本文先将《周易》理论体系背景做一个简介，使得读者能够对其婚恋家庭观有一个更全面的理解。总括起来，《周易》哲学体系理论大前提，也即是婚恋家庭观所遵循的理论大前提主要有以下两个方面：

---

　*　周玉银：中国共产党来宾市委党校讲师。

（一）男女阴阳合德，刚柔有体

"一阴一阳之谓道。"（《易传·系辞上传》）古人认为宇宙自然由阴阳组成，阴阳之道也是天地自然、人文社会所共同遵循的规律。天地万物都能根据所属属性的不同，分为阴阳两类，人类也不例外。其中阳刚、刚健、具有生发性的、有创造力属性的事物为阳，为天。阴柔、柔顺、顺从、有包容、向内收敛性质的事物为阴，为地。阴阳二者的关系有如书中所述，"乾，阳物也；坤，阴物也。阴阳合德，而刚柔有体"（《易传·系辞下传》）。虽然阳刚和阴柔各有其属性物，但是阳性事物和阴性事物的本性互相配合。男女两性同样遵从阴阳之道。"乾道成男，坤道成女。乾知大始，坤作成物。"（《易传·系辞上传》）阳道成为男，阴道成为女。属阳的男性富于创造，属阴的女性配合着男性创造、成就事业。在《说卦》中，更加详细地将八卦按属性分为男女两类。将属阳的乾归为父亲，震归为长男，坎归为中男，艮归为少男。而属阴的坤归为母，巽归为长女，离归为中女，兑归为少女。八个基本卦既对立又统一，父母不相离，相辅而相成。总的说来，男女是具有不同性别属性特质的阴阳两类，刚柔有体，阴阳合德，互相配合。

（二）夫妇之道是礼义的核心

《易经》中的人道以夫妇开头，夫妇之道正，则五伦正，则礼义正。"天地絪缊，万物化醇。男女构精，万物化生。"（《易传·系辞下传》）阴阳二气相摩相推，互相交融，万物普遍化生。男女两性相交构精，万物也因有阴阳而生命化生绵延。"有天地然后有万物，有万物然后有男女，有男女然后有夫妇，有夫妇然后有父子，有父子然后有君臣，有君臣然后有上下，有上下然后礼义有所错。"（《易经·序卦》）人文社会中，男女相交，夫妇结合，家庭由此而产生。夫妇家庭是一切伦常关系的发源点和关键点。人的一切社会关系、伦常道德，诸如夫妇、君臣、父子、兄弟、朋友等五伦都是从家庭中衍生出来。良好的家庭能培养良好的家风，家庭作为社会的组成细胞，家道正，则伦常正，伦常正则社会礼义正。总之，《易经》认为夫妇家庭伦常是社会风俗的缩影，家风是社会礼仪的一部分，家风既要遵从社会礼义，反过来也能影响社会礼义，而社会礼义也能引导家风，可见家风与礼义具备多重关系，既相辅相成，一定程度上，也会受到社会礼义的制约。

总的说来，《周易》的婚恋家庭观遵从《周易》的阴阳哲学思想以及同时代的社会礼义。独特的哲学前提形成了《周易》独树一帜、系统完整的婚恋家庭观。

二、《周易》婚恋家庭观的特点

(一) 重视婚姻家庭

《易经》是非常重视婚姻家庭的。书中认为，成年男女，男婚女嫁是符合天地自然之道的。女嫁男娶成立家庭，对于个人人生、家庭、社会国家乃至全人类都是有意义的。《归妹》卦和《渐》卦着重说明婚姻家庭的作用与益处。"归妹"意为嫁少女，女子出嫁。这一卦从类群的发展角度讲婚姻对于全人类繁衍生息具有非凡意义。《归妹》卦《象传》点明"《归妹》，天地之大义也。天地不交而万物不兴。《归妹》，人之终始也。说以动，所以归妹也"。"说以动"，即男女相悦结婚，而结婚《归妹》体现天地生生不息的重大意义。天地阴阳二气相合，蕃兴万物；男女二性成婚行人伦，继嗣不绝，人类得到繁衍和延续。《归妹》卦中表达男女婚姻贯穿人类社会的始终。在这里将婚姻于人类的作用比拟为天地化生万物的作用，将婚姻家庭摆在人类社会首要的位置，体现婚姻对于全人类的意义。

《渐》卦从人的价值与自我意义的实现角度认为婚姻可以帮助个人修身齐家治国。《渐》卦卦辞："女归吉。利贞。"女子出嫁吉祥，占问有利。有什么利呢？接着《象传》解释说："《渐》之进也。'女归吉'也，进得位，往有功也。进以正，可以正邦也。"女子出嫁意味着成立新的家庭，帮助男女两性找到情感寄托、心灵港湾，对于修身有利。其二，女子走进夫家，成为家庭主妇，帮助男子治家有功，这是利于齐家；最后，男子成家后进身为官，治事有功（如果每个家庭都能沿着这样的道路发展），那么可以端正邦国，这是利于国治。这也是符合儒家家齐而后国治的思想。通过对这两个卦的分析，可以得出《易经》对两性婚姻家庭是十分看重的。

（二）异性对偶婚制

《易经》中的婚恋是实行异性对偶婚与族外婚制。《睽》卦《象传》中明言"二女同居，其志不同行……天地睽而其事同也。男女睽而其志通也。"二女都是女性，同性相斥，心志不相同，同性不能成立家庭，所以不相成也。反之，天上地下是相反的，能够化生万物。而男女性别相异，却能相反相成结为夫妇，成家理事。《睽》卦排斥同性婚姻赞同异性婚姻。另《革》卦《象传》同样说道："《革》，水火相息，二女同居，其志不相得曰革。"《革》卦中再次指出二女相处其志不合，违背阴阳之道，不能达到刚柔相济，阴阳合和。反而有如水与火般相克，不仅达不到相反相成，反而引发变革。《睽》卦和《革》卦都表明一男一女异性婚姻制度才符合阴阳之道。在另一卦《贲》卦中，盛赞异性对偶婚是人文化成天下。《贲》卦六爻生动形象地向我们描绘了异性对偶婚婚媾的过程，再现了古代婚姻嫁娶的场景。《贲》卦《象传》赞同男女对偶婚姻是刚柔交错，是人类文明的象征。概括起来，《周易》思想认同异性对偶婚制，认为异性对偶婚制不仅是人道的体现，也是一阴一阳之谓道的哲学思想的具体体现。

（三）婚恋的多元化

《易经》中对于婚恋是没有特别的清规戒律和禁忌，除了个别情况不受赞同之外，恋爱的总体环境是很宽松的，恋爱对象即便是再婚也不受影响。

不允许、不受肯定的婚恋主要有《大过》卦中提到的两种情况。一种是九二爻说的："枯杨生稊，老夫得其女妻"此爻的《象传》解释说："'老夫女妻'，过以相与也。"在这里，将老年男人娶得年轻女性做妻子，比喻成临近生命终结的枯杨树抽新芽，是不符合自然规律的，所以《象传》直接指出老夫少妻相配是不恰当的，是错误的。第二种情况与之相反，是老妇配少男，同样也被认为是不恰当的。在九五爻的爻辞中形容老妇人嫁给没有结过婚的青年男子为"枯杨生华，老妇得其士夫"，此爻的《象传》解释为："'枯杨生华'，何可久也。'老妇士夫'，亦可丑也"。枯萎的杨树开花是不能长久的，老妇人嫁给青年男子是不相配的，这种行为是丑的，不光彩的。由上所述，不管是出自何种考虑，《易经》对这种年龄悬殊、老少相配的婚恋是极其不赞同的。同时，通过《大过》卦辞我们还可以了解到，《易经》认为这种婚恋的结合是大的过失，是不稳固的结合，是不符合夫妇长久之道的，就好像用弯曲、软弱、不坚固的木材做房屋的正梁，房屋迟早会毁坏的。这是《易经》中特意提出的不赞成婚恋的极端例子。

男女两性婚恋除却以上提到的由于年龄不相称而不被允许的情况之外，社会主旨是鼓励人们婚恋，鼓励人们追求婚姻幸福。上古时期的婚恋是多元的，不仅未婚男女可以追求婚恋幸福，而且婚姻失败的人们可以重新追求婚姻组建新的家庭。关于这一点，我们可以通过《丰》卦来了解。《丰》卦倒数第一阳爻就是描述再婚情况的。初九爻辞："遇其配主，虽旬无咎，往有尚。"李镜池《周易通义》中解释说，这一爻主要记述一位商旅之人，在行旅途中到一个地方借宿，招待他的是女主人，最终与他同居成为夫妇。① 根据他的见解，这成婚女主人是个寡妇，是再醮。上古社会寡妇再婚是常事，所以爻辞说"无咎"，没有过错；"往有尚"，在行旅过程中成立家室，得到贤内助。《丰》卦肯定了再婚，让我们得知上古时期的婚恋是多元的。

三、《周易》婚恋家庭关系的处理之道

婚姻生活一般约占据人生三分之二的时光，因此家庭生活几乎是每个人必须经历和面对的。守护婚姻家庭幸福美满和家庭稳固恒久发展是比较难的，它需要人们遵循一定的原则加以智慧的处理方可实现。《周易》的家庭关系处理，主要从处理家庭内家人关系和家庭外家族关系两大处着眼营造圆满、和睦、繁荣的家庭。

（一）家庭内部关系处理原则

一个小家庭由夫妇、父子、兄弟组成。《易经》认为夫妇关系是一切社会伦常的源头，是家庭内部关系的核心。良好的夫妇关系是形成稳定和睦的家庭关系的基石。要想形成和谐融洽家庭，需要做好以下几个方面：

首先，夫妇要树立恒久家庭观。《归妹》卦的《象传》表达了这个观点："《归妹》。君子以永终知敝。"君子知道婚姻的流弊，但也要考虑夫妇永远有好结果，家庭长久。任何一件事情是多面性的，有利必有其弊，婚姻也不例外。婚姻一定程度上能促进人的幸福，但随之而来的也有婚姻家庭带给人的家庭责任、个人的行为约束等。古代先贤早就考虑到了这些问题，因此提出男女两情相悦成家，"君子以永终知敝"的家庭观，这是非常理性的婚恋家庭观。事实上，婚姻观能引导一个家庭的

---

① 李镜池：《周易通义》，中华书局 1991 年版，第 109—110 页。

未来走向。理性的家庭观才能帮助男女在现实婚姻生活中趋利避害，扬长避短，两性同心协力，同舟共济，共同浇灌培育家庭常青之树，使得家庭之树生机勃勃，善始善终。反之，家庭不稳固，夫妇感情不和，精神不安宁，就会出现《屯》卦所描述的"匪寇，婚媾"婚姻难；"十年不字"怀孕难；"即鹿无虞"谋生难等一系列的伴生问题，家庭发展无从谈起。因此，恒久家庭观是夫妇引领家庭走向长久的精神舵手。

其次，夫妇应培养良好家风。

具备良好家风的家庭，不仅能影响小孩教育，还能影响家族发展，邻里乡亲和睦，起到化民成俗的作用。以小孩教育为例。良好家风对小孩的影响是非常大的。父母的言传身教，有如春风化雨般润物细无声，而孩子们日夜浸润在良好家庭环境里，父母的言语、行动、举止无形之中发生潜移默化的作用，对小孩的人格、德性培养形成不可估量的作用。《家人》卦对于具备良好家道的家庭做了具体描述。《家人》卦卦辞"利女贞"，妇女占问有利。上古时期是父权制社会（这一点从《蛊》卦可以得知），男性社会地位较女性社会地位高，而《家人》卦卦辞首先点明此卦于妇女有利，显示妇女主持中馈，赡养老人教育幼儿，在家庭中应具有举足轻重的地位，好的家庭应该重视妇女的作用。其次，培养良好家道还有一个前提条件，那就是《象传》中所说的："风自火出，《家人》。君子以言有物而行有恒。"古人认为，《家人》卦的卦象是离下巽上，火内风外，风由火形成，没有火的存在就没有风，以此来比喻君子（父母）必须首先保证自身明德而后才能对家人施行教化，因此父母必须做到讲究言行，说话有根据，行为有准则，对家人才有身先示范意义。这是良好家风的先在条件。

良好家风在家庭中的具体表现是《象传》所形容的，"《家人》，女正位乎内，男正位乎外。男女正，天地之大义也。家人有严君焉，父母之谓也。父父，子子，兄兄，弟弟，夫夫，妇妇，而家道正。正家而天下定矣。"由于夫妇体质阴阳有别，应分工协作。妇女主要精力在于居家操持家务，照顾小孩，这是妇女的主要工作，这是"女正乎内"。男性主要负责外出事务，担负家庭的经济责任，处理家庭内外社会事务，为家庭谋发展，这是男性的正道守其位。《周易》认为家庭里这种阴阳分工，各安其位，刚柔相济正是天地间的大义。因为家庭规矩明晰、严正、阴阳有别，父母各尽职分、互相守望相助有利于教化子女。同时家庭中父、子、兄、弟、夫、妇各自守职分，互敬互爱，形成父慈子孝、兄友弟恭、夫唱妇随的家庭环境则家道正，家道正而家风正，家风正邻里风俗正，风俗正而天下定。总之，良好家风利于夫妇和谐，利于孩子们培养良好德行，利于化成社会礼仪风俗，夫妇作为伦常源头，有责任培养良好家风。

（二）家庭外部关系处理原则

现实生活中没有世外桃源，每个家庭不可能与世隔绝关起门来过日子，打开门就会与外界发生社会关系。《易经》在《同人》卦里告诉我们可以遵循求同存异的原则，做到成人成己。

《同人》卦的具体讨论细述如下。首先，《同人》卦的《象传》说"君子以类族辨物"，这是求同存异的方法论。在这里将君子引申为一般人们，即人们可以根据分析事物的种类来辨别事物所处的情况，再根据事物发展状态实时调整应对措施，避免与人交往龃龉不合。接下来六爻分别讨论不同情况与人相接可能出现的不同结果。"初九：同人于门，无咎。《象》曰：'出门同人'，又谁'咎'也。"高亨认为此爻意为，出门在外能与众人聚合，表明单个家庭或个人能够合群融入集体，团结他人，能与他人广泛和同相互照应，因此没有害处。[①] "六二：同人于宗，吝。"虽然积极参加宗族的祭祀、行赏、宴飨等事物，与族人和同，但是有困难。因为与宗族和同相当于与小团体和同，小家庭固然能得到宗族荫庇，但长远看来社会交往范围毕竟有一定的局限性、狭隘性，于长远发展不利。应当如初九一样，走向更广阔的发展空间。当然，要做到

---

① 高亨：《周易古经今注》，上海书店出版社1991年版，第50页。《同人》卦六爻解释都以此书为据，请参看第50—52页。

与所有人都和同并不容易。九三、九四、九五此三爻描述了意见相左、不能统一时使用最极端方式——通过战争流血来达到和同。虽然最终能得到"同人先号咷而后笑"先悲后喜的结局，但这是一种对抗式、激烈地解决矛盾的方式，一般是不可取的。通过此三爻可得知，与人相交同心同德固然是完美理想，但是一旦有异议出现，最好还是在不伤害自己与他人利益，不危害社会的情况下，尊重特性的存在，避免矛盾尖锐，引发不可控的结果。最后上九"同人于郊，无悔"。这一爻综合前五爻，无论是志气相同的人或志气相异的人都能齐聚一堂，这种状态做人做事都不会有悔恨。《同人》卦告诉我们和同并不是总能做到，当矛盾出现时，我们应当站在他人角度，退一步求同存异，方能处理好家庭外部关系。总的说来，古人非常重视家庭内、外关系处理，只有处理好家庭内外关系，才有可能家齐国治。

以上是本文对《周易》中所包含的婚恋家庭观的简单分析。不论是古人重视婚姻家庭，主张婚恋多元化，实行异性对偶婚制的婚恋思想，还是家庭夫妻处理之道符合《周易》的阴阳哲学前提；夫妻遵从阴阳合和之道，树立恒久家庭观，男女分工合作，培养良好家风，为家庭的长久发展打好坚实基础的思想，在几千年后的今天仍然具有指导意义。

《梁集诸说辨》中田艮斋对梁任公之批判

王　超*

　　田愚，字子明，号艮斋，又号臼山、秋潭，生于公元 1841 年（清道光二十一年、朝鲜宪宗七年、日本天保十二年），卒于公元 1922 年（民国十一年、日本大正十一年）。他一生亲历东亚局势剧变、朝鲜一步步沦为日本殖民地，朝鲜亡国后，他避居海岛，义不事倭。田艮斋师承全斋任宪晦，属于栗谷畿湖学派，是朝鲜朝末期的性理学大家，著作收录于《艮斋集》。

　　面对国家危难、儒学危机，朝鲜士大夫主张固守程朱义理者有之，主张儒教改革者有之，主张完全抛弃儒教者亦有之。当时，中国的康南海（有为）、梁任公（启超）等人对韩国知识界影响甚巨，而这种影响遭到了艮斋等保守性理学者的激烈反对。其实，双方不必有对错优劣之分，但透过艮斋对康梁等人的批判，吾人亦可一窥传统儒学在面对近代化冲击时所遭遇的问题。针对任公，艮斋专门于公元 1909 年撰有洋洋一万四千余言的《梁集诸说辨》，此外其他文集中亦数十次提及任公。本文拟通过分析《梁集诸说辨》一文艮斋对任公（时亦兼及南海）之批判，以管窥儒学近代化之问题。

　　对于任公其人，艮斋的总体评价如下：

---

　　*　王超：韩国首尔国立大学哲学系博士研究生。

白山居士曰：梁启超才性绝人，使其得正师而锻炼之，其所就何可及也？惜乎，学术之本源一差，而经济之作用，无一不差矣。梁氏以孔佛稣为三圣人，破父子君臣夫妇之三纲而为平等，排辟宋朝道学诸先生。而其策天下事，又皆纵横辩博，不可穷诘，大概与李纯甫略相上下。而梁之才较大，故其害亦甚于彼矣。余有《次刘韵论梁氏》云：饮冰不惮为耶孙，又向如来寄法身，何事又援宣圣去，冷看都是弄精神。①

白山居士即艮斋本人，他充分肯定了任公才识过人，但他亦站在性理学正统的立场上，目任公为兼崇异端、破乱纲常、诋毁道学，因此其才愈高，其害愈甚。下面，笔者将首先从艮斋对任公兼崇异端的批判谈起。

一、坚持独尊，反对兼崇

所谓"坚持独尊，反对兼崇"，即艮斋主张独尊孔圣，反对任公兼崇孔、墨、佛、耶为圣。艮斋《梁集诸说辨》开篇即为"论梁氏孔教论"，此部分实针对任公《保教非所以尊孔论》一文而发。任公此文着于公元1902年，他一改以往力倡尊孔保教之立场，转而鼓吹信仰自由、博采众长，反对保教，这在艮斋看来无异于背叛孔门。

据此则《梁集》中凡推尊孔子，援据孔子者皆其未定说，又缘中国历史之所尚，民俗之所信，不得已而尔也。今此后论，可谓决裂而打破之矣。其于墨氏则曰：先圣墨子，千古大实行家。今欲救中国之亡，其惟学墨子乎？于释氏则曰：学界之究竟义也，小之可以救一国，大之可以度世界矣。信仰佗教（孔教恐难谓不在

---

① 田愚：《艮斋集·私劄》卷之一《辨·梁集诸说辨》，韩国古典综合数据库。

其中），或有流弊，而佛教决无流弊也。于耶氏则曰：康先生于此教，独有所见，以为其单标一义曰人类同胞也，平等也，皆原于实理，切于实用，于救众生，最有效焉。梁氏欲自为中国民，定一教育宗旨，又以耶稣教为最。彼于墨、释、稣推重尊仰如此之至。至于孔教，则曰不必保，不必保者，谓存之无所益也；曰不当保，不当保者，谓存之有所害也。是恶可曰非孔门之叛卒乎？①

艮斋认为任公以往推尊孔子不过是依顺中国历史民俗的权宜之计，再加上任公亦有不少推尊墨子、佛陀、耶稣之言论，遂可认定任公为叛徒。其实，从《保教非所以尊孔论》之题目即可看出，任公所反对者为保教而非尊孔。其反对保教之理由如下：其一，教可保人，人无力保教，保教之说不合论理；其二，孔子是先圣先师，而非神明，以侍奉耶佛之法侍奉孔子，则所保之教必非孔教；其三，宗教在西方已显颓势，只要主权在我，洋教势力并不足道，实无保教之必要；其四，保教会引发教争、政争，妨害信教自由；其五，保教独尊一家，束缚国民思想；其六，保教会引发教案及外交纠纷；其七，孔教非迷信，无可亡之理；其八，当博采各教之长以光大孔教。② 由此看来，任公虽确已背叛了乃师将儒学西洋宗教化的孔教运动，但他仍希望在思想自由、兼容并包的基础上发扬光大孔子学说。

与任公不同，艮斋还是固守理学辟异端之立场，无法接受在推尊孔子的同时亦推尊佛、耶等异教之圣，更无法容许推尊亚圣孟子所辟之异端——墨子。艮斋在《康氏传》这一部分力斥康梁推尊异端。

康氏以孔子为未足，而必以佛稣为至，则其所谓大彻悟，所谓宗教想者可知也。然则又何必时引孔子？此是贩私盐者，加鲞鱼以欺官吏之术也。佛、稣教以不妄语，今康氏非惟弃孔子，亦

---

① 田愚：《艮斋集·私劄》卷之一《辨·梁集诸说辨》，韩国古典综合数据库。

② 参见梁启超：《保教非所以尊孔论》，《饮冰室合集》，中华书局 1989 年版。

畔二氏矣。心口不同而得为宗教，则不如无宗教也。

（中略）

孔教明人伦，重祀典，彼二教无此，何谓一体平等？此僧杲所用水上葫芦也。使清国尊信佛稣已成习惯，已有历史，则康氏又必以二教救其民矣。梁启超佗日自言，吾始欲保孔教，今则不当保。然则一体平等之师传，弃之亦久矣。①

艮斋认为，康梁推尊孔子，并非出于认为孔子是至圣，而是出于因顺国情民俗的权宜之计，若如此则对吾儒缺乏神圣信仰。且孔教乃唯一真理，而佛耶二教皆为异端谬误，孔教与二教绝无一体平等之理。对于宗教，艮斋反对权宜性的态度，其信仰至为虔诚，实在可敬可佩。在此，吾人试问：尊奉一家是否必将指他教为异端邪说？在古代社会，尊己教辟他教乃各地通例，然在现代社会，是否应该尊重、包容他教？各教中是否只能有一教为真，而他教皆伪？各教之理在何种意义上可以并存？对于这些问题，艮斋因拘于其时代与环境而无法体认。

二、坚持纲常，反对平等

艮斋主张辟墨、佛、耶等异端的重要原因之一，即为吾儒合乎纲常而异端悖乎纲常。"散录"部分开端即言：

学者，所以经世也。学焉而不忧天下，无宁勿学。此康有为之言，而最为醇正者。然世者，身之用；身者，世之体也。经身之本，尽伦是也，而康以弃君父之瞿昙，视父如路人之墨翟，不拜君父、不祀祖先、不分男女之耶稣，皆为圣人，则彼必奉而行其教矣。经身如此，而遽欲经世，吾知其乱一世，而反为天下忧矣，

---

① 田愚：《艮斋集·私劄》卷之一《辨·梁集诸说辨》，韩国古典综合数据库。

无宁勿学，真自道之言也。①

　　艮斋认为吾儒之纲常神圣，因而教义不合乎吾儒之纲常者皆为异端。瞿昙（佛陀）、墨翟、耶稣乃无君无父、祸乱纲常之异端而绝非圣人，康梁奉其为圣人而行其教，不但不能经身，更会乱世。艮斋之主张于下一段论述更详。

　　梁氏常称孔、耶、佛三圣一体，又称先圣墨子，而谓孟子为孔教中一派。余谓所贵乎圣人者，以其开愚成智，导错归正，而所贵乎学圣人者，以其得于心思，而致诸实用也。今也孔子君君臣臣父父子子，而佛氏逃君父、弃妻子，耶氏何者是吾母，何者是吾弟，则三教之相庚大矣。墨子爱无差等，佛耶人类平等，而孔子有亲亲贵贵诸义，则三教之相庚大矣。佛、耶以不昏为伟人，而孔教以夫妇为人道之始，则交相病矣。欲守耶稣之去祀典，则违于孔子之谨禘尝矣。童男童女自为昏媾，耶氏之教，而必告父母，又孔教之异于此者矣。欲为墨子之不择人而强聒，则与孔子之不愿学者不强，异矣。欲为墨子之裂裳裹足，以救宋难，则异乎孔子之乐行忧违矣。欲学孟子之辟墨，则墨子之兼爱薄葬，不得从矣。欲效耶稣之手拊妇女，则孔教之男女不亲授受，不可学矣。佛氏戒杀，而孔子钓弋。佛耶虽曰戒淫，而男女混处，孔教自七岁男女已使之不共席。佛耶去发以为礼，割肉以饲虎，而孔子身体发肤不敢毁伤。节节互碍，曲曲相悖，则将今年学此，明年学彼耶？抑望前守此，望后从彼耶？吾不知梁氏只管空言而不关实践故然欤？余观其经世立务之说，诚亦不无可取者，然只被本领错杂，恐人心之不服，而事务之难成也。②

---

①　田愚：《艮斋集·私劄》卷之一《辨·梁集诸说辨·散录》，韩国古典综合数据库。
②　田愚：《艮斋集·私劄》卷之一《辨·梁集诸说辨·散录》，韩国古典综合数据库。

任公强调各教各有攸当，不妨同圣，而往往忽视各教之异。艮斋则强调各教"相戾大矣"，若实践一教教义，则必将违背他教教义。尤其是吾儒明君臣、父子、夫妇之大伦，而墨、佛、耶三教或无君无父，或男女杂处，或兼爱薄葬，或弃绝婚姻，或废去祀典，或不择强聒，或毁身利他，这些异教教义皆有悖纲常，吾儒与他教不可并行明矣。这一点正中很多孔教运动者之要害，他们虽认孔子为至圣，但亦不否认他教教主之为圣，他们常常将各教教义相互比附，而完全忽视各教立论基础与思维方式之差异。吾人虽不必赞同艮斋"吾儒是而他教非"之立场，但其质疑确值得宗教融合论者深思。

艮斋特别强调批判西方平等观，极力维护传统纲常。

> 梁氏以孟子保民，为侵民自由权，而曰民者，贵独立者也，重权利者也，非可以干预者也。彼之论民则如此，而其论君也，乃曰箝制之，监督之，屏除之。渠所谓平等，非众人之所谓平等也，乃指倒置为平等也。
>
> （中略）
>
> 梁称其师云：先生悬仁以为鹄，故三教可以合一。孔子也、佛也、耶稣也，其立教条目不同，而其以仁为主则一也。故当博爱，当平等，人类皆同胞，而一国更不必论，所亲更不必论。余谓三教之仁名虽同而实则异矣，如之何其可以合一也？
>
> （中略）
>
> 康梁以平等为第一义，假如国君欲为督制政治，而恶平等主义，群臣屡谏不听，而使康梁是其子也，则将为万众同胞，而戮一父王，以成其学矣乎？如曰父王何可杀也，是父王尊且重，民庶卑且轻，乌在其平等之义乎？可谓进退无据，而手足无措矣。世之尊梁氏者，试加思想而为下一辨。
>
> （中略）
>
> 康、梁皆主平等，故康欲人辟父兄压制，而收养于育婴院，梁以孟氏保民，为侵民自由权，而力主民权，使不受君上压制。

吾不知子弟而苦父兄之压制，则又何故使国民转受政府之压制也？百姓而厌君上之压制，则又何故使国君倒受民权之箝制也？如此则政府尊而人民卑，民权重而君上轻矣。恶在其平等耶？

梁氏于前代帝王，不问如何若何，辄斥其姓名，此又无礼之大者。近时开化辈，上家庭书，直举父祖名衔。夫帝王可名，父祖可名，则更安有上下尊卑之分？佛、耶平等之害，至于如此。①

在艮斋看来，西方平等观的最大问题就在于，平等抹杀了一国与所亲，破坏了纲常秩序，会导致社会混乱，彼等甚至宣扬人民压制君主，子弟压制父兄，这根本就不是平等。诚然，康梁学说常带有空想乌托邦之色彩，如主张天下大同，主张公共育儿等。艮斋对康梁之批评，实为极端保守派对极端激进派之批评，双方对平等之理解皆非的当。艮斋认为不论君父有何过失皆不得违逆之，而康梁主张君父和臣子要绝对平等，甚至不惜尊臣子而卑君父。其实，西方平等观强调的并非每个人绝对平等，而是相同情况予以应相同处理，不同情况应予以不同处理，除非有正当合理之由，否则不得差别待遇。君臣父子平等，并非君臣与父子之权利义务完全相同，而是双方都不能享有不受制约之特权。

诚然，康梁面对当时君臣、父子、夫妇间之极不平等时，确有矫枉过正地主张压制君父之情形，而艮斋则不但从纲常伦理之原则出发，坚决反对破坏现有尊卑秩序，进而还指责此乃逆向歧视。

《游记》记美国妇女之地位有云：西人有恒言曰，欲验一国文野程度，当以其妇人之地位为尺量。又云：凡旅馆凡汽车，以及游乐之具，往往为妇女设特别之室，其华表远过于男室。道中男子相遇，点头而已，惟遇妇人，必脱帽为礼。街中电车，座位既满，一妇人进，诸男必起让座。繁文缛节，如见大宾。此不徒对于上流社会为然，即寻常妇女，亦复如是，此实平等主义实行之

---

① 田愚：《艮斋集·私劄》卷之一《辨·梁集诸说辨·散录》，韩国古典综合数据库。

表证也。

> 平等者，无尊卑之谓也。今梁氏以女尊男卑，位置悬殊，谓之平等。其于君民平等，父子平等，可知也已。①

男性对女性的礼遇在西方被视为一种美德，但这并不能等同于对男性的逆向歧视。时至今日，一些西方国家也未能完全消除对女性在就业等方面的歧视。笔者要再次强调，平等并非绝对的整齐划一，而是绝对平等与相对平等，抽象平等与具体平等，形式平等与实质平等，结果平等与机会平等之有机统一。例如在公厕平等问题上，如果公共场所的男女卫生间面积一样，则必然会造成女卫生间过分拥堵。只有适当增加女卫生间面积所占比例，才能实现男女如厕机会之平等，这也并非对男性的逆向歧视。同理，由于君臣、夫子之实力天然悬殊，对作为强势一方的君父有适当的额外限制又有何不可？但对君父有额外限制也并不表示臣子可以为所欲为，完全不受限制。艮斋出于尊卑等级思维完全排斥平等观念，任公对平等之理解亦很难说毫无偏差。

纲常与政治密切相关，艮斋心目中的理想政治不外传统仁政思想。

> 梁氏论儒教政治自相矛盾之失而曰：试观二千年来，孔教极盛于中国，而历代君主，能服从孔子之明训，以行仁政而事民事者，几何人哉？余谓此乃为自相矛盾之言。何也？夫孔教盛行，则国君必好仁矣。今君不行仁政，而曰孔教盛行。可乎？必也上好仁，下好义，而君民相安，天下无事，乃可谓之孔教行矣。如是则何待民权之犯上乎？譬之一家父慈子孝，固孔教也，父虽不慈，子不可以不孝，亦孔教也。今有不得于父者告之曰：尔父既虎狼于汝，汝则宜备刀铣以御之，为陷阱而待之，不可被其噬也，岂人理乎哉？既立民权以制其君，则又立子权妻权，以制其父与夫，

---

① 田愚：《艮斋集·私劄》卷之一《辨·梁集诸说辨·女尊男卑》，韩国古典综合数据库。

固将沛然矣。于是乎超起之罪，不容诛矣。如曰民于君，妻于夫，义合之人，固当立权以处之，父子则不宜然也。孔子于坤卦文言，以臣弑君、子弑父并言之，则君父恶可以二视哉？①

任公质疑道，孔教盛行两千年来能行仁政之君主寥寥无几。而艮斋反驳说，能行仁政之君主寥寥无几，正说明了孔教不能大行其道，倘若孔教盛行，则君主必能行仁政，而民权亦无犯上之借口。面对现实政治中的种种不足，艮斋的解决方案不是思忖仁政之缺陷并加以弥补，而是力求全面彻底实行仁政。因为在艮斋的心目中，仁政是完美的，现实政治之不完美不但不能证明仁政有所缺失，而只能说明现实政治不符合仁政。而且君臣关系与父子关系同质，臣子绝不能挑战君父之权威，只有坚守纲常伦理，才能使家庭和睦、政治清明。对此，吾人可做如下质疑：君臣关系果与父子关系同质乎？能行仁政之君主几希，则问题究竟出于何处？这是否说明仁政之可操作性差？有何切实可行之方法来督励仁政之实行？追求完美政治是否往往会导致弊政？是否应该接受现实政治不可能完美，而思忖补偏救弊的可行性方案？若君主暴虐，则臣下有何对治之策？君主之权威是否神圣不容置疑？或许艮斋对仁政之看法已异于孟子，以上质疑就算适用于艮斋亦未必适用于孟子，但这些质疑确为近代以来儒学所必须面对的问题。

三、坚持义理，反对功利

艮斋从纲常出发看待社会政治问题的理论依据即为吾儒之义理，而世俗常只着眼于功利而不惜伤害义理，特别是康梁鼓吹墨子之功利主义，为害甚巨。

---

① 田愚：《艮斋集·私劄》卷之一《辨·梁集诸说辨·散录》，韩国古典综合数据库。

（梁：）利，墨子所不讳言也，非直不讳，且日夕称说之不去口，则墨学全体之纲领也。墨子之所以言利者，其目的固在利人，而所以达此目的之手段，则又因人之利己心而导之。故墨学者，实圆满之实利主义也。○杨子教人，勿存心于名誉，是止人为善之毒。

（田：）吾圣人之教，以义为利而已矣，务实远名而已矣。未闻以名利导人也，夫以名利导人，而人心有不私者乎？天下有不乱者乎？梁氏专尚名利，不务实义之心肝，如视诸掌，而其不足以治世，亦已明矣。①

义利之辨乃儒家非常重视的问题，其出发点为避免世人唯利是图，伤天害理，但后世儒者愈加将义与利对立起来，走入死胡同。任公为矫正世人讳言利之弊病而盛赞墨子，这也是时代需求之呼唤。任公对传统义利之辨的质疑是，如果世人皆自戕以坚持义理，那么这样的义理又为何值得坚守呢？而艮斋的反驳为，如果世人舍义理而务功利，则必将导致天下大乱。这里双方又陷入了各说各话之境地，传统义利之辨在近代化浪潮的冲击面前所必须回答的问题乃是，义理之来源为何？义理之正确性是否排斥通过实际效果来检验？而任公等功利主义者要回答的问题为，是否存在短时期内无法通过实际效果来检验的原则？目前为止无法显现效用的原则是否即为无效用？这些问题也是西方伦理学中道德主义与功利主义争论的焦点，任公与艮斋显然尚未进入问题之核心，而徒然于皮毛处大费口舌。

艮斋认为，任公不从义理出发而从功利出发，往往会不惜祸乱纲常以求实利。

梁氏看得天下国家太重，君臣父子太轻，苟利于国，君可以不敬，父可以无孝。此西铭所谓悖德害仁之乱贼，罪不容于法义

---

① 田愚：《艮斋集·私劄》卷之一《辨·梁集诸说辨·散录》，韩国古典综合数据库。

之诛也。孔子称夷齐求仁得仁，孟子论虞帝窃父而逃，皆是重父子兄弟，而轻天下国家者，此乃为圣人之道也。①

谓民可以箝制其君，屏除其君者，为其利于国也。然则苟可以利于家，子于父，妻于夫，皆可以箝制之屏除之。吾故曰梁启超者，只有利害之性，而无仁义之性也。人而不仁不义，则将何所不为哉？②

在艮斋看来，如果为了天下国家之实利而挑战、钳制君父，则必将纲常陵夷，天下大乱。综观任公生平可知，任公并非不孝之子，只是他对于君臣父子关系之理解与艮斋完全不同罢了。任公与艮斋所处之时代，正值东亚传统的道义面临深刻危机，国家社会不得不面对实利问题的危急存亡之秋，二人在义理与功利上的思想冲突正是时代课题之显现。

任公与艮斋之时代与今日相去已一个世纪，但二人所面对的很多问题至今尚未完全解决。任公兼崇多圣，艮斋独尊孔子；任公力倡平等，艮斋维护纲常；任公着眼功利，艮斋坚持义理。二人可谓分处当时东亚知识界光谱之两端。近代以来，传统东亚文明在面对欧风美雨之冲击时的第一反应即为保守抵制，而在惨败于坚船利炮之后又常进退失据、囫囵吞枣。保守派未能虚心汲取西方文明特别是精神文明与制度文明之成果，故步自封，自我陶醉。而激进派矫枉过正，亦未能透彻领悟西方文明的运行机制，东施效颦，邯郸学步，无法将西方文明成果在本地落实。这个问题在艮斋与任公二人面对平等与功利时，显现得尤为突出。艮斋固守传统纲常伦理与旧有社会秩序，而不因应时代变迁思索调整之策；任公无暇探究平等之细节，难免矫枉过正。艮斋固守宋明

---

① 田愚：《艮斋集·私劄》卷之一《辨·梁集诸说辨·劝读西铭》，韩国古典综合数据库。

② 田愚：《艮斋集·私劄》卷之一《辨·梁集诸说辨·劝读西铭》，韩国古典综合数据库。

理学式的义利之辨，很难针对现实问题提出可行性方案；任公为扭转宋明理学讳言功利之弊病而高举功利主义大纛，却全然无视功利主义之缺陷。在此，吾人没有必要嘲笑艮斋、任公二人的时代局限性。吾人应努力超越二人之局限，避免重蹈二人之覆辙，探索东西方文明接榫融合之途径。

学术动态

尼山铎声

群贤毕至　共论仁学

——"新仁学与儒学创新"学术研讨会综述

赵卫东*

2013 年 9 月，中央民族大学牟钟鉴先生《新仁学构想——爱的追寻》一书出版，这是其多年以来对儒学创新积极探索与不懈思考的结晶。作为一位具有浓厚儒家情怀的学者，牟先生对人类命运极为关切，早在 20 多年前就开始探索以儒学创新来解决人类所面临的各种问题。自 1991 年其提出"新诚学"，1993 年提出"新仁学"，到 2001 年提出"儒家新人性论"，再到 2013 年《新仁学构想——爱的追寻》出版，前后经过了 20 多年的时间。该书一面世，便在学术界产生了强烈反响，学者们纷纷撰文加以介绍与回应。

鉴于该书的广泛影响，同时也为了促进儒学的发展与创新，2014 年 4 月 19 日，由国际儒学联合会、中央民族大学哲学与宗教学学院、尼山圣源书院、人民出版社主办的"新仁学与儒学创新"学术研讨会在中央民族大学召开。来自中国社科院、北京大学、清华大学、中国人民大学、北京师范大学、中央民族大学、武汉大学、深圳大学、山东师范大学、浙江省社科院、山东省社科院、人民出版社、光明日报等高校、科研机构和新闻出版单位的 50 多位专家学者参加了这次会议。

开幕式由中央民族大学刘成有主持，国际儒学联合会秘书长牛喜

＊　赵卫东：山东大学儒学高等研究院教授。

平、中央民族大学校长陈理、人民出版社副总编乔还田、尼山圣源书院荣誉院长王殿卿、牟先生等先后致辞。牛喜平在致辞中对牟先生的"新仁学构想"给予了充分的肯定，他认为牟先生及其"新仁学构想"的学术贡献主要体现在五个方面：（一）聚焦核心价值，融合中西之长。（二）在自觉中自信，在批判中继承。（三）生命与学问并行，做人与做事并重。（四）面对社会问题，提出解决之道。（五）践行儒学创新使命，探索儒学创新目标。陈理在致辞中表达了对牟先生学术造诣和探索精神的钦佩，肯定了牟先生对中央民族大学民族宗教学学科建设的贡献，高度评价了"新仁学构想"对推动儒学发展的重要作用。乔还田在致辞中认为"新仁学"主要在三个方面有所突破：一是对各种文化创新方案的落实；二是破除门户壁垒，具有宽广的学术情怀；三是具有强烈的现实关怀。王殿卿在致辞中充分肯定了牟先生对尼山圣源书院创建的贡献，并认为其"新仁学构想"把儒学研究推上了一个新的阶段。最后牟先生在发言中谈到，他非常认同儒家的"明体而达用"之学，自己认为《新仁学构想——爱的追寻》体现了"三要"：一是重要，因为仁学是儒家精华中的精华；二是需要，现代世界文明和野蛮交错，它们的分界线就是"有仁有义还是不仁不义"；三是纲要，要建立一个大的体系，既不符合西方的模式也不符合中国传统经学的模式，只能是一个纲要。

开幕式过后，与会学者紧紧围绕牟先生的《新仁学构想——爱的追寻》，展开了热烈的学术研讨。

第一场学术讨论由中国人民大学张践主持。中国人民大学张立文先生在发言中说，他读过《新仁学构想——爱的追寻》后很受启发，认为该书有以下几个方面的特点。（一）以"和"释"仁"，在仁的内涵上具有创新性。（二）既具有历史的继承性，又具有现实的存在性。（三）"新仁学"提供了一种情理兼具的信仰，具有强烈的人文关怀。（四）"新仁学"具有全球对话性。北京大学许抗生先生认为，《新仁学构想——爱的追寻》具有两个方面的意义：一是它突破了20世纪新儒学的范围，克服了它们的缺陷，抓住了以孔子为代表的儒家的核心价值观。二是以综合创新的原则构建了当代新儒学核心价值学说的第一个仁学思想体系，开创了 21 世纪新儒学发展的方向。中国人民大学宋志明在发言中讲："我读了牟先生这个书，有两个最深刻的印象。我认同两个最基本的概念。第一个概念就是'新'字，第二个概念就是'仁'字。"并进一步谈了自己对"新"和"仁"的理解。武汉大学郭齐勇用八个字来概括牟先生的"新仁学构想"，即"生命儒学，爱人贵和"。他认为"新仁学"具有三个方面的特点：（一）它把仁爱明确指向关爱生命。（二）它对现代化起着补偏救弊的作用。（三）它超越了港台新儒家。韩国首尔大学郭沂在发言中主要谈了自己对儒学建构的想法，他说："我有一个不成熟的看法，我感觉儒学的建构方式基本是沿着两种途径：一种途径是提出和拓展核心价值，另外一种途径是对儒学的核心价值做出论证。"最后，他还谈到，对于当代儒学的发展，虽然学者们提出了很多观点，但基本上不外乎"走出牟宗三"、"引进马克思"、"取法现代西方哲学"、"基于传统中国哲学"等四个方面的思路。山东师范大学王钧林在发言中提到，古人讲立德、立功、立言"三不朽"，而牟先生做到了其中的两个，即立德与立言。同时他强调，儒家所讲的"仁爱"，除了有"爱人"的一面外，还应该包括"爱己"，而且从某种意义上讲，"爱己"比"爱人"更重要，因为一个人首先做到了"爱己"，才能真正做到"爱人"。中国社会科学院李存山充分肯定了牟先生构建"新仁学"的三种方法，即返本开新、综合创新、推陈出新。他认为，牟先生对这三种方法的灵活运用，对于我们研究儒学，对于儒学的创新和发展，对于儒学的复兴，具有非常重要的借鉴意义。北京大学张学智认为，牟先生《新仁学构想——爱的追寻》有一个突出的特点，即综合创新，这主要表现在两个方面：第一，牟先生把古今中外融为一体。第二，牟先生的学问是以儒学为中坚，以佛道为两翼，儒释道三教兼修，在此基础上，又对墨、法等各家有所吸收，最终形成了《新仁学构想——爱的追寻》一书，把现代儒家的理论推进到了一个新的高度。北京师范大学李景林谈了自己读《新仁学构想——爱的追寻》后的两点感想：（一）"新仁学"表现了中国哲学研究领域的一种方向性变化；（二）牟先生抓住了仁这个主题，又特别强调生命哲学。

第二场学术讨论由韩国首尔大学郭沂主持。中国社科院赵法生认为，"新仁学"对于儒学思想史具有三个方面的意义：（一）它为当代儒学的复兴提出了一个全新探索；（二）它回归了生命本身；（三）它情理兼容。中国社科院余敦康先生在发言时，首先介绍了自己与牟先生几十年的友谊，以及自己治学的历程，并认为牟先生"新仁学"的建立，标示着他从一个哲学工作者，提升为了一个具有自己严密哲学体系的哲学家。最后，他鼓励在座的中青年学者，大胆提出自己的想法，建立自己的哲学体系，积极推动中国哲学的发展与创新。北京市委党校王志捷在介绍了牟先生一生的学术贡献后，谈了自己对"新仁学"的三点看法：（一）"新仁学"为"明体达用"之学；（二）"新仁学"具有综合性与开放性；（三）"新仁学"把情与理融为一体。浙江大学彭国翔把《新仁学构想——爱的追寻》定位为"文化哲学论纲"，并建议牟先生从中国哲学建构的视角来思考"新仁学"的问题。中国社科院陈静认为，《新仁学构想——爱的追寻》是牟先生的一个"爱的表达"，畅达了爱的精神，其中充满了他对中国文化，对孔子真精神，对中国人当下和未来的生活，对天下苍生，甚至是对我们生活的世界和地球的爱。浙江社科院吴光谈到了自 20 世纪 80 年代以来他对"新仁学"的关注，介绍了其一直在倡导和构建的"民主仁学"，并认为"新仁学"应该多关注一下"民主仁政"的问题。深圳大学的景海峰认为，《新仁学构想——爱的追寻》有三个方面的特征：第一，它是 21 世纪新儒学的宣言；第二，它极准确地把握住了当前儒学所面临的问题；第三，它对现实的问题有很真切的思考。山东社科院涂可国认为，牟先生的"新仁学"不仅对仁作了重新诠释，而且还对儒家仁学进行了重建，对于推进儒学的发展和普及具有重要作用。北京大学干春松在充分肯定"新仁学"的同时，向牟先生提出了两个疑问：第一，"新仁学"吸纳多种资源以后，如何融为一体？第二，以"新仁学"来处理所有的社会问题，如何解决"同病异治，异病同治"的问题？

第三场学术讨论由刘成有教授主持。山东师范大学赵卫东认为"新仁学"具有三个方面的特点：第一，问题意识强烈，视野极为广阔；

第二，构建方法与系统本身具有开放性；第三，具有多个方面的理论与学术创新。中国人民大学韩星谈到，"新仁学"具有三个方面的特征：（一）以仁为核心，提出了三大命题和十大专论；（二）特别强调仁学的现实作用；（三）主张以温和之道来解决问题。除此之外，为了使"新仁学"构想更加完善，他还提出了自己的一些思考。韩国首尔大学金光义介绍了当前韩国儒学研究的基本情况，并提出要把《新仁学构想——爱的追寻》推荐给韩国年青学者。中国人民大学彭永捷从新儒学、新原道、新哲学、新人学、新史学等五个方面充分肯定了"新仁学"的学术价值。《新华文摘》杂志社王善超对"新仁学"作了高度评价，认为它做到了学科自觉、方法自觉和问题自觉。中央民族大学孙宝山对"新仁学"作了两点回应：第一，高度评价了牟先生重视"以通释仁"的卓识。第二，充分肯定了牟先生对日本儒学的评价。人民出版社段海宝认为，牟先生该书具有语言精练凝短、治学会通百家、综合中有创新等三个方面的特色。

特　稿

尼山

铎

声

改革开放以来儒学大事记

王殿卿 *

前言：文化兴衰　政府有责

　　为纪念国际儒学联合会成立二十周年，回顾它成立前后 30 年的儒学发展现状，笔者编辑了 1979 年至 2014 年有关儒学教育普及工作的部分资料，分成 4 个部分，按照先后顺序整理如下，以此献给海内外信奉和关心儒学的同道。

　　众所周知，从 19 世纪末到 20 世纪末的百年之中，儒学所遭遇的困境，是历史空前的，为摆脱这种困境，已有几代仁人志士为之献身，世界各国各地的汉学家，也同时作出了可歌可泣的成就。当人类在 21 世纪，重新燃起复兴儒学薪火之时，又不约而同地把希望的目光，投向儒家文化的故乡，孔子与儒学若不能在它的故乡立足、应用与发展，何以走向世界！正是出于这个前提，笔者挂一漏万地编辑了这系列的资料，其中重点介绍了国际儒学联合会的相应活动。

　　20 世纪 70 年代之末，"文革"浩劫之后，整个 80 年代，是在"拨乱反正"中，给孔子与儒学"平反"恢复名誉的十年；到 90 年代，当中国在"改革开放"之中，选择走自己的路之后，儒学随着中华文化

＊　王殿卿：北京东方道德研究所名誉所长。

一同，让国人有了新的认同，这是儒学开始新生的十年；进入 21 世纪的前十年，儒家思想在政治、经济、文化、教育、外交、生态等等领域，开始被广泛启用，逐步走进公立与民办教育的课堂，进而大步走向世界，这是儒学重新站立起来的十年；我们正处在 21 世纪的第二个十年，大家已经从习近平主席一系列重要讲话中，深深感觉到，在实现"中国梦"的历史进程中，儒学必将随着中华文化的伟大复兴而复兴。

在中国大陆，30 余年儒学再生与发展，大致来自四种力量，一是政府的重视和推动，二是知识界和学术团体的研究，三是民间的读经与生活实践，四是"礼失而求诸野"来自东亚、东南亚，以及港澳台儒学理论研究、教育推广实践的成果与经验。既有自上而下推动，又有自下而上的促进，还有来自海外的横向参照，这就逐步形成了一个交错互动，合力推进儒学新生与发展的新局面。

文化兴衰，政府有责。政府的文化作为，在很大程度上，取决于政府首脑的文化自觉、自尊与自信，取决于他们本人的文化积淀、情怀、修炼与担当。因为广大的中国人民，对于自己的文化，是天然的守护神，他们每个人的血液里，所流淌的是中华文化的基因，是中华文化使他们成为中国人，人民永远不会叛变自己的文化。因此，凡是得民心的政府，都是效忠中华文化的政府，凡是一心为人民的政党与领袖，都是弘扬中华文化的旗手。政府及其首脑，肩负着中华文化兴衰的使命，没有文化担当的政府，会自觉不自觉地沦为"去中国化"的工具。

20 世纪 80 年代以来，中国党和政府，对于复兴中华文化，是在自觉与不自觉，有所作为与不作为，克服种种矛盾之中步步前行，能够有今天的文化觉醒，实乃中华民族之幸。

儒学，是中华文化的重要组成部分，弘扬与复兴中华文化的一切理念与行动，都包含了对于儒学的认同、应用、推动和发展。

拨乱反正　孔子与儒学新定位的十年（1979—1989）

任何一个民族，都是一种文化的存在。真正意义上的亡国灭种，是文化的消亡。1840 年鸦片战争后，沦为殖民地、半殖民地的中国，也面临 5000 年文化消亡的威胁。

在一百年前的新文化运动中，孔子与儒学，就被定为旧文化的代表，逐步成为被质疑、批判、否定、打倒的对象。"文革"期间，又遭到"史无前例"的"彻底砸烂"。百年中华文化的历史命运，与中华民族历史命运紧相连。人间正道，物极必反。国人开始痛心疾首地反思，从历史过错中寻求历史教训，逐步擦亮走向光明的眼睛。然而，为中华文化恢复元气，为孔子与儒学"拨乱反正"，让国人再次挺直自己辉煌文化的脊梁，极其艰难，需要一个较长的历史时空。1978 年之后，一些对于中华文化仍有情怀，身居国家上位的人士，举起了为孔子与儒学"平反与正名"的大旗。

据中国社会科学院余敦康教授说，"文革"结束后 1978 年夏天，因外国访客要参观"三孔"，时任国家副主席的李先念，提出给孔子平反，要求学者，写一篇给孔子平反的文章。中国社会科学院的庞朴先生，受命写了"孔子思想的再评价"，发表在 1978 年第 8 期《历史研究》上，称孔子是一位"博学者、教育家、思想家"，揭开了从学理的角度重新评价孔子思想的序幕。

这在教育界最先引起反响。年初的中学课本仍称"反动的孔老二思想"，此文发表之后，新学年秋季开学使用的教科书，改为"孔子的反动思想"，去了"孔老二"，仍留"反动"。1979 年，孔诞 2530 年，十一届三中全会之后，改为"孔子的思想"，去掉了"反动"。

1979 年，胡耀邦批准，修复"三孔"，建议成立孔子基金会。

1983 年，时任全国政协主席邓颖超，由时任山东省委书记苏毅然陪同，特意到曲阜视察。

1984 年 9 月，中央书记处决定成立孔子基金会。在邓颖超的举荐之下，由谷牧出任名誉会长，匡亚明任会长，国务院予以拨款，用于学术研究，修复"三孔"，建设曲阜孔子博物馆。

由于历史的阴差阳错，对于孔子与儒学的认识与评价，见仁见智，尤其是，长期以来"全盘西化论"以及"单线进化论与阶级论"的思维模式影响，令人难以给予孔子与儒学以全面公正的评价。对此，谷牧会长率先打破此种认识上的僵局，提出"我们研究孔子，应当坚持和提倡以马列主义，毛泽东思想为指针，同时，也要尊重他人用其他观点和方法获得的有科学价值的成果，贯彻'双百方针'欢迎不同观点的讨论，繁荣有关孔子的学术研究"。

就在这一年，谷牧先生指出："有许多人认为，中国两千多年的封建社会，经济发展不快，就是因为吃了这位老夫子的大亏，这是第一种看法。当代国外又有与此相反的第二种看法，认为世界二战后经济发展快的，多是儒学影响较深的国家和地区，被提到的有日本、韩国、新加坡、我国的台湾和香港地区，近几年来大陆也被列入这个名单。"

谷牧先生提到的"第一种看法"，正是 100 年前，马克斯·韦伯的两本书，1905 年出版的《新教伦理与资本主义精神》、1915 年出版的《中国的宗教——道教与儒教》所持的观点，他认为，中国近代以来，之所以贫穷落后，不能很快发展市民社会，是因为儒教与道教，没有像西方那样的宗教改革，进而成为中国社会发展进步的精神桎梏。这两部书出版的时间、观点与方法，与五四前后"打倒孔家店"的思潮，是十分契合的。也就逐步成为中国一部分知识精英的认识"工具"，以致成为否定与批判中华文化的理论依据。

谷牧先生指出的"第二种看法"，是用历史事实，宣告以马克斯·韦伯为代表"西方中心论"的历史局限性。为当代国人逐步摆脱来自西方的思维定式，扔掉西方送来的"鞋拔子"，真正"卸下镣铐跳舞"，实现新的思想解放，认清儒家思想的当代价值，寻求走自己的路，开出了全新的思路。

30 年后的今天，回忆谷牧先生的观点，更感其睿智与亲切。只有坚持他这种文化观念的人，才能够成为推动儒学发展，实现儒学当代价值的领路人。

1984年，孔诞2535年，孔子的77代嫡孙女孔德懋、76代孙孔令朋，都被指定为全国政协委员。

1985年，在曲阜举行的，全国儒学学术研讨会上，第一次从学术上给孔子平反，称之为"教育家、哲学家、政治家"。

1986年，孔子基金会创办了《孔子研究》，为推动海内外儒学与中国传统文化研究，提供了学术平台。

1987年，孔子基金会与新加坡东亚哲学研究所，在曲阜联合主持召开了，首次在孔孟故乡——中国大陆召开的儒学国际研讨会。

1988年10月，在联邦德国的首都柏林，召开第二次儒学国际研讨会。

1989年10月7日至10日，由中国孔子基金会与联合国教科文组织联合举办的孔子诞辰2540年盛大纪念会和学术研讨会在北京召开，20多个国家300多位代表出席了本次会议。国务院副总理吴学谦出席会议，政协副主席谷牧在会上致辞，江泽民接见部分与会学者，并发表重要讲话，"中国古代有孔子这样一位思想家，我们应引以为自豪。孔子思想是很好的文化遗产，应当吸取精华，去其糟粕，继承发扬"，表明中央对于中国传统文化的新关注与新态度。其后，谷牧会长，也在一些场合，旗帜鲜明地指出，孔子是"杰出的思想家、伟大的教育家、著名社会活动家"，"是公认的世界古代思想文化巨人"。

这是十年来，从给孔子平反，到给孔子及其思想新定位，是具有重大时代意义的历史新标志。尽管当时对于孔子及其思想如此评价，"合者甚寡"，阻力重重，但它为孔子及其思想，在中国大地上重新站立起来，发出了合法性的呼声。就在当年，曲阜开始设立国际孔子文化节，恢复了中断多年的祭孔仪式，就是一种具体回应。

这十年，是"拨乱反正"的十年，也是思想文化领域激烈论争的十年，更是国人寻求中国向何处去的十年。贯穿十年的"东西方文化比较热"，是以丑化与否定中华文化为前提与代价，用"蓝色文明"取代

"黄色文明"，进而效法"多党制""三权分立"，以达至全盘西化的一场文化比较热。可见，文化选择的背后，是一种社会政治制度的选择。在如此文化大比拼的背景之下，能够有以上为孔子平反，摘掉侮辱孔子的顶顶"帽子"，并说孔子是值得国人自豪的思想家，修复"三孔"，修建孔子博物馆、成立研究儒学的组织，恢复民间祭孔，开展学术研究以及国际学术交流，充分表明执政者一种坚定的政治勇气与治国安邦的新智慧。

这一系列的举措，开始在学校教育与社会舆论中，逐步消减孔子与儒学的负面形象，然而，要抚平接受过"批孔"、"反孔"教育的那一代，心灵深处的"文化内伤"，清理"文革"的阴影，尚需时日。尽管如此，这一段艰辛的"拨乱反正"，为以后儒学的研究与发展，奠定了基础。我们要怀念与感谢李先念、邓颖超、胡耀邦、江泽民等，那一代国家领导人，更要怀念谷牧先生，他为建立孔子基金会和后来建立国际儒学联合会，推动儒学的研究与发展，做出了永垂千古的历史贡献！

走自己的路　孔子与儒学新生的十年（1990—2000）

20世纪最后的十年，面对80年代西方文化热，中华文化继续被丑化，造成了思想混乱与民族自信心的失落，中央领导从大学生开始，引导社会"找回文化自我"，振奋民族精神，继承中华传统美德，走自己的路，建设有中国特色的社会主义。正是在如此"天时"的背景之下，孔子与儒学被提上时代发展的议程，开始了新生。

（一）继承优良传统、振奋民族精神

1990年3月，江泽民在中南海怀仁堂，与北京大学学生代表座谈时说："任何一个民族都有自己的传统。我们中华民族所以能在世界屹立五千年，就是因为我们有着优秀的民族传统和民族精神。"

1991 年 12 月 19 日，江泽民在厦门大学与师生座谈时说，广大青年是我们社会主义事业的接班人，是祖国未来的建设者，对他们要经常进行马克思主义基本理论教育，同时也要经常进行我们民族的优良传统教育。例如，孟子的"富贵不能淫，贫贱不能移，威武不能屈"，文天祥的"人生自古谁无死，留取丹心照汗青"，林则徐的"苟利国家生死以，岂因祸福避趋之"，等等，对于激励人们的爱国热忱是很有作用的。应该说，这些话都是我们民族文化中一些富有哲理，教人正直、忠贞、有抱负的名言。学习和掌握它们，对于自己立身行事，为国家、为人民建功立业，是会受益匪浅的。

1993 年春，江泽民提出了体现中华民族优秀文化传统的 64 个字的创业精神。"解放思想，实事求是；积极探索，勇于创新；艰苦奋斗，知难而进；学习外国，自强不息；谦虚谨慎，不骄不躁；同心同德，顾全大局；勤俭节约，清正廉洁；励精图治，无私奉献。"

（二）走自己的路、以中华文化为根

20 世纪末，一些当代政治家、思想家在纵观世界大势的前提下，对于 21 世纪的东亚社会与文明的广阔前景，作出了比较乐观的判断。

1990 年，邓小平在《振兴中华民族》一文中指出：现在世界上有人讲"亚洲太平洋世纪"。亚洲有三十亿人口，中国就有十一亿多。所谓"亚洲太平洋世纪"，没有中国的发展是形不成的……下一个世纪中国很有希望。

1991 年，苏联和东欧先后解体，给中国人"以俄为师"画上了句号。于是，中国向何处去？再次要求每个中国人做出选择。有一种主张，是从经济体制、政治制度、文化模式等"全盘西化"；另一种主张，是"走自己的路"、建设有中国特色的社会主义。

1992 年邓小平同志的南方谈话和党的十四次代表大会，代表中国人选择了邓小平的理论，坚持走自己的路，建设有中国特色的社会主义。邓小平同志提出研究"亚洲四小龙"实现社会现代化的"东方模式"，指引国人思考与研究东方文化与"东方模式"、中国文化与"中国模式"之间的内在联系，也就是研究民族文化在实现社会现代化中的特殊价值。于是，中国人、外国人开始重新反思与对待中国的文化，季羡林、张岱年等学者指出，中华文化的历史命运，将会有新的转折，中华文化将会成为走自己的路和有中国特色的精神原动力和价值支撑。

1993 年，中国当代东方学学者，北京大学季羡林教授预言："三十年河东，三十年河西，21 世纪将是东方的世纪，东方文化在世界文化中将再领风骚。"

1993 年，江泽民在会晤美国总统克林顿时指出，"亚太地区曾经对人类文明作出过杰出贡献，现在又是国际社会十分重视的地区，在世界政治和经济中的地位不断上升。……亚太地区各国人民将共同努力缔造更加美好的亚太新世纪。"

20 世纪 80 年代青年知识分子的思想历程，成为 90 年代大学生的"前车之鉴"。进入 90 年代，大学生中的"西方文化热"开始急骤降温，并逐步转向了"东方文化热"。在一些著名大学里，80 年代讲西方思潮的课堂是门庭若市，90 年代却是门前冷落；相反，讲中华民族优秀传统文化的课堂和"国学"讲座，却场场爆满。

1993 年 8 月 16 日，《人民日报》发表了一整版，题目是《国学在燕园悄然兴起——北京大学中国传统文化研究散记》。"国学热"这个概念是张岱年先生提出的。90 年代初大家对国学逐步重视起来，首先是在北大，北大是先锋。北大在 1992 年建立了北京大学中国传统文化研究中心；1993 年 5 月出版了《国学研究》（年刊）；开始筹建"国学研究院"。到金秋时节，北大学生开展了"国学活动月"、季羡林、邓广铭、张岱年、侯仁之、阴法鲁等国学大师们为大学生开了"国学研究讲座"，在北京大学掀起了"国学热"。1994 年北京大学部分研究生，组织了"爱心社"。1995 年北京大学的部分学生又发起了"修身运动"。历来领导思想文化"新潮流"的北京大学学生的"国学热"，表明 90 年代中国学生的思想文化热点已从西方转向了东方，对自己民族的优良文化传统寄予了无限的期待。这种从西方文化热向东方文化热的"转移"，不仅是青年知识分子对自身思想发展脉络反思的成果，而且是与党和政府倡导发扬中华民族优秀文化传统相共振的思想走向。

在北京大学的带动下，几乎在所有中国的大学里，都相继出现了"国学热"。清华大学、华中理工大学等学校设立以中国优秀传统文化为主的"人文讲座"；北京师范大学、东北师范大学等学校设立"古代经典导读"和"传统与现代"讲座；首都师范大学、南开大学、南京大学、清华大学、北京工业大学、华中理工大学、西北大学、北京青年政治学院等学校，先后为大学生们开设了《中华伦理》、《传统美德与现代人生》、《中华道德修养论》、《中国古代人生哲学》、《中国传统道德》等必修课或选修课，收到了明显的教育效果，受到了社会广泛的肯定。大学生们开始认识到，悠久的历史、优秀的文化、深厚的传统，塑造了中华民族的性格与灵魂，造就了一代代志士仁人、民族的英杰。一个对于自己国家和民族的历史、文化、传统知之甚少，乃至一无所知的人，就不可能对自己的国家和民族产生深厚的情感，也就难以为国家富强、民族复兴负起责任。在跨世纪的一代大学生中，中华民族五千年的智慧与文明取得了新的认同和自信，伟大的"中国精神"又在他们身上得到弘扬与光大！

1994 年初，江泽民同志在全国宣传思想工作会议上，明确提出："我们民族历经沧桑，创造了人类发展史上灿烂的中华文明，形成了具有强大生命力的传统文化。我们要取其精华，去其糟粕，很好地继承这一珍贵的文化遗产。"

1994 年 10 月 5 日，由中国孔子基金主办的"孔子诞辰 2545 年纪念与国际学术讨论会"在北京举行，来自世界 20 多个国家和地区的近 300 位学者参与学术活动。会上，由中国孔子基金会、中华孔孟学会、韩国儒教会等组织联合发起，在北京人民大会堂成立了国际儒学联合会。中国全国政协主席李瑞环、国务院副总理李岚清、中国孔子基金会名誉会长谷牧出席会议并发表重要讲话。会议期间，国家主席江泽民接见会议部分代表并合影留念。会议选举产生第一届理事会，推举谷牧先生为会长，新加坡内阁资政李光耀先生为名誉理事长，韩国崔根德先生为理事长。从此，在中国历史上，有了第一个，以研究儒学思想，继承儒学精华，发扬儒学精神，以促进人类之自由平等、和平发展与繁荣为宗旨，推动儒学研究与传播的国际组织，表明中国政府礼失而求诸野，借鉴"亚洲四小龙"的经验，推动儒学走向世界的心愿。

1995年8月3—8日，中华孔子学会和北京市平谷县人民政府联合召开了"儒家思想与市场经济国际学术研讨会"。来自中国、日本、美国、德国、韩国、马来西亚、越南、菲律宾等国家和中国台湾、香港、澳门地区的专家、学者、企业家共计150多人参加了大会，提交论文130余篇。

大会开幕式在人民大会堂隆重举行，国务院副总理李岚清同志向大会发来贺信，国家教委副主任张天保，全国人大常委、著名学者任继愈，孔子的后裔、全国政协委员孔德懋等到会祝贺，一些国家的驻华使节以及联合国教科文组织等有关国际组织的驻华代表也参加了大会。中华孔子学会会长张岱年教授致开幕词。研讨会采取大会发言、学术报告、分组讨论等形式进行。海内外新闻媒体极为关注大会的召开，纷纷报道会议开幕的消息，《北京日报》理论部还编发了"研讨会专辑"。大会取得圆满成功。

目前，我国正在逐步建立和完善社会主义市场经济体系，物质文明和精神文明建设都得到长足的进步。在这个大背景下，以儒学为核心的中华民族传统文化与市场经济的关系问题，成为学术界热门话题之一。对这一问题的探索，无疑会进一步提高人们对传统文化资源的认识，从而促进社会主义市场经济的发展。与会代表紧紧围绕儒家伦理道德与市场经济的关系、儒家思想与现代企业管理、儒家天人合一思想与环境保护、儒家人格修养理论与当代儒商的塑造、儒家思想与东亚地区经济增长的关系等问题展开了热烈的研讨。

李岚清副总理的贺信内容如下：

得悉"儒家思想与市场经济国际学术研讨会"在京开幕，谨致热烈祝贺。以孔子学说为代表的儒家思想是中华民族传统文化的重要组成部分，其中的许多观点在今天仍值得学习、继承和发扬。希望这次研讨会，能结合时代发展的新特点，为弘扬中华民族优秀文化传统，为促进我国的社会主义现代化建设作出积极的贡献。

1995 年 9 月 11—22 日，中华孔子学会副会长、孔子 77 代嫡孙女孔德懋女士随同中国和平统一促进会一行十人，前往台湾进行为期十天的两岸文化交流活动。9 月 12 日，在台北举行的海峡两岸文化交流开幕式上，孔德懋女士做了题为"弘扬中华文化、促进两岸交流"的演讲。她说："从孔夫子到孙中山两千多年积累起来的优秀传统文化，我们中华儿女应该不分地域、不分党派，认真的努力学习、继承和发扬。"孔女士列举大量孔子《论语》原文，说明"中华各族儿女共同创造的灿烂文化，始终是维系全体中国人的精神纽带，也是目前促进两岸文化交流、人民往来和祖国和平统一的一个重要基础"。她的演讲受到与会者一致赞同和热烈欢迎。

孔德懋女士是有生以来第一次到达台湾。在台湾期间，她与居住在台北的胞弟孔德成先生进行了多次家庭聚会。

1996 年 5 月 16—19 日，由北京东方道德研究所、首都师范大学中华伦理研究室和南京大学东方道德研究中心联合举办、北京青年政治学院具体承办的"儒家伦理与公民道德"国际学术研讨会在北京市房山区韩村河村召开。来自日本、新加坡、韩国等国，中国香港地区和各省市的近百位专家出席，会上发表的 35 篇论文，会后编辑成集。中华孔子学会会长北京大学张岱年教授、中国社会科学院杨向奎教授、中宣部原副部长徐惟诚先生、中国人民大学校长李文海教授、中国伦理学会会长中国人民大学罗国杰教授、清华大学思想文化研究所所长张岂之、钱逊教授等国内著名学者，以及香港中文大学刘国强、梁元生和新加坡南洋理工大学王永炳，日本学者王敏等，海内外专家学者，围绕儒家思想与现代社会，儒家伦理的现代转化，儒家伦理在现代公民道德教育中的价值，当代公民道德教育的目标、内容、途径与方法，对近现代儒家伦理历史命运的反思及其未来历史价值的展望等议题，进行了深刻的论证，从理论与实践相结合的高度，阐发了儒家伦理在建设现代公民道德中的重要价值与实现的路径。学者们认为，在人类迎接 21 世纪的今天，对新一代国民进行公民道德教育，受到各国政府和民众的普遍关注。人类所向往和追求的理想社会，应当是物质文明和精神文明协调发展的社会，是天下为公、世界大同的伦理社会。实现这种理想的社会，要靠法律，更需道德。作为一个公民，道德"主内"、法律"主外"，只有"自律"意识和能力比较强的人，才能成为一名素质较高、真正自由的合格公民；作为一个国家，如果新一代公民没有受到良好的道德教育与训练，整体道德素质不能得到提升，那么，法制的大厦就有可能失去社会道德的支撑，即使有再多的法律、警察和监狱，也难以维系社会的长治久安。这是因为，"道之以政，齐之以刑，民免而无耻；道之以德，齐之以礼，有耻且格"。注重"法治"、更重"德治"，主张"以德为本"、"以德齐家"、"以德治国"，"为政以德"，是中国古代儒家的治国方略。这种东方智慧的结晶，至今仍然有它一定的弘扬价值。

这次国际学术研讨会，离开现代化的大城市，来到当代中国的新农村，在农村里召开这样的国际学术会议，少有先例。如此内容的国际研讨会，也是近现代以来，在中国大陆上的第一次。

1997 年 6 月 16—19 日，新加坡国立大学中文系汉学研究中心主办，国际儒学联合会协办的"儒学与世界文明国际学术会议"，在新加坡举行。大会主旨，是要把儒学作为世界优秀文明之一来研究和提倡，并且把儒学研究当作与世界不同文明进行对话的过程。

来自世界各地与新加坡的学者，为大会提供了一百多篇精彩的论文，不仅研究古代儒家的理论及其发展的历史，而且也探讨近代和现代的儒家思想，并发展和创造适应现实与未来的儒学新思想；不仅研究中国、香港和台湾地区的儒学，也研究俄罗斯、印尼、日本、越南、马来西亚、新加坡及世界各地儒家传统及学说对当地的社会文化及华人社群的影响。有的学者从世界文明最新发展的角度去尝试创造新的方法、开辟新的路径。

1997年6月10日，全国人民代表大会副委员长、国际儒学联合会会长谷牧，致贺词：我听说贵校主办"儒学与世界文明"国际会议，不胜欣慰。

> 孔子所创立的儒学，是中国传统文化的重要组成部分，也是世界人类文化的瑰宝。儒学中不少思想并不因为时代的变迁而失去理论价值，比如儒学中关于人际和谐、人与自然和谐的思想，可以说是一种历久弥新的大智睿识，在今天仍然具有重要的启迪作用。
>
> 近几十年来，随着东亚经济的崛起，儒学受到世界上许多学者的关注。但无论从中国和世界来看，现代多数人尤其是青年人对儒学思想所知甚少。因此加强儒学的研究和宣传很有必要。
>
> 诚邀出席盛会，心实向往。然遵医嘱，不便远行。谨祝大会圆满成功，并祝与会学者身体健康！

国际儒学联合会常务副会长宫达非以"儒学研究要有世界意识"为题致辞，他认为，提倡儒学研究的世界意识，并不是说要用儒学去包治世界百病，这是不可能的。但是在医治人类社会的弊病，使人类社会和平发展，建立公平、正义的世界新秩序方面，借鉴儒家文化的精华，是有积极的现实意义的。

西方的国际政论专家提出"文明冲突论"，认为儒家文化与伊斯兰文化，是对抗西方文明的主要力量，是21世纪国际冲突的根源。他们提出要使用科学宣传手段，以他们的文化来统领世界。这是新形势下一种新的"文化霸权主义"。而我们赞成文化的多元化和中西方文化的互相融合。儒家文化具有包容精神，儒学精华的弘扬不会排斥其他文明，只会丰富世界文化，给世界带来和平和安宁。

"世界大同"、"天下为公"不仅是儒家的社会理想，也是人类共同的美好理想，不论是发展中国家还是发达国家，都向往"大道之行也，天下为公"的大同社会，"大道者，人类共生共存之原理也"。天下大同，不仅强调人类社会的正义与公平，而且强调和平共处、公平发展——和平与发展，正是当今世界的主题。

哈佛大学燕京学社杜维明教授，以"新儒学论域的开展"为题发表主题演讲，重点介绍了在启蒙心态的笼罩之下，五四运动以来新儒学思潮的大趋势。他指出，"50年代坚信西方的过去就是中国未来的台湾学者，完全接受西化是现代化中唯一可选择的命题。具体地说，第二次世界大战以后，美国文化已经成为西化的典范，向美国学习便是民族自救的康庄大道。这一抉择和大陆向苏联一面倒的策略形成了非常鲜明的对比。不论是社会主义还是资本主义都是西学东渐的结果。30年代的中国知识分子就已明确指出现代化并非就是西化。但60年代的台、港西化派，主动自觉地认西化为现代化的唯一取向，到了80年代在中国大陆以《河殇》为代表的政治抗论，还是露骨地提出像黄河必须流入蓝色的海洋一样，中国的彻底西化是势在必行"。

他认为，"通过文明对话来思考全球伦理是我们不可推却的思想天职。儒家人文精神的涵盖性可以开拓启蒙心态所标示的人类中心主义的价值领域，也可以丰富启蒙心态所突出的理性的资源，这点我深信不疑。但我也有自知之明，儒学第三期发展的文化事业要靠文化中国、儒教东亚乃至全球社群中有志融会东西的公众知识分子共同来缔造。这个文化事业现在才刚刚起步，所谓创业维艰正是这个意思"。

以上，是国际儒学联合会成立以后，三年内连续召开的这三次会议，从市场经济、公民道德和世界文明对话，不同视角，研讨了儒学现代发展的时代价值与历史使命，极具方向性与代表性。

（三）开发儒家伦理、推动道德教育和建设

1993年，中共中央制定了《关于中国教育改革与发展纲要》

1994年中共中央，《关于爱国主义教育》和《加强改进学校德育》

1995年颁布的《中华人民共和国教育法》

这一系列的文件与国法，都对继承和发扬中华民族优秀文化传统作出了明确的规定。从此，接受中华民族优秀文化传统教育，成为每个公民的权利；对学生进行中华民族优秀文化传统教育，也就成为每位教育工作者的义务。

1995 年年底，由李岚清同志主持，教育部具体组织实施，罗国杰教授主编的《中国传统道德》一书正式出版。这是新中国成立以来第一次集中国内一流学者，对中华民族传统道德资源，儒家伦理所进行的大规模开发。李岚清同志在此书的序言中指出："继承和弘扬中华民族传统美德的根本目的，在于结合革命传统教育，更加振奋我们的民族精神，增强中华民族的自尊心、自信心、自豪感和凝聚力；在于使社会主义道德具备更为丰富的内涵；在于更好地协调人际关系，促进社会主义市场经济的健康发展；在于使社会主义、集体主义、爱国主义思想更加深入人心，成为社会主义文化思想的主旋律，并形成适应现代社会发展，有中国特色的价值观和伦理道德规范。"他还指出："《中国传统道德》可作为德育的参考教材，在学校试用一段时间，收集一下各方面的意见和反映，然后再组织力量，在此基础上编写出适合各级各类学校学生使用的教科书。"

1997 年 6 月，李岚清在第六次全国高校党建会和全国中小学德育工作会议上强调利用革命传统和我国优秀传统这两种特有的德育资源，对青少年进行教育；吸收世界的先进文明成果，丰富和完善有中华民族特色、体现时代精神的价值标准和道德规范。他讲：中华民族五千年的传统文化，犹如一座繁花盛开的百花园。文献典籍浩如烟海，思想智慧取之不尽。我国传统道德精华及其一贯思想，就是强调为社会、为民族、为国家、为人民的整体主义思想。这是我们区别于西方伦理道德传统的一个重要特点和优点。……范仲淹提倡的"先天下之忧而忧，后天下之乐而乐"，文天祥认为"人生自古谁无死，留取丹心照汗青"，顾炎武提出的"天下兴亡，匹夫有责"等等，这是思想道德修养和品格情操的最高境界，这种民族精神在中国历史上曾经哺育了无数志士仁人，为国家和民族作出了巨大贡献。他还指出，在中国古代哲学中还有丰富的唯物论辩证法思想，《老子》中的"有无相生，难易相成"。《庄子》中的"一尺之干，日取一半，万世不竭"。《孙子兵法》中的"兵无常势，水无常形"、"知己知彼，百战不殆"。《神灭论》中对"神不灭论"的科学批判等等，都含有丰富的哲理。中华民族丰富的优秀传统文化宝库，在世界上是独一无二的。其实马克思主义的一些基本原理，如唯物论、辩证法，甚至朴素的唯物论辩证法，中国自古有之。所以我们在对青年进行马克思主义教育的同时，也要讲我国历史上对哲学所做的贡献。这样真理就能够深入人心，使马克思主义教育与爱国主义教育更加密切地结合起来，有利于增强学生的民族自信心、自尊心、自豪感。

1997年，教育部组织专门力量，由北京师范大学贺允清教授，主持编写了《中国传统道德》的小学和中学读本。该书采用连环画、讲故事的方法，将传统美德古奥的文字表达和深刻的道理化为小学生喜闻乐见的浅显形式，使他们在娱乐的同时也受到了必不可少的美德熏陶。本书以中高年级的小学生和初中年级学生为主要对象，德目排列从学生熟悉的身边事物开始，体现了由浅入深、由近及远的小学道德教育特点。每条德目前写有导语，告诉学生该德目讲的什么道理和应该怎样做。每个故事的结尾用一句话概括出主题，把该故事体现的道德精神和今天应该怎样做结合起来，帮助学生加强理解和学习。

中国传统道德小学读本目录：

1. 孝敬父母　2. 尊师敬老　3. 友爱助人　4. 谦恭礼让

5. 诚实守信　6. 勤劳勇敢　7. 俭约爱物　8. 见利思义

9. 勤奋苦读　10. 热爱祖国　11. 奉公守法　12. 坚守气节

13. 砺志自强　14. 严己宽人　15. 自律改过

中国传统道德中学读本目录：

1. 父慈子孝　2. 兄友弟恭　3. 夫妻爱敬　4. 尊老爱幼

5. 勤学苦读　6. 志学博学　7. 尊师重道　8. 交友相益

9. 乐群利群　10. 人和为贵　11. 敬业克勤　12. 克俭爱物

13. 公私之辨　14. 义利之辨　15. 制欲导行　16. 仁爱爱人

17. 公忠为国　18. 胸怀天下　19. 修身为本　20. 诚信守约

21. 宽恕待人　22. 谦恭礼让　23. 明智勇毅　24. 砺志自强

25. 廉洁守节　26. 知耻羞恶　27. 改过自省　28. 慎独自律

29. 躬行笃行　30. 明于荣辱　31. 善处忧乐　32. 穷达如一

33. 成事由力　34. 生死惟义　35. 理想人格

这一套《中国传统道德》的中小学读本，其内容充分体现了以儒家伦理为核心的中华美德。尽管教育部没有采纳使用，但它作为政府行为的成果，仍然有其权威性，成为以后教育体制内外中小学校，主动进行中华美德教育重要参照。

（四）弘扬传统文化、进行文化建设

1997年，十五大提出政治建设、经济建设、文化建设，表明中国从"文化革命"转向"文化建设"的新时期。提出，中华传统文化是建设社会主义新文化的基础，明确了传统文化的历史地位与当代价值，其中就包括对儒学价值的新定位。

江泽民同志在党的十五大的报告中指出，有中国特色的社会主义文化，是渊源于中华民族5000年的文明史，阐明了社会主义新文化与传统文化之间的历史联系。

1997年11月1日，江泽民同志在美国哈佛大学演讲中指出，从历史文化角度来了解和认识中国，是一个重要角度，因为现实中国是历史中国的发展；中国的文明传统，一直影响着中国人的思维方式、价值观念、理想追求，乃至中国的发展方向；中国人民几千年来形成了团结统一的传统、爱好和平的传统、独立自主的传统、自强不息的传统。

他的这些论断表明，中国的优秀文化传统，至今仍然是实现中国社会主义现代化的精神动力。

1998年10月13日，北京东方道德研究所与国际儒学联合会，在北京共同举办的《东方伦理与青少年思想道德》国际学术研讨会，来自全国各省市、香港和韩国、日本等国30余位专家学者出席会议。国际儒学联合会常务副会长宫达非主持会议，北京大学教授张岱年等中外专家，对于儒家伦理、东方伦理与当代青少年思想道德教育的关系及其价

值，展开了十分深入的研讨。

宫达非常务副会长在讲话中指出，"我们这次学术研讨会的主题，是'东方伦理与青少年思想道德'。是要研究东方伦理在实现社会现代化过程中的历史价值；要研究如何把东方的优秀伦理道德传授和普及给新一代国民。这是当今的中国乃至东亚地区各国都在关注的一个重大课题。儒家伦理，是东方传统伦理道德的主要组成部分，在扬弃其历史局限性和封建糟粕之后，它将闪烁出中华民族世代相传、不断丰富和发展的智慧和美德，这种智慧和美德是中华民族战胜艰难困苦、经久不衰的精神之源，是中华民族伟大精神的重要组成部分，是中华民族优秀传统文化的核心。在世纪之交，中国党和政府对待中华民族优秀传统文化、中华民族的伟大精神，十分明确和坚定，就为我们从事研究历史、文化、道德、传统、教育的学者明确了方向、增添了力量。我们将进入一个研究、继承、弘扬中华民族优秀文化传统的新时代、进入一个建设有中国特色社会主义新文化的新时代。我们每个炎黄子孙都应当为建设这个新时代，奉献自己的心智和力量"。他特别强调："我们的学者，对于中华民族的优秀传统文化与伦理道德，已经有了大量的考证、研究和评价，成果累累，当然还有不少领域需要深入研究。但是，当代学者的另一个历史任务，是如何把优秀传统文化与道德加以现代转化，用通俗易懂的语言、科学的方法和现代化的手段，普及到民众中去，尤其是普及到青少年当中去，使其在提高国民素质、文明程度，建设精神文明的过程中，显示力量、发挥作用。我们国际儒学联合会，将一如既往支持那种旨在普及中华民族优秀传统文化与道德的研究与实践，我也希望国内所有志同道合的学者们，都来参与和支持这项功在千秋的普及工作。"

十五年后的今天，重温宫达非先生的讲话，仍有极大的现实意义。我们更加怀念和感激他在有生之年，为国际儒学联合会的建设与发展，推动儒学研究与普及所做出的历史贡献。

在如此社会背景之下，全国哲学社会科学"九五"计划的教育部、北京市重点研究项目《大中小学中华美德教育实验研究》开始启动，一直延续至今。2000 年红旗出版社出版王殿卿主编的《大众道德》丛书，由 8 位文科博士分别编写了 8 册书：彭永捷著《忠——尽己报国的责任》、杨庆中著《孝——生生不息的爱心》、孙悟湖等著《诚——求真务实的品质》、杜寒风著《信——立身兴业的基点》、李道湘著《礼——人际文明的规范》、张国钧著《义——人间正道的向导》、牛润珍著《廉——清白正气的根基》、林存光著《耻——人之为人的底线》，成为参与此项中华美德教育试验教师的参考书。

由团中央青少年基金会主推的青少年诵读国学经典的活动，蓬勃开展。这种借鉴"亚洲四小龙"，尤其是新加坡"儒家伦理与公民道德"教育和建设经验的活动，在新生代的生命之中，开始流淌中华文化的基因，被世人称颂为功在当代，利在千秋，深得民心。在中华大地上，大江南北，长城内外。

从儿童到成人，从城市到农村，各行各业，诵读国学经典的琅琅之声，此起彼伏。20 年后，从小读着中华文化经典长大的一代，将成为中国文化复兴的中坚力量。

（五）儒学走向世界　展现中国智慧

1999 年 9 月 9 日，由文化部、教育部、中国社会科学院联合举办的"纪念孔子诞辰 2550 年座谈会"，在北京人民大会堂举行。中共中央政治局常委、国务院副总理李岚清，中共中央政治局委员、中国社会科学院院长李铁映，原全国政协副主席、孔子基金会名誉会长谷牧，教育部部长陈至立，文化部部长孙家正等出席了座谈会。李铁映发表了讲话：孔子是我国伟大的思想家、教育家，他的学说在中国和世界都具有广泛而深远的影响；孔子思想所蕴含的许多积极因素和丰富的文化内涵，不仅属于中华民族，而且属于全人类。来自国内文化、教育，学术界知名专家、学者代表 300 多人参加了座谈会。这是 20 世纪末，以政府的名义最为隆重的一次纪念孔子。

1999 年 9 月 28 日前后，由联合国教科文组织、国际儒学联合会、中华孔子基金会等单位合作，在北京和山东曲阜召开了"纪念孔子诞辰

2550 周年国际学术研讨会"。来自美、英、法、德、俄、荷、瑞、加、以、澳、日、韩、新、泰等国家，以及中国港、澳、台、大陆 300 余位著名学者齐集北京。围绕儒学与 21 世纪人类和平与发展、儒学如何走向世界、走向现代、走向未来以及如何普及儒学等重大学术与实践问题，发表了近 150 篇文章。会议的规模、学术层次均属历代世界最高水平。中共中央政治局常委、全国政协主席李瑞环，在人民大会堂接见了出席此次会议的部分代表。他明确指出，儒学是中国传统文化的基础，在新世纪，儒学要走向世界，就要在回答人类正在面临的许多重大问题上展现智慧，有所作为。

和而不同　孔子与儒学再次走向世界的十年（2000—2010）

这是 21 世纪的第一个十年。是在中国经济迅速发展，国力不断增强，国际影响力不断扩大，人民生活得到显著改善的背景下，国人的文化自觉空前提升，弘扬中华文化，承接中华美德，培育民族精神，取得举国共识，开始更加自觉、更加主动地推动中华文化大发展大繁荣，随着"中国制造"运往各国，孔子与儒学也伴随着中华文化，再次走向世界。

（一）重视儒家治国治世思想的现代价值

2001 年，江泽民提出"以德治国"，《人民日报》发表评论员文章，引用儒家经典《论语》上，治国理政的金科玉律："道之以政，齐之以刑，民免而无耻；道之以德，齐之以礼，有耻且格"，启示国人要"古为今用"开发中国特有的政治智慧。依法治国与以德治国的提出，为研究道德与法律之间的关系，研究儒家"德主刑辅"等道德治思想，为推动全社会道德建设，都起到了深刻的影响。

2002 年 5 月 28 日，李瑞环在英中贸易协会上，发表了以"和睦相处　和谐共进"为题的讲话，把中华文明，儒家"和"与"和而不同"的思想，宣示于世界。他指出，为了促进合作，必须加强彼此的了解，特别是对传统文化的了解。因为传统文化是一个民族劳动、智慧的结晶，是构成一个民族自身特色的重要内容，是维系一个民族生生不息的精神纽带。中国是一个历史悠久的文明古国，在博大精深的中国传统文化中，"和"的思想占有十分突出的位置。孔子的《论语》提出"礼之用，和为贵"；孟子提出"天时不如地利，地利不如人和"；荀子提出"万物各得其和以生"；《中庸》提出"和也者，天下之达道也"；等等，"和"的思想作为中华民族普遍具有的价值观念和理想追求，对中国人民的生活、工作、交往、处世乃至内政和外交等各个方面都产生了深刻的影响。表现在各个国家的关系上，倡导"协和万邦"，国家间应当亲仁善邻、讲信修睦、礼尚往来，不能以大欺小、以强凌弱、以富压贫，国际争端要通过协商和平解决，各国之间应在平等相待、互相尊重的基础上发展友好合作关系；表现在各种文明的关系上，主张"善解能容"，各种文明都是人类文明的组成部分，都对人类文明做出了贡献，不应当相互排斥，而应当彼此尊重、相互学习、保持特色、共同进步。

2002 年 10 月 24 日，江泽民在乔治·布什总统图书馆的演讲中说："中华民族自古就有以诚为本、以和为贵、以信为先的优良传统。中国在处理国际关系时始终遵循这一价值观。中国对外政策的宗旨是维护世界和平、促进共同发展。两千年前，中国先秦思想家孔子就指出了'君子和而不同'的思想。和谐而又不千篇一律，不同而又不相互冲突。和谐以共生共长，不同以相辅相成。和而不同，是社会事物和社会关系发展的一条重要规律，也是人们处世行事应该遵循的准则，是人类各种文明协调发展的真谛。"

2006 年，胡锦涛在美国耶鲁大学讲，中华民族在漫长历史发展中形成的独具特色的文化传统，深深影响了古代中国，也深深影响着当代中国。现时代中国强调的以人为本、与时俱进、社会和谐、和平发展，既有中华文明的深厚根基，又体现了时代发展的进步精神。

中国人早就提出了"和为贵"的思想，追求天人和谐、人际和谐、身心和谐，向往"人人相亲，人人平等，天下为公"的理想社会。今天，中国提出构建和谐社会，就是要建设一个民主法治、公平正义、诚信友爱、充满活力、安定有序、人与自然和谐相处的社会。

中国领导人，在英美两个西方大国，讲儒家"和"的思想及其当代价值，尤其是处理当代国际事务的意义，向世人宣示中国人治国处世的价值观，对于学者研究中国的"和合学"，是一个巨大的激励与支持。

2002年，中国人民大学成立了新中国成立以来的第一个"孔子研究院"，在校园内显著地位建立孔子全身塑像，这是当代中国儒学研究进入新阶段的一个标志。

（二）发挥儒家伦理在道德建设、培育民族精神中的作用

2002年4月25—27日，由国际儒学联合会、北京东方道德研究所、河南新乡日报社、河南机电高等专科学校，在河南新乡市，联合举办了"儒家伦理与公民道德学术研讨会"。国际儒学联合会常务副会长杨波先生、中共河南省委副书记王全书先生受省委书记陈奎元、省长李克强的委托，代表河南省委省政府以及新乡市委市政府的领导，到会讲话。中共中央宣传部原常务副部长徐惟诚教授，以"社会主义市场经济与道德建设"为题，做了主题演讲。

来自北京、上海、武汉、山东、河南、河北等地，50余位学者提交和发表了论文，题目主要有《儒家以德治国与依法治国思想的当代价值》、《儒家道德教化理论与实践对当代道德教育与建设的价值》、《儒家伦理、传统美德与社会主义道德规范体系的建立》、《儒家伦理、中华美德的推陈出新与古为今用》、《儒家"诚、信"美德与发展社会主义市场经济、建立世界市场》、《儒家"礼"德与当代人际关系、社会宽容》、《儒家"孝"德与当代家庭建设、回应老年社会》、《儒家"耻"德与公民的道德自觉》。

杨波先生在开幕式上讲话，他说：良好的社会道德风尚，是社会安

208

定团结的重要因素，是各种法律得以正常实施的思想基础，也是社会主义市场经济能够健康有序发展的必要条件。儒学伦理道德是中华传统道德的主干和基础，其中虽有陈旧过时的成分，更有值得继承和弘扬的具有普遍价值的内容，需要我们研究总结、批判继承，这对于社会主义公民道德建设具有不容忽视的意义。《公民道德建设实施纲要》提出的二十字公民基本道德规范，即：爱国守法、明理诚信、团结友善、勤俭自强、敬业奉献，就是对中华美德的一种时代转化与创新。王全书先生讲话，他说："我受省委书记陈奎元、省长李克强的委托，代表省委、省政府对研讨会在我省召开表示热烈祝贺。儒家伦理道德汇聚着中华民族几千年的思想精华，其中的诚、信、忠、孝、礼、义、廉、耻等美德，是我国劳动人民在长期生活实践中逐步养成的优良思想品德，它规范着人们的言行，调整着人际关系，保持了社会的稳定。在这些中华美德的基础上，探讨建构社会主义道德规范体系，探索建构人类'共同伦理'或'普世伦理'，是当今中国社会发展与走向世界的需要，是当代中国人为人类文明进步做出新贡献的需要。"

2002 年 11 月 8 日，江泽民在十六大报告中指出："文化的力量，深深熔铸在民族的生命力、创造力和凝聚力之中。民族精神是一个民族赖以生存和发展的精神支撑。一个民族，没有振奋的精神和高尚的品格，不可能自立于世界民族之林。在五千多年的发展中，中华民族形成了以爱国主义为核心的团结统一、爱好和平、勤劳勇敢、自强不息的伟大民族精神。必须把弘扬和培育民族精神作为文化建设极为重要的任务，纳入国民教育全过程，纳入精神文明建设全过程，使全体人民始终保持昂扬向上的精神状态。""切实加强思想道德建设。依法治国和以德治国相辅相成。要建立与社会主义市场经济相适应、与社会主义法律规范相协调、与中华民族传统美德相承接的社会主义思想道德体系。""中华文化博大精深、源远流长，为人类文明进步作出了巨大贡献。在当代中国人民的伟大奋斗中，必将迎来社会主义文化建设的新高潮，创造出更加灿烂的先进文化。"

他在报告中的这些思想，为弘扬中华文化，承接中华美德，培育民族精神，建设精神文明，指明了方向。在落实十六大精神的实践中，儒家伦理及其现代转化，发挥了积极作用。

在"以德治国"思想指引下，道德在经济、政治、文化各个领域的价值，道德在治国理政中的价值，引起了国人的关注，道德教育与建设进入了新阶段。国家颁布了"公民道德实施纲要"，明确规定现阶段的公民道德是爱国守法、明礼诚信、团结友善、勤俭自强、敬业奉献。为了表述方便，有人将这一公民道德规范简化为"20个字"的公民道德规范。

2003年，由教育部部长陈至立主持编写的《中华传统美德格言》面世。江泽民为其题词，李岚清为其作序，表明了党和政府支持中华传统美德教育的态度。该书选定18个美德：爱国、明智、持节、自强、诚信、知耻、改过、厚仁、贵和、敦亲、重义、尚勇、好学、审势、求新、勤俭、奉公、务实。教育部要求这套《中华美德格言》要进入学校、进入课堂，所有教师都要读。它标志中国的传统美德教育已经从古籍中开发、理论上阐述，发展到教化普及行动的新阶段。

2003年12月15日和17日举行的全国青少年诵读中华古诗文竞赛活动和颁奖仪式，国际儒联均派代表参加。中华古诗文经典诵读工程，是中国青少年发展基金会推出的一项跨世纪的社会公益文化工程。国际儒联是"古诗文诵读工程"全国委员会的成员之一，多年来一直积极参加其举办的各项活动。当年，"古诗文诵读"活动已遍及全国30个省市，参加诵读活动的青少年已超过400万人，受其影响的成年人超过2000万人。

2004年，党和政府发布《加强和改进未成年人思想道德建设的意见》，动员全社会的力量关心和参与未成年人的思想道德教育。承接中华传统美德，培育民族精神，成为落实《意见》的重要内容。

2006年，胡锦涛提出以"八荣八耻"为内容的社会主义"荣辱观"。其具体内容是："以热爱祖国为荣、以危害祖国为耻，以服务人民为荣、以背离人民为耻，以崇尚科学为荣、以愚昧无知为耻，以辛勤劳动为荣、以好逸恶劳为耻，以团结互助为荣、以损人利己为耻，以诚实守信为荣、以见利忘义为耻，以遵纪守法为荣、以违法乱纪为耻，以艰苦奋斗为荣、以骄奢淫逸为耻"。它集中体现了中华民族的传统美德，它内涵了忠、智、勤、和、诚、信、义、礼、勇等中华美德的核心精神，必将载入史册。

从 20 世纪 90 年代的《中国传统道德》，到 21 世纪初的"公民道德实施纲要"、《中华美德格言》和"八荣八耻"，表明在当代新道德建设过程中，对开发传统道德，也就是儒家伦理资源的一种需求与探索，尽管对中华传统美德的"规范"或"德目"有不同的概括和理解，但是，从中不难发现：五千年来逐步形成的中华美德，那些跨越时空，超越偏见，具有永恒价值的"规范"或"德目"，是中国所独有，也是对人类文明的伟大贡献。不同时代的中国人都要从现实社会发展需要出发，对"规范"或"德目"进行选择，注入新的内涵，为中华传统道德的不断丰富与发展，做出各自时代的贡献。

（三）政府支持编纂《儒藏》全面整理儒学文献

2003 年 5 月，北京大学成立以季羡林先生为名誉主任、许智宏校长为主任的《儒藏》工程指导委员会和以汤一介教授、吴志攀副校长为组长的《儒藏》编纂工作小组，决定整合本校文科院系的力量，并联合有关高等院校和学术机构，启动《儒藏》工程。2003 年 12 月，教育部正式批准由北京大学主持制订、以汤一介教授为首席专家的"《儒藏》编纂与研究"方案作为哲学社会科学研究重大课题攻关项目立项。2004年 6 月，经教育部批准，实体性学术机构"北京大学《儒藏》编纂与研究中心"成立，汤一介教授任主任，吴同瑞教授任副主任，魏常海教授任常务副主任，主持《儒藏》工程的日常工作。

《儒藏》工程作为一项基础性的学术文化工程，旨在以现代的学术眼光和技术手段，既对儒学文献进行全面整理，又对儒家文化进行深入研究，并像《佛藏》、《道藏》那样，将儒家的典籍文献集大成地编纂成为一个独立的文献体系。

《儒藏》编纂工作分为精华编和大全本两步进行。《儒藏》精华编收录中国历史上具有代表性的儒学文献——包括传世文献和出土文献500余种，同时收录历史上受到儒家文化深刻影响的东亚地区——包括韩国、日本、越南等国，以汉文撰写的重要的儒学文献100余种，共计600余种，约2亿字，编为330册，计划于2015年完成。《儒藏》大全本还将进一步收录中国历史上重要的儒学文献5000余种约15亿字，计划于2025年完成。

《儒藏》工程的开展，既有利于中国传统文化的传承和弘扬，又有利于中国先进文化的发展和创新，必将为构建和谐社会乃至和谐世界做出积极的贡献。

（四）海内外合作　推动儒学走向世界

2002年8月11—13日，由国际儒学联合会、中国孔子基金会、山东社会科学院联合主办的"儒学与全球化"国际学术研讨会，在中国青岛市举行。来自海内外100多人出席。国际儒学联合会常务副会长杨波先生，在致辞中指出：经济全球化正在以愈来愈快的速度发展，并给各个方面带来深刻影响。如何适应全球化的客观形势，是摆在我们面前的迫切问题。我们这次会议以"儒学与全球化"为主题，是考虑到这个问题的重要意义。

儒学是中国传统文化的主干和基础，在天人观、德行观、义利观、公私观、情理观、知行观、生死观、古今观等诸多方面，儒学典籍中包含有许多合理的成分，其中不少见解是精当的、睿智的、富于哲理的，具有超越时空的普遍性的意义，值得我们认真发掘、借鉴和汲取。在文化的各个门类中，儒家的优秀代表人物也有不少传世之作。我们应当把这一份遗产批判地继承下来，这有利于提高我们的民族自尊心和自信心，有利于建设我们民族的新文化，也有利于对丰富世界的文化宝库作出我们的贡献。毫无疑问，中国的文化应当走向世界，但决不能跟在别人的后面亦步亦趋，决不能搞全盘西化。我们要以我为主，汇天下之精华，扬民族之特色，为世界文化宝库提供为中华民族特有而为其他民族所无的精神产品。

2002 年 10 月 11—12 日，由韩国儒教学会、国际儒学联合会、成均馆大学 BK21 东 ASIA 儒教文化圈教育·研究团、成均馆大学校儒教研究所联合主办的"东亚儒教文化国际学术会议"在汉城举行。应邀参加会议的有韩国、日本、新加坡和中国大陆、台湾、香港的学者 51 人。

韩国儒教学会理事长崔根德致开幕词中指出："我们将本次学术大会的主题定为'东亚儒教的现在与未来'，我们意图检讨礼的普遍性和传统性以及重构它们的可能性。"

国际儒联常务副会长杨波在贺词中指出："东亚各国社会现代化有自己的模式，走有自己特色的道路。东亚社会在努力发展经济和引进现代科技的同时，都吸取儒学的有价值的合理的内涵，以使自己的现代化的进程比较健康，少走弯路，避免和克服西方工业化带来的种种弊病。"

会议提出："今天，人类正处于由现代到脱现代的转折点上。大约一个世纪之前，东亚的社会被西欧帝国主义列强瓦解以来，我们就一直在追求现代化。从表面上看，东亚的'现代化工程'获得了一定程度的成功。但是，实际上我们因现代化的各种负面现象引起的痛苦，比西欧还要残酷。为此，我们把儒教定为'今天的话题'，是为了省察在东亚试图脱现代化的道路上，儒教传统究竟能够给我们以怎样的帮助。为了找到答案，我们提出这样的课题：'儒教现在做什么？将来能做什么？究竟应该做什么？''我们如何通过彻底的自我反省，努力再创不是昨天的，而是今天以及明天的儒教。'"

2004 年，由联合国教科文组织、国际儒学联合会、中华孔子基金会等单位合作，在北京和山东曲阜召开了"纪念孔子诞辰 2555 周年国际学术研讨会"。中共中央政治局常委、全国政协主席贾庆林到会讲话，国家图书馆馆长任继愈，美国哈佛大学教授杜维明等发表演讲，高度评价孔子及其思想的历史价值。

2004 年，随着中国走向世界，推动中国文化再次与世界各种文明的对话与交流，世界上有越来越多的国家开始引导国人，学习中国的语言文字以及多方位地研修中国文化。中国政府决定在世界各地建立孔子学院，当年 11 月首家孔子学院在韩国首尔成立。从此，孔子及其儒学，以中华文化代表的身份，再次走向世界。

2005 年，联合国教科文组织，对待孔子及其思想有了新举措：第一，批准设立了国际"孔子教育奖"，对世界上有贡献于孔子思想研究与推广者给予奖励；第二，发起了全球首次联合祭孔。

"孔子教育奖"是第一个以中国人命名的国际奖项，被称为"世界教育领域的诺贝尔"。它的设立，再次表明孔子是中国的，也是世界的，它使中华儿女倍感荣幸和自豪。

2005 年 9 月 15 日，"国际儒学联合会与台湾中华孔孟学会大陆参访团学术交流座谈会"在北京好苑建国商务酒店隆重举行，40 余位两岸学者出席，国际儒联常务副会长刘忠德先生主持会议。

叶选平会长在欢迎词中说："我们有机会在北京欢聚一堂，交流儒学研究的心得，探讨进一步合作的途径，共话两岸和平发展的美好未来，我感到很高兴，我代表国际儒联对各位朋友的来访表示热烈的欢迎和诚挚的问候。"叶选平会长对台湾中华孔孟学会、李焕先生多年来为推动海峡两岸的合作与交流，做了许多卓有成效的工作，表示钦佩。"台湾中华孔孟学会是国际儒联的发起单位之一，多年来一直关心、支持儒联的工作，希望台湾中华孔孟学会与国际儒联继续加强学术方面的合作与交流，将儒学事业进一步推向前进。"

李焕先生致答辞中说，"今天能够在此地聚会，感到万分的荣幸和愉快"；"承蒙各位的厚爱，要我本人担任国际儒联名誉理事长，我觉得这是我毕生的荣幸"；"大家觉得经济的繁荣固然重要，文化水准的提升更为重要，所以一方面推动经济的成长和发展，另一方面应该提升社会的文化水准"；"要以孔孟的思想作为社会规范，能够提升社会的水准同经济的发展齐头并进。还不至于使我们的社会成为功利社会，所以倡导儒学，提高我们的文化水准，可以说是一个非常重要的任务"。他希望今后台湾孔孟学会与国际儒联互相支持，共同努力推展国际的儒学活动，将中华传统文化发扬于世界。

2006 年 9 月 24 日，孔子诞辰的前夕，首届联合国教科文组织"孔子教育奖"颁奖盛典，在孔子故里曲阜市举行。全国政协副主席王忠禹和联合国教科文组织代表、副教育助理总干事唐虔与会并向获奖代表颁奖。"孔子教育奖"获奖代表、摩洛哥教育部国务秘书阿尼斯·毕鲁，印度拉贾斯坦邦识字和继续教育部主任苏可拉发表了获奖感言。

2005 年 11 月 18—22 日，第一届"儒家伦理与东亚地区公民道德教育论坛"，在四川省宜宾市召开。此次论坛得到宜宾市委、市政府的大力支持，由国际儒学联合会与香港中文大学教育学院联合主办，由宜宾学院和宜宾市社会科学界联合会联合承办，香港中文大学新亚书院、北京东方道德研究所、宜宾市教育局、宜宾学院四川思想家研究中心、宜宾学院唐君毅研究所、宜宾唐君毅学术思想研究会协办，与本次论坛同步举了第四届"中华美德教育行动师资培训班"。海内外专家学者 60 余人出席了本次论坛，围绕对近现代儒家伦理历史命运的反思及其未来历史价值的展望，儒家伦理在现代公民道德教育与构建和谐社会中的功能与价值，对以儒家伦理为主导的东方优秀道德智慧的开发与创新，东亚各国和地区"公民与道德"理论研究与实践的新成果，东方伦理与西方伦理的比较及其在公民道德教育中的价值等内容，进行了研讨。来自黑龙江、北京、湖北、河南、重庆以及四川等地的中小学校长、教师和教育行政领导 250 余人，参加了第四届"中华美德教育行动师资培训班"，出席本次论坛的 16 位学者，每人为培训班讲了一堂深入浅出的专题报告，使学员们听到了"从未听到过"的中华优秀文化与儒家伦理的系统讲座，对他们理解儒家伦理与公民道德教育教育的内在联系，推动中小学的中华传统美德教育有着很大帮助。

2006 年 10 月 26—30 日，"第二届儒家伦理与东亚地区公民道德教育论坛暨第五届中华美德教育行动师资培训班"在河南新乡市召开。会议由国际儒学联合会主办，由北京东方道德研究所、香港中文大学教育学院、香港中文大学新亚书院和澳门大学教育学院、田家炳教育科学研究所协办，河南省新乡市卫滨区委、区政府承办。出席"论坛"的 50 余位专家学者，就儒学、儒家伦理在建构和谐社会中的价值，普及儒家伦理与中华美德教育的方法、平台与规律等内容，进行了研讨，有40位专家学者，提交了论文或论文提要。有7位中国内地、6位中国香港、1位中国澳门、1位中国台湾、1位马来西亚的专家学者，为"培训班"的300余名学员，共讲了16节课。学员们普遍认为，此种"论坛"与"培训"相结合，理论与实践相结合，专家与第一线教育工作者相结合，"两岸三地"与东亚国家相结合，为学者与学员搭建了交流经验、建立联系的平台，对于推动儒学的普及和未成年人的中华美德教育有重要意义。

在大会上，专程赶来新乡的中国人民大学出版社副社长孟超，将250本中共中央宣传部思想政治工作研究所组织编写，刚刚出版的《中国人的美德——仁义礼智信》赠给与会人员。

2005年8月，在北京举行了"第二届全球中华文化经典诵读大会"。来自海内外的60多个代表队的1000多位师生，登上八达岭长城，齐声诵读《论语》、《大学》等中华文化经典，并宣读了《长城宣言书》，号召全球炎黄子孙共同努力，使中华文明代代相传。

2005年10月，国际儒学联合会，在北京主办了"2005国际儒学高峰论坛"。来自美国、加拿大、澳大利亚、韩国、德国等国以及中国大陆、台湾、香港的50余位学者和首都各界人士出席了论坛。论坛主题是："经济全球化背景下的儒学创新。"当今，经济全球化的浪潮正在席卷全球，如何吸收世界文明的优秀成果，回应时代思潮的挑战，以创建新的儒学理论体系，从而发展儒学，为解决当今世界面临的种种问题作出贡献，已经历史地摆在我们面前，成为儒学界关注的焦点。对此，在这次国际儒学高峰论坛上，学者们进行了坦率、激烈而友好的探讨，取得了丰硕的成果，在一定程度上推动了有关问题的研究。

（五）民众认同孔子儒学走向民间

2006年春天，在中国联动媒体的网站上，有一项"最能代表中国的文化形象是什么"的调查，开展了何谓"中国的文化名片"的讨论。

截至 3 月 10 日"两会"期间公布的调查结果，前十名是孔子、中国龙、故宫长城、春节、书法、中国针灸、瓷器、中国菜、京剧、中国功夫。它表明，最能象征中国精神、中华文化的形象是孔子。

这一年，于丹在大众传媒上讲《论语》，完成了一次"古为今用"的实验。她跨越古今的心灵体验，使古人的经典智慧，重新回到了人民大众中间。对于这种承传文明的价值，可用苏州大学蒋国保教授，在"儒学的世俗化与大众化"一文中的观点作为评价：当代社会是一个高度世俗化的社会，儒学在当代只有经由世俗化才可能实现大众化，也只有经由大众化才可能实现现代化。儒学的现代化，取决于广大普通民众的真诚认同与接纳。

《于丹〈论语〉心得》，2006 年 11 月由中华书局出第 1 版，截至 2013 年 6 月已经第 51 次印刷，共计印了 565 万册；被视为《于丹〈论语〉心得》续编的《于丹〈论语〉感悟》，2008 年 3 月中华书局第 1 版，初次印数 120 万册。其出版数量，是个人解读《论语》同类著书中的顶峰，于丹也成为解读《论语》的明星。此种现象，表明当代国人对于孔子与儒学，有空前的认同与需求；是 20 世纪 90 年代以来，自下而上，自上而下，从儿童读经到"国学启蒙"热潮涌动的产物；是时势造英雄。倒退 20 年，不会出于丹。

2006 年 4 月 29 日，国家主席胡锦涛在非洲肯尼亚视察了内罗毕孔子学院，对"中国古代大思想家、教育家孔子"的贡献，以及"学而不厌，诲人不倦"的教育思想等，都做出了高度评价。

2006 年 6 月，国际儒学联合会与中国政法大学联合成立了中国第一所国际儒学院。它将面向世界，为推动儒学研究，培养儒学人才，引导儒学普及发挥积极作用。

2006 年五四青年节，温家宝与北京师范大学的学生座谈。讨论"教学相长"、"不愤不启，不悱不发"等"启发式"孔子教育思想及其历史贡献。

2006 年 9 月 7 日，温家宝到北京市东城区黄城根小学听课。他听完语文教师陈胜昔的一堂课之后说，"我觉得，陈老师整堂课讲得很好。

她让孩子们讨论，让孩子们自己找数据、找答案。这就是启发式教学。她尊重每一个孩子，对孩子充满爱心，和学生交流，这就是教学相长。"这是他继五四视察北京师范大学之后，再次从教育实践的视角发挥孔子的教育思想。当天9时10分许，温家宝正准备起身离开，一位小同学勇敢地挤到桌前，请他写几句话。略作思考，温家宝在一张白纸上，一笔一画地写下——博学之，审问之，慎思之，明辨之，笃行之。"学问、思辨、行动，就是这三个意思。明白吗？"

从国家主席胡锦涛在内罗毕孔子学院，对孔子及其教育思想的高度评价，到国家总理温家宝两次对教育的实地考察，都提示国人要从儒家的教育思想之中汲取智慧。为我们建设有中国特色的中国教育，提供了重要启示。

继中国人民大学成立"国学院"之后，清华大学、山东大学、四川大学、北京大学相继恢复或成立"国学院"与"儒学院"，接着又有数十所师范和理工农医等大学积极跟进。一批以中国古代书院优良传统为参照的当代书院，也在破土萌生。这种21世纪中国教育新动向，是高等教育改革与发展的新潮流，为中国的大学恢复与坚定中华文化的主体性，开出了一片蓝天。

与此同时，以经史子集为主要内容的"国学讲座"，以及选修课、必修课，也在许多大学纷纷面世。如：华中师范大学国学院的《国学概论》、《荆楚文化》，成都大学文学与新闻传播学院《国学经典导论》，西北大学中国思想文化研究所的《中国思想史》，华东师大先秦诸子研究中心的《庄子》，曲阜师大文学院的《孔子》，湖南大学岳麓书院的《周易》、《湖湘文化》，北京交通大学的《论语》，河北师范大学的《诗经》，湖北工程学院（原孝感学院）的《孝文化概论》，等等。这类人文课程的涌现，极大改变与提升了高等学校的"文化生态"。为当代大学生接触、了解、参悟与践履中华文化经典中的真精神，提供了前所未有的条件。

2006年9月28日，为纪念孔子诞辰2557周年，由团中央"我们的文明"主题系列活动组委会、中国青少年社会服务中心承办的网上

"孔子纪念馆"正式开通。纪念馆设有孔子生平简介、大事年表、纪念活动、孔子思想、孔子故事、孔子学院、影音作品、著作选载、图片报道、纪念场所等十三个栏目，通过通俗翔实的文字、生动精彩的图片和影视数据，帮助青少年了解孔子及其思想，成为他们认同中华文化、承接中华美德、培育民族精神的网上课堂。

2006 年 12 月 26 日《光明日报》报道："国学讲座首次走入中央党校。"说这种国学讲座，不仅使学员们，对传统文化有了更进一步的认识和了解，而且也提升了学员的思想境界，拓宽了学习研究的理论视野，同时也引发了同学们对当前如何弘扬传统文化，以更好地为中国现代化建设服务有了更深层的思考。

从团中央建孔子网站，到省委书记给大学生讲儒学，再到中央党校开设国学讲座，表明孔子及其思想，被国人认同与接纳的广度与深度，是中国大陆百年以来所鲜见。

2007 年 6 月 8—10 日，在北京国谊宾馆，国际儒联召开了"第一届儒学普及工作座谈会"。来自全国各地的相关学者与第一线的教育工作者共 60 余人出席。

本次会议首先为儒学普及工作的定位。叶选平会长指出，根据国际儒联的宗旨和任务，我们在关注和推动儒学研究的同时，更要重视儒学的普及，将儒学研究的新成果转化为普及儒学的新资源，展示其力量和价值，这样才能使儒学不断获得永恒的发展生机和活力。杨波、刘忠德两位副会长都指出，我们对儒学既要加深研究，又要做好普及。从某种意义上说，普及更带有根本性，它是当今历史和人民群众，对于文化与精神家园建设的新需求，也是建设和谐、健康、充满活力的社会主义的需要。国际儒联的同人们，应当将参与普及儒学视为光荣的历史责任。刘忠德副会长还指出，我们是在多年停顿之后，在新环境、新条件下做普及儒学，靠我们去摸索、去创造。这是一项艰巨的事业，"任重而道远"。

中国青少年发展基金会、中华古诗文经典诵读工程全国组委会，给会议提供的资料显示，十几年来，在青少年中普及儒学的实践证明，新一代中国人能够接纳儒学，并从中受益。自 1989 年启动以来，参加诵读的人数逐年上升，2002 年已经达到 340 万人，2007 年已经突破 600 万人。据专家估计，加上其他途径在青少年中普及儒学的人数，目前已超过 1000 万人。在这 1000 万人的背后，至少还有 2000 多万家长和老师。家长和老师，既是普及儒学的主体，更是普及儒学的对象，两者相加数量可观。可见，重在"从学"阶段普及儒学的"辐射性"及其深远影响。

2007 年 11 月 1—4 日，由国际儒学联合会主办、国家教育行政学院承办、马来西亚孔学研究会和北京东方道德研究所协办的"第三届儒家伦理与东亚地区公民道德教育论坛"，在国家教育行政学院举行。"第六届中华美德教育行动师资培训班"同期举办。来自韩国、菲律宾、新加坡、马来西亚等国家以及中国大陆和香港、澳门、台湾地区的 60 多位专家学者出席了论坛。本届论坛以"儒家伦理·公民道德教育与和谐文化建设"为主题，立意鲜明，主旨明确，气氛活跃，收效显著。

国际儒学联合会常务副会长杨波主持了开幕式，国际儒学联合会常务副会长刘忠德致辞；国家教育行政学院院长兼党委书记郑树山，国际儒学联合会理事、马来西亚孔学研究会秘书长陈启生先生，菲律宾华教中心副主席黄端铭先生，分别致辞。来自全国各地的县市教育局长、中小学校长和教师等 300 多人，出席开幕式并听取主题演讲。

刘忠德副会长在致辞中说，古今中外，任何一个国家的和谐与发展，都离不开道德及其建设，而道德又具有浓厚的民族文化传统基因，在其发展进程中还要不断吸纳外来道德文化的精华。他回顾了中国历史上第一个《公民道德建设实施纲要》问世五年来，社会各界承接中华美德，培育民族精神，在未成年人思想道德教育和精神文明建设中取得的可喜成效；回顾了国际儒学联合会十几年来取得的成效，特别提到当年 6 月在北京召开的首届"儒学普及工作座谈会"上叶选平会长所强调的"对儒学既要加深研究，又要做好普及，从某种意义上说，普及更为关键"，认为普及儒学是推动中华文化大发展与大繁荣的重要内容，本次论坛就是普及儒学的一项重要实践。

2007 年 11 月 4 日，由香港中文大学新亚书院、国际儒学联合会、北京东方道德研究所联合举办的首届"儒家经典师资读书班"，历时两年，已经完成教学任务，在北京会议中心召开结业式。国际儒联常务副会长杨波，副理事长赵毅武，秘书长曹凤泉，香港中文大学新亚书院院长黄乃正，北京东方道德研究所所长张晓华出席、致辞，并向 100 位学员颁发结业证书。同时，举行了第二届读书班的开学典礼。

第一届儒家经典师资读书班（2005 年 9 月至 2007 年 9 月）学习期间，通过自我研读、参加专家导读、博士答疑、讨论交流、撰写读书心得等方式，系统学习了儒家经典"四书"（《论语》、《孟子》、《大学》、《中庸》），收效良好。导读专家清华大学钱逊教授《论语》；中国社会科学院郭沂教授《大学》、《中庸》；中国青年政治学院陈升教授《孟子》。

第二届于 2008 年春开学，学习时间，改为一年，分别在北京市通州区、房山区两个地点举办，招收学员 300 人，当年已结业，国家教育行政学院于建福教授，接替郭沂导读了《大学》、《中庸》。

这 400 余位学员，是新中国成立以来第一批比较系统接受儒家《四书》培训的中小学教师，他们已经逐步成为各自学校国学师资的骨干。

（六）孔子"出席"奥运会让世界分享儒学魅力

2007 年，胡锦涛在十七大报告中提出，文化是民族凝聚力和创造力的源泉。弘扬中华文化，建设民族共有精神家园，给中华文化，尤其是儒家思想提出了新的任务。研究儒家伦理与精神家园之间内在联系的学术研究与教育实践，有了广泛的开展。

2007 年年末，日本首相福田康夫到山东曲阜朝圣祭孔。在日本他被称为"孔子通"。这次他当场写下"温故创新"，正是从《论语》"温故而知新"变化而来，蕴含着"以史为鉴，面向未来"之意。当场，福田发表感言："孔子儒家的思想，如果成为常识性的东西在大家心里扎根的话，世界一定会变得很和平。"他的言行，一度成为迎接孔子 2559 年的新闻热点。

2008 年 6 月 30 日，《北京青年报》以"潘基文尊孔子为精神导师"为题，报道联合国秘书长潘基文在访问中国之前，向新华社记者透露，他随身携带孔子语录，作为行动参照。

潘基文说，"在我的一生中，一直受到孔子和孟子思想的影响"，"孔子的很多教诲仍在为我指引方向"。在他的钱包里一直放着一张特殊纸片，上面摘录了《论语》中有关年龄与人生阶段的名句。如：三十而立，四十不惑，五十知天命，六十耳顺。他现在 64 岁，正处于"耳顺"的阶段。他以为，在这个阶段，一个人应当善于听取各种意见，但同时必须能够作出自己的判断。在记者采访时，他提笔写下"中庸之道"四个汉字，笑称自己便是一个"走中间道路的人"，从来不走极端。"中庸之道，便是我的个人哲学。"

"六十而耳顺"，"中庸之道"这两句话，对于他担当如此重任，随时调整自己心态，调节各种国际冲突，建立和谐世界，具有重要指导意义。可见，孔子与儒学对当今世界发展与人类进步的新价值。

2008 年 8 月 8 日，北京奥运会开幕，五千年的中华文明震撼了世界。

早在北京奥组委刚刚成立时，北京奥运会文化艺术顾问季羡林教授就曾对张艺谋说："我建议在开幕式上将孔子'抬出来'，因为他是中国传统文化的代表。"他的建议被采纳。开篇就以"四大发明"为背景。2008 名演员，象征着孔子的"三千弟子"齐声吟诵《论语》章句：

> 有朋自远方来不亦乐乎
> 四海之内皆兄弟也
> 德不孤必有邻
> 礼之用，和为贵
> 和而不同
> 己所不欲，勿施于人
> 朝闻道，夕死可矣
> 知者不惑，仁者不忧，勇者不惧

这种将"四大发明"与"四书五经"的有机结合，非同寻常，意义深刻。

自从 1598 年，利玛窦将"四书"翻译为意大利文，第一次将儒家思想传向欧洲以来，410 年之后的今天，中国人自己第一次向世界表明和展现，"四大发明"——物质文明与"四书五经"——精神文明，对于人类文明的完整贡献。中国人终于有了这样一天，挺直了自己的文化脊梁，向世界喊出自己的贡献与心愿。

开幕式，中国人举起了"和"的旗帜，向世界提出了"和"的核心价值，给世界带来更多的相互理解和尊重，也发出了 21 世纪人类要生存下去最关键的信息，只有"和"，不能"斗"，要共同创造一个"和谐世界"。

当然，除了"和"字，还有一个"礼"字。北京奥运会，170 万志愿者，代表着北京人、中国人的热情与微笑，展现了中国人的礼仪风范，中国开始重现"礼仪之邦"，它体现了"礼之用，和为贵"的观念，再现了"礼乐文化"。"仁"、"礼"、"和"，是中国人在 2008 年，奉献给世界的三个核心价值理念，它是中国人智慧和仁爱精神的体现。

2008 年 10 月，在北京召开的亚欧首脑会议上，法国总统萨科齐说，中国人要学习西方的"经验"，西方人要学习中国的"智慧"。这可能代表了当代西方对中华文化的一种新认同。

从福田康夫到潘基文，从联合国到北京奥运会，这十个月，让世界各国人民具体而形象地感受了中华文化、儒家思想、东方智慧的魅力。

（七）以儒学为主要内容的"国学热"不断升温

2008 年，以孔子、儒学为主要内容的"国学热"——中国文化热不断升温。

2008 年 6 月 6—8 日，国际儒学联合会在广州城市职业学院，召开了"第二届儒学普及工作座谈会"。来自北京等 21 个省市自治区的相关专家学者，幼儿园、小学、中学、大学、高等职业院校的教师和教育行政部门的领导，各地儒学会，国学堂、馆，有关团体、企业和民间儒学普及工作者，媒体记者等 150 余人出席了座谈会。

会长叶选平、常务副会长杨波，副理事长赵毅武等领导出席。会议开幕式由杨波主持。叶选平会长在本次会议开幕式上，再次强调普及儒学是一种"做人的再教育"。这一定位，成为本次会议的中心议题。会议认为，调整或更新文化观念，是普及儒学的一个关键，这是与会者的共识。党的十七大提出"弘扬中华文化，建设中华民族共有精神家园"，文化是"民族凝聚力和创造力的源泉"，要"更加自觉更加主动地，推动文化大发展大繁荣"等文化新战略、新观念，已经与近百年来所积淀的各色各样的否定、批判中华文化的旧观念，划清了界限，为我们普及儒学指明了方向。叶选平会长，就中华文化中的"精华与糟粕"、"批判与继承"、"传统与现代"、"普及与提高"等重大理论与实践问题，进行了梳理，为做好普及儒学工作，提供了清晰的理论支持。

2008 年 9 月 1 日，新学年开学前后，祖国大地从南到北，不少学校，以尊师重教拜孔子的形式，迎接开学和过教师节，场面庄严肃穆。见到这种场面，人们可能见仁见智。但是，它的确代表着一个正在兴起的中华文化新潮流。在中国大地上的中国学校，每年新学年的开学，每年的教师节，都能如此以纪念中国伟大教育家孔子为内容开展活动，有利于新一代中国人逐步形成一种崇敬祖先、发愤求知、修炼品德、立志成才、报效祖国的素质与气节，有利于在全社会形成一种尊师重教、教化万民、化民成俗的正气。若能年年如此，就会逐步形成全民的文化新自觉，就能为建构中国特色的中国教育提供舆论准备和广大而坚实的群众基础。

十年来，从少年儿童诵读经典开始，"四书五经"这个被贬抑多年的词汇，又开始复活，至今竟然发展到了"尊孔读经"的新阶段。从起初的分散诵读，发展到幼儿园里的"读经班"、"国学班"。进入 21 世纪，学堂与私塾在一片争论之中开始兴起，几乎遍布各大、中、小城市。"国学启蒙"、"国学教育"，成为不少民办学校的"主课"或"品牌"。

1500 万青少年通过不同途径与形式诵读经典，历史空前，并且正在从民间运作转向政府行为。2008 年版初中一年级的语文教科书中，已经编入 10 句《论语》。教育部联合有关部委，利用传统节日，开展中小学学生诵读经典和古诗文的全国大竞赛，这种因势利导值得肯定。

2008 年初，新华出版社引进我国台湾地区，国学基本教材《论语卷》、《孟子大学中庸卷》。德高望重的国学大师、90 岁高龄的老教育家任继愈先生为其作序，认为"四书"进中学的课堂，作为国民教育的基本内容，是非常必要。在高等学校的学生当中，自发组织读书活动，通过"国学社"等学生社团组织学习国学经典已成一种风气。据统计：全国共有 29 个省、市、自治区的近 180 所高等大专院校开展晨读，还有不少高校学生走出校园，进入社区、广场和公园，带动广大市民积极参与诵读国学经典的活动。

2008 年 9 月，清华大学将"四书"列为新生的必修课，为大学教育的一种新导向，具有划时代的意义。

与此同时，书院形式的民办学术研究机构与高层次教育新实体也孕育而生。

2008 年 10 月 8 日，在孔子出生地尼山附近，山东省泗水县圣水峪乡成立了"尼山圣源书院"。这所现代书院的发起、创办与运作的主导力量，是国际儒学联合会各个委员会的专家，国际儒学联合会叶选平会长为书院题写了院牌。它团结近百位海内外儒学学者参与策划、建言献策、义务讲学，当地政府全力支持，承传古代书院优良传统，借鉴现代教育先进理念与手段，为各家学说和各种文明成果搭建交流的平台，为儒学的新发展与新贡献营建一个新道场、新家园，为造就新一代国学人才提供服务。

2008 年 11 月 7—10 日，由国际儒学联合会、浙江师范大学、香港中文大学教育学院共同主办，北京东方道德研究所、浙江省儒学学会和香港中文大学新亚书院、香港中文大学教育学院课程与教学系、香港中文大学教育学院行政与政策学系协办的，以"儒家伦理与建设共有精神家园"为主题"第四届儒家伦理与东亚地区公民道德教育论坛"，在浙江师范大学举行。来自中国大陆和香港、台湾地区的高等院校和相关学术机构 60 余名专家学者出席。由香港中文大学新亚书院、北京东方道德研究所和浙江师范大学教师教育学院联合举办的"第七届中华美德教育行动师资培训班"与本次论坛同步开班，来自全国各地以及当地的近百名中小学校长、教师，列席了论坛的开幕式和旁听了专家们的大会主题发言。

本次论坛，初步厘清了弘扬中华文化与建设中华民族共有精神家园的内在联系，认识到对青少年进行公民道德教育，推动公民道德建设的迫切、艰巨与责任。研究了儒家伦理思想在当今公民道德教育与建设中的价值，就如何提升公民道德建设的实效，从观念、内容、方法等方面，进行了比较实际的探索与交流。论坛成果，将对当今公民道德建设，发挥积极作用。

2010 年 4 月 17—18 日，国际儒学联合会在江苏省盐城师范学院，召开了"第三次儒学普及工作座谈会"。来自北京等 19 个省市的相关专家学者，幼儿园、小学、中学、大学和民办学校的校长、教师、教育行政部门的领导，各地儒学会，国学堂、馆，有关团体、企业和民间儒学普及工作者，媒体记者等约百人出席了座谈会。

开幕式由国际儒联秘书长曹凤泉主持，会上宣读了国际儒联常务副会长滕文生先生的书面讲话，他对儒学普及工作的指导思想、儒学研究与普及的关系、儒学普及工作的内容、儒学普及工作的形式、儒学普及工作的重点都提出了自己的看法。

国际儒联顾问吴小兰、江苏省教育厅副厅长殷翔文、盐城市副市长朱传耿、中共盐城师范学院党委书记成长春等先后讲话与致辞。座谈会收到与会代表撰写的 60 多篇论文。有 9 位代表在大会上发言，介绍了各自的理念与经验。在小组热烈讨论的基础上，各组代表在闭幕式上进行了汇报交流。张践在闭幕式上做了会议总结。

会议体现了，叶选平会长明确提出的，"我们对儒学既要加深研究、又要做好普及。从某种意义上说，普及更带有根本性，它是当今历史和人民群众，对于文化与精神家园建设的新需求，也是建设和谐、健康、充满活力的社会主义的需要";"儒学普及工作的重点对象是青少年";儒学普及工作的宗旨是"做人的再教育"等精神。

近十年来,儿童国学启蒙教育活动,已有相当大的开展,至少有3000万儿童通过各种途径诵读儒学经典著作,在他们心灵上注入中华传统文化的基因,对于他们的成长很有意义。国际儒联能够在青少年中普及儒学知识并有所成效,也是为国家的文化建设事业作出了贡献。

9位大会发言,分别来自大、中、小学,民办学校教育,京津两市的区级教育局,京城怀柔和山东德州两个地市级党和政府的代表,介绍了普及儒学的经验。

江苏盐城师范学院,在开展传统文化教育和儒学普及教育中,开设了"国学文化讲坛"、"行知大讲堂",设立了"儒学经典赏析会";开展了以学习和实践传统美德为主题的"知荣知耻、成就人生"、"诚信、感恩、自强"、"遵章守纪、修身立德"等活动,使得校容、校风、师生的精神面貌等,都发生了可喜的变化,都使人感受到"弘扬中华文化,建设精神家园"的教化力量。当今中国教育,需要有更多的高等师范都像盐城师院这样持之以恒地开展国学、儒学的教育师范院校。

北京四中,介绍了十年来开展国学教育的经验。他们在初、高中开设了国学选修课,初步形成了一支专业教师队伍和教学、教材体系,被称为北京市国学教育的龙头学校。连续两年举办了"北京市国学与基础教育"现场会和校本课程"国学论坛",还承担了北京市国学教师的培训,培养了一批国学教师骨干。初中的国学课程内容,是《弟子规》、《三字经》;高中的国学课程内容,是《论语》、《大学》、《孟子》、《孝经》、"国学简史"、"国学与现代生活"等经典研读。他们通过定期的"国学讲座"和学生的"国学社",邀请学者来讲学。讲座题目主要有《君子之风》、《中国文化的源与流》、《国学基本书目入门》、《接续中断的文明》、《国学与中国人的文化身份》等。他们的思考与感悟:国学教育重在人格的养成,不只是知识的传授。人格养成不仅是一种思辨,也是对人的感性、灵性的呼应。

南京夫子庙小学,努力把孔子教育的思想精华与中国现代教育实践相结合，从"亲仁、尚礼、志学、善艺"四个方面，践行孔子教育智慧，创新素质教育的实践，形成了一种独特的学校文化。如今在夫子庙小学，师生的言谈举止，充盈着深厚的儒家优秀文化的流韵，亲仁、尚礼、志学、善艺。该校编写的《星星论语》系列校本读本已正式出版，以"孝、仁、恭、信、勇、忠、省"等为德目，以相关《论语》章句为内容，用儿童的语言，贴近儿童的生活，成为中华传统美德教育的好教材。

北京市通州区教育局、天津市河西区教育局等单位，所介绍的经验是，以经典文化为魂，以节日文化为体，以地域文化为根，以道德践行为本。仙源学校，是湖北省仙桃市一所民办学校，主要经验是针对学生的身心特点和道德成长规律，有针对性地选读国学、儒学经典著作，把以静克动、以雅止俗、以孝正心、以德促智，贯穿学生学习与生活的全过程。从他们的教育探索中，可以看到中国教育走出重智轻德、重西轻中、只求升学率而造成学生精神道德缺失的恶性循环的怪圈，是很有希望的。

北京市怀柔区和山东省武城县，他的经验表明，社会主义核心价值观、社会主义荣辱观、社会主义公民道德、职业道德、家庭美德、个人品德的教育，都需要与中国传统文化的结合。他们"从传统文化教育——儒学中寻找突破口，用中华传统文化教育人，用中华美德影响人，不仅仅加强未成年人的思想教育，而是全民总动员，全面参与，共同学习，打造一个全区诵经典，扬美德，促和谐的局面"。

2010年5月21—24日，由国际儒学联合会主办，中共新绛县委、新绛县人民政府和新时代健康产业集团承办的，"《弟子规》与孝文化"学术研讨会，在山西省新绛县举办。来自北京、浙江、上海、陕西、太原的儒学专家，新时代健康产业集团领导及高级别店长代表，中央、省、市媒体记者，以及新绛县委、县人大、县政府、县政协领导和当地文化界人士，共100余人参加。

本次研讨会的主旨，是探讨《弟子规》产生的历史文化渊源和它的思想体系，以及它在今天的社会主义道德建设中的现实意义。会上，有专家指出，《弟子规》能够在一些地方从学校的自选课程变成必修课程，从企业推广到农村，在全国约有 3000 万人在进行学习，是一种可喜的现象，也是举办本次研讨会的现实背景。与会者参观了《弟子规》作者李毓秀故居，了解他当年著《弟子规》的时代背景与后代推广《弟子规》的历程。考察了西街实验小学《弟子规》校园文化。向小学生抽查背诵《弟子规》、古诗文，观看了 500 人每天都要做的"弟子规操"，详细了解了以经典文化布置的各校室命名牌匾、书画展、板书等。大家一致感到，新绛以《弟子规》等国学经典为主的校园文化建设成绩突出，走在了传统文化进校园的前列。

2013 年 1 月 1 0 日，山西日报详细报道了该县《弟子规》进学校、进课堂、进企业、进机关、进家庭"五进"的经验。

据 2014 年 4 月有关机构提供的不完全统计，正式与非正式出版的《弟子规》，已逾 1000 万册。可见当今民众对中华文化、儒家经典的认同与需求，也表明儒家伦理的现代转化及其价值。

2010 年 9 月 16—17 日，由国际儒学联合会传播普及委员会和大连金州新区教育文化体育局联合主办、大连金州新区开发区第七中学承办的"第一届中华文化本根教育论坛"在大连举办。国际儒学联合会有关领导与专家，钱逊教授、金美华、张践教授、于建福教授，大连金州新区教育文化体育局领导张慧岐、刘国敏、郭长龙，第七中学校长牛朝霞出席了论坛。北京第四中学连中国老师和山东威海经济技术开发区长峰小学隋培芹老师，应邀参加论坛并交流经验。大连金州新区分管德育工作的副校长和相关教师 200 多人参与论坛。

本届论坛，围绕"儒学经典价值与经典教育探究"这一主题，结合"中华文化本根"的探究、儒学经典的价值与经典教育在中小学的有效实施等议题，进行了深入交流研讨，形成了一些重要认识。大家认为，"本根"是中华传统文化的固有范畴，是中华民族生生不息的智慧之源。儒家主张："君子务本，本立而道生"。中华民族、中国人的本根，就是中华传统文化。钱逊教授分析说：是中华文化造就了中国人，中国人的本根在中国文化，没有中国文化就没有中国人，不懂得中国文化就不能算是真正的中国人。为此，大家认为，要注重对中国人"中国文化"的养育，要学习《论语》等传统文化经典，这样才能有成长的本根。钱逊教授认为，文化经典蕴含着丰富的价值资源。中华民族传统价值多存在于《论语》等传统文化经典之中。《论语》是中华民族民族精神的源头活水；《论语》的中心思想是讲做人。《论语》对后世的影响主要在于其中讲的做人的道理，渗透到中国人的生活中，世代相传，成为中华民族精神的重要思想基础。

（八）运用儒家思想　解析金融危机

2009 年，是孔子 2560 岁，孔子及其代表的儒家思想，在世界金融危机的背景下，作为中国应对危机并继续发展的一种精神动源，引起海内外的关注。大国政要与著名学者，纷纷调整百年文化思维，重新审视中华文化的智慧，并从中寻求摆脱危机、重整旗鼓的思想资源。

2009 年 2 月 2 日，国务院总理温家宝，在英国剑桥大学发表演讲，敦请大家"用发展的眼光看中国"。他说："我深爱的祖国——古老而又年轻，历经磨难而又自强不息，珍视传统而又开放兼容。"他认为，不同的国家、不同民族的文化，需要相互尊重、相互包容和相互学习。他强调指出，有效应对这场金融危机，必须高度重视道德的作用。道德缺失是导致此次金融危机的一个深层次原因。"一些人见利忘义，损害公共利益，丧失了道德底线。"他希望企业家身上要流淌着"道德的血液"。

2009 年 2 月，温家宝在西班牙塞万提斯学院演讲，指出，中国传统文化塑造了中华民族的人文品格和道德标准。他的讲话有四个部分：

一是自强不息、刚健有为的进取精神；二是以和为贵、和而不同的和谐精神；三是民为邦本、民贵君轻的民本思想；四是天人合一、民胞物与的天人思想。

他讲，中国传统文化塑造了中华民族醇厚中和、刚健自强的人文品格和道德标准，不仅对中国的经济和社会发展发挥着巨大影响，也为中国人的世界观和行为方式的形成奠定了基础。

2009 年 4 月 26—27 日，由国际儒学联合会和台湾中华孔孟学会联合举办的"海峡两岸儒学交流研讨会"，在北京好苑建国酒店召开。来自中国大陆的 21 位代表、来自台湾的 19 位代表，以及北京新闻媒体的代表出席会议。

会议开幕式由国际儒联副理事长赵毅武主持，国际儒联常务副会长杨波和台湾中华孔孟学会副理事长李鍌先后致辞。杨波副会长在致辞中说，以儒学为骨干的中华传统文化源远流长，瑰丽灿烂，是两岸同胞的共同财富，是维系两岸同胞民族感情的重要纽带。随着两岸文化交流的不断加强，儒学从书斋走向社会，参与两岸的文化建设，逐步形成了具有相当影响力的社会思潮，推动了儒学在全世界的传播，对促进两岸和平发展，推动全世界的进步与繁荣产生了积极影响。今后两岸要加强合作，为继承和弘扬中华文化，为两岸的和平发展和中华民族的伟大复兴做出更大贡献。李鍌副理事长在致辞中说，两岸儒学彼此之间有一个交流，是一件非常高兴的事，有着非常重大的意义，而且相信以后两岸的学术交流会更加密切。李鍌副理事长还介绍了台湾儒学的发展状况以及推广儒学学说的做法。他说，儒学不能停留在纯学术上，孔子是很重视行的，要言之而后行，要博学儒学的精华，并按照其要求去做，这样才能促进人类社会和谐。

2009 年 11 月 1 日，李克强副总理访问新西兰，出席了新西兰坎特伯雷大学孔子学院的成立仪式。他说："孔子在他最著名的著作《论语》中说的第一句话就是'有朋自远方来不亦乐乎'。我们是远方来的朋友，获得了热情的接待，我们也有'不亦乐乎'的感觉。孔子还说'学而时习之不亦乐乎'，这也就是说，学习对一个人非常重要，换句话说，教育对一个国家极其重要。孔子还说'德不孤，必有邻'，只要我们讲道德，有精神，必有合作的伙伴。"

2009 年 11 月 10 日温家宝在阿盟总部，就尊重文明多样性及中华文明发表了讲话。温家宝指出，中华文明有"和为贵"、"和而不同"、"己所不欲、勿施于人"等伟大思想。伊斯兰文明也蕴含着崇尚和平、倡导宽容的理念。在多样中求同一，在差异中求和谐，在交流中求发展，是人类社会应有的文明观。

2009 年 6 月 27 日，首轮中美战略与经济对话在美国举行。美国总统奥巴马在开幕式上，引用孟子的一句话："山径之蹊间，介然用之而成路。为间不用，则茅塞之矣。今茅塞子之心矣。"奥巴马在此重要场合，引用孟子这句话，是要强调中美之间，要勤于对话，不让合作之路"茅塞"，更为重要的是打通心灵上的"茅塞"。

2009 年 10 月 28 日，在孔子诞辰的一个月之后，在奥巴马访华前夕，美国联邦众议院，以 361 票赞成、47 票反对，通过众议员格林所提的纪念孔子决议案。

决议案说，孔子在公元前 581 年 9 月 28 日生于山东曲阜，是历史上最伟大的思想家、教育家、社会哲学家之一；他的忠恕、王道、反求诸己等思想，是至高的伦理道德；他主张的"己所不欲，勿施于人"、"己立立人，己达达人"，是人类和谐的楷模；他提倡的敬老尊贤、讲信修睦、民无信不立，值得所有人履行并尊崇。

2009 年 11 月 16 日，美国总统奥巴马在上海科技馆发表演讲。谈到中美关系时，引用了一句中国古话"温故而知新"。两天之后（18日），温家宝在接见奥巴马时，有如下评论：总统先生您在上海对青年学生讲话时，引用孔子的话"温故而知新"，这句话说得很好，继往开来需要回顾中美关系的历史。它告诉我们一个道理，中美和则两利，斗则俱损；互信则进，猜忌则退。合作比遏制好，对话比对抗好，伙伴比对手好。

应当说，奥巴马的两次讲话和美国众议院的祭孔议案，是美国率先直面中华文化的行动，不仅史无前例，而且必将影响深远。

2009 年是孔子诞辰 2560 周年，是祭孔之大年，故格外受到海内外的关注。9 月 24 日，中共中央政治局常委、全国政协主席贾庆林在北京人民大会堂出席国际儒学联合会主办的纪念孔子诞辰 2560 周年国际学术研讨会，他说，孔子是儒家学说的主要创立者，是中国历史上伟大的思想家和教育家。他所作出的思想和文化上的杰出贡献，赢得了世人的尊敬和纪念。儒学是中国历史上传统思想学说的主流，是中国历史文化的重要支柱与基础，对于中华民族的凝聚、团结和进步，对于中国的统一、稳定和发展，发挥了重大作用。同时，儒学也是整个人类精神文明的重要组成部分，对于东方文明和世界文明的发展与进步，产生了深远影响。在当今新的形势和时代条件下，我们进行儒学研究、传播、交流的目的和使命，就是要把儒家思想，同当代中国和世界的实际紧密结合起来，努力发挥它在推动我国经济社会发展、维护世界和平与促进共同发展中的积极作用。大会由国际儒学联合会会长叶选平致开幕词，顾秀莲参加会议。会议邀请了来自世界 27 个国家和地区的 300 位儒学界学者以及北京市大专院校、文化界和知识界的部分代表参加。北京大学教授汤一介、美国夏威夷大学教授成中英、德国波恩大学教授顾彬、日本东京大学名誉教授池田知久等在大会上发言。

（九）不同文明对话　推动儒学研究

2010 年 1 月 26 日，温家宝听取来自科教文卫体各界的 10 位代表，对《政府工作报告（征求意见稿）》的意见、建议。此间，他讲了对儒家文化的理解：儒学一是仁或者爱，"仁者爱人"；二是善，"无恻隐之心非人也"。这是道德的基础；三是和，"和为贵"、"和而不同"。四是刚健自强，"天行健，君子以自强不息"；五是民本思想，"民为贵，社稷次之，君为轻"，他尤其强调了道德问题。他说，国际金融危机的爆发有各种原因，但不能否认其中一个原因是一些企业家道德沦丧、重利轻义，将经济灾难转嫁到人民身上。

2010 年 3 月，习近平在俄罗斯"汉语年"开幕式上指出："汉字是中华文明的重要标志，也是传承中华文明的重要载体。在长期使用汉字的过程中，中华民族发明了造纸术、活字印刷术。这两项重大发明即使历史悠久、博大精深的中华文化得到广泛传承，又使其得到交流，并向世界传播。""以语言为重点的文化交流，是全球化背景下构建和谐世界的重要载体，文化的沟通、交流、融合，是不以人的意志为转移的世界大势，顺之者昌，逆之者亡。在这样的世界大势中，作为东方文明的典型代表，中国传统文化承担着特殊的使命。"

2010 年 6 月 19 日，时任国家副主席习近平在惠灵顿出席维多利亚大学孔子学院授牌仪式并发表即席讲话。他指出，随着经济全球化深入发展，加强国与国、人与人之间的交流和对话、增进彼此了解和友谊已成为当今世界的时代潮流。建立孔子学院，满足世界各国人民学习中文的愿望，对于增进各国人民同中国的相互了解和友谊，深化同中国的文化交流，增进彼此间的心灵沟通，都是必要的。

2010 年 9 月 26 日，首届"尼山世界文明论坛"在孔子诞生地尼山开幕。这是第一次由中国人主办的世界文明论坛。在开幕式上，宣读法国前总统希拉克、联合国副秘书长沙祖康等发来的贺信；印度尼西亚前总统梅加瓦蒂、匈牙利前总理迈杰希、美国哈佛大学教授杜维明、北京师范大学教授于丹等人先后致辞。

在孔子诞生地尼山开展世界文明对话活动，是履行中国对联合国，首倡世界文明对话的庄严承诺，发挥以孔孟儒家文化为代表的中华文化，在世界文明发展中的重要作用，促进世界不同文明的相互理解和交流合作，推动人类和平与发展的重要尝试。

论坛发起人、组委会主席许嘉璐教授宣布论坛开幕，并发表主旨演讲。他表示，之所以倡导此次论坛，是因为强烈地感觉到，当今世界太需要对话了。儒家文明和基督教文明，都曾经为人类文明作出重大贡献，二者虽有差异，但可以沟通、互相补充，通过对话求同存异。

开幕式由国际展览局名誉主席、尼山论坛组委会副主席吴建民主持，他形容"天时、地利、人和"，此次论坛生逢其时，约 400 人出席了开幕式。

本次论坛，以孔子的诞生地尼山命名，以开展世界不同文明对话为主旨，以"和而不同与和谐世界"为主题，以弘扬中华文化，促进中外文化交流，推动建设和谐世界为目的，以学术性与民间性、国际性与开放性相结合为特色的高端国际文化学术交流平台。

本次论坛，共举办 13 场学术活动，其中有高端对话、电视论坛及学术分会等多种形式。来自海内外的 80 位学者，围绕如下主题展开学术对话与交流："人类危机与文明对话"、"儒耶文明对话与世界未来"、"儒耶文明与现代精神"、"责任与信用：儒家与基督教的基本价值"、"包容与多样：文明的共存与会通"、"和谐与正义"、"孔子与耶稣"等。

与会的中外学者主要有美国学者罗伯特舒乐、约翰哈盖依、汤姆菲力普斯、亨利贺理、伊恩托伦斯，英国学者鲁惟一，德国学者顾彬，中国学者张岂之、陈来、郭齐勇、卓新平、蒙培元、牟钟鉴、张立文等。

许嘉璐指出，举办这个论坛，就是想要通过对话来推进我们的儒学研究。长期以来，我们国内学界，存在着就儒学论儒学的研究倾向。而对儒学的价值，儒家文化的价值，只有在比较中才能认识。搞儒学的，应该同时研究伊斯兰教，研究基督教，应该研究婆罗门教，即印度教，应该研究神道教。这样一比较，才能看出自己老祖宗留下的东西可贵，也看出老祖宗的毛病。这样儒学、中华文化就往前走了。

尼山世界文明论坛组委会，立碑于尼山圣源书院，作为论坛的永久会址。此种历史缘分，给它赐予了历史担当。

2010 年 11 月 25 日，由国际儒学联合会、韩国成均馆大学联合主办，成均馆大学儒学东洋学部、韩国东亚学术院儒教文化研究所、韩国儒教学会联合承办的 2010 年"儒学思想国际学术会议"，在韩国首尔举行。它以"儒学复兴与当代社会"为主题，是国际儒学界的一次盛会。来自不同国家和地区的专家学者，齐集首尔，相聚一堂，可谓"群贤毕至"。

国际儒学联合会常务副会长滕文生，在致辞中说，中国一位著名的历史学家说过："儒家自孔子开其先，孟子承其后，还有许多知名与不知名的学者之努力，随时在变动和进步中。"这一概括是符合儒家思想文化即儒学形成和发展历史的。

从先秦孔孟的儒家思想，到两汉经学，再到宋明理学，构成了儒学的一个比较完整的思想文化体系，是儒家文化发展成为中华传统文化的主干的历史过程。从这一发展历程中，可以看出，儒学作为一种重要的思想文化，具有自己鲜明的特征。一是它的开放性。开放式的治学与实践，是儒家思想文化的一个显著特征。二是它的兼容性。儒家思想所以能成为中国历史上各个朝代治国理政的重要指导思想，是同它具有这种"兼容共处"的特征分不开的。三是它的全面性。正因为具有这种全面性特征，儒家思想文化才会长期保持在中国历史上的思想文化中的核心地位。四是它的辩证性。正因为具有这种"一分为二"的辩证态度和特征，儒家思想文化才会保持自己的发展生机与活力。

历史上任何一种富有价值的思想文化，要顺应人类社会进步的需要，它的发展就不能停息，它的传播也会不分国界。各国各地区的儒学学者们为儒学的传播发展，都作出了自己的积极贡献。千百年来，儒学在世界上的广泛流传和运用，早已成为一种彪炳焕耀的国际文化现象。

当前，儒学正在国际社会出现一个传播、交流和发展的新局面。这种局面的出现并非偶然，是同当今世界和当代社会发展的形势及其面临的问题与挑战分不开的。在探寻解决这些问题与挑战的过程中，越来越多的有识之士，把目光投向了儒学，希望从中得到更多有益的启示和智慧。应该说这是很有史鉴之智的。

希望各国各地区的儒学学者们，继续加强对儒学思想财富的挖掘和阐发，各抒己见、各展其思，多出成果、多提方略，共同把儒学的思想精华更好地运用到当代的社会实践中去，为共同致力于维护世界和地区和平，促进各国共同发展，促进人类共同的进步事业，作出自己新的贡献。

中国梦 孔子与儒学复兴事业走向辉煌 (2011—2014)

进入 21 世纪第二个十年，中华民族伟大复兴的中国梦，成为动员和振奋国人为之奋斗的历史任务。中华文化复兴，文化兴邦的发展战略，成为实现中国梦至关重要的内容。于是，儒家思想的复兴及其现代担当，提上历史日程。十八大以来，习近平同志多次讲话，给予孔子及其儒学以新的历史定位，对于中华优秀传统文化与中华美德，在培育社会主义核心价值观，治国理政，以及传播于世界，促进人类文明新进步等重大问题上，所做的指示精神，为中华文化得以真正复兴，树立了新的历史里程碑。

2011 年 6 月 27—28 日，国际儒学联合会和湖南大学联合主办、湖南大学岳麓书院承办的国际儒联"第四次儒学普及工作座谈会"在岳麓书院举行，主题是"书院教育与儒学普及"。

国际儒联常务副会长、全国政协常委、中央文献研究室原主任滕文生出席开幕式，中共湖南省委常委、宣传部长陆建平，湖南大学副校长张强，国际儒联顾问吴小兰发表了热情洋溢的致辞。吴小兰在致辞中对中国古代书院文化的性质和历史作用做了中肯的评价，对于当今书院文化的发展表达了希望。她特别指出："今天的教育开出怎样的花，明天就会结出怎样的果。""文化兴衰，教育有责。办好 21 世纪的中国教育，是我们共同的历史责任。"

本次座谈会到会的领导、学者和普及工作者近 90 位，提交论文和经验交流材料 40 余篇。与会代表各抒己见，畅所欲言，介绍了各自研究书院文化的成果和以书院形式进行儒学普及工作的经验、困难以及前景。会议主要研讨了三个重要内容。一是研究古代书院办学成果。中国的书院教育有千余年的历史，是历代学者、社会贤达、各级官府共同创造的中国式教育。它在普及儒学、传承中华文明，培育民族精神，促进中华民族的凝聚与发展，以及推动中华文化参与世界文明进步等方面，都产生过历史影响。学者们提交的 15 篇相关文章，分别对书院的历史发展进程、书院的规制、书院的特色以及古代书院对于今天儒学普及工作的启示，进行了深入的阐述。二是汲取港澳台地区创办书院的成功经验。香港中文大学刘国强教授，介绍了钱穆创办的香港中文大学新亚书院。三是探讨现代书院的前进路径。座谈会共收到介绍和总结一些地方创办现代书院经验的论文 30 余篇，对现代书院的兴起原因、办学方式、发展路径、现实困难、未来前途等等问题进行了探讨。北京四海孔子书院，北京日日新学堂、山西的北大灵童学堂等，介绍了以幼儿和小学生为对象的书院办学经验。

第四次儒学普及工作座谈会，是一次把古代书院文化研究和当前儒学普及工作相结合的一次尝试。与会代表对这次会议的评价甚高，希望它能够成为一个契机，使广大儒学研究工作者和传播普及工作者紧密地联结起来，互相交流经验，不断切磋学习，把古代的书院文化研究与现代的书院教育工作更好地向前推进。

2011 年 9 月 1 日，习近平总书记在中央党校 2011 年秋季学期开学典礼上讲话，强调学习历史的意义。为我们运用历史的观点，研究与弘扬中华文化，尤其是研究儒学的现代转化，提供了理论支撑。他在讲话中指出，历史是一个民族、一个国家形成、发展及其盛衰兴亡的真实记录，是前人的"百科全书"，即前人各种知识、经验和智慧的总汇。历史是从昨天走到今天再走向明天，历史的联系是不可能割断的，人们总是在继承前人的基础上向前发展的。古今中外，概莫能外。他强调，领导干部读点历史，有助于提高文化素养和思想政治修养，有助于提高工作能力和领导水平。历史记述了前人积累的各种科学文化知识，记述了他们治理国家和社会的思想与智慧，记述了他们经历的成功和失败的经验与教训，学习和了解这些历史上的文化知识、思想智慧、经验教训，本着"择其善者而从之，其不善者而去之"的科学态度，结合领导干部的思想和工作实际，或者吸取应用，或者作为借鉴，或者引为警诫，这对于提高我们的思想政治水平、改进我们的工作，是会大有助益的。

我们学习中国历史，就要继承中华民族的优良传统，从中汲取思想精华，结合新的实践不断发扬光大。在中国的史籍书林之中，蕴含着十分丰富的治国理政的历史经验。其中包含着许多涉及对国家、社会、民族及个人的成与败、兴与衰、安与危、正与邪、荣与辱、义与利、廉与贪等等方面的经验与教训。我们学习历史，要结合我们正在干的事业和正在做的事情，善于借鉴历史上治理国家和社会的各种有益经验。

他指出，近代以来中国社会各种政治力量和政治主张争论和较量的实质，是不同的历史道路、社会发展方向之争。实践证明，封建官僚们进行的所谓自强运动和资产阶级改良派进行的改良运动，旧式的农民反抗斗争，以及资产阶级革命派领导的民主革命想在中国实行西方资本主义的政治经济方案，都先后在近代中国一一试过了，结果都行不通，都没有也不可能实现中华民族救亡图存的民族使命和反帝反封建的历史任务。

他强调，学习中国近现代史，就要深刻认识历史和人民选择中国共产党、选择马克思主义、选择社会主义道路、选择改革开放的历史必然性，增强建设中国特色社会主义事业的信心。

2011年10月29日至11月1日，由国际儒学联合会、香港中文大学新亚书院、北京东方道德研究所联合主办的"第五届儒家伦理与东亚地区公民道德论坛"暨"国学大众化传播与中华美德教育国际学术研讨会"，在北京蟹岛会议楼召开。来自中国北京、山东、香港、澳门、台湾等地，以及新加坡、马来西亚和印度尼西亚等国的学者，北京市部分中小学校长与教师，共70余人出席。国际儒联常务副秘书长王念宁，香港中文大学教授刘国强，马来西亚孔学研究会署理会长陈启生，首都精神文明建设委员会办公室副主任尹学龙，在开幕式上致辞。中共中央宣传部原副部长，中国大百科全书原总编辑徐惟诚，全国人大常委、中国社会科学院宗教所所长卓新平，清华大学思想文化研究所原所长钱逊，香港中文大学文学院原院长、香港国际教育发展基金会会长郭少棠等，做主题报告。20多位学者就道德文化、东亚伦理、中华美德等理论与实践问题做了发言。

王念宁在致辞中说，从2005年开始先后在中国的四川、河南、北京、浙江，成功举办过四届"儒家伦理与东亚地区公民道德论坛"。本次是第五届，主题确定为国学大众化传播与中华美德教育，富于时代精神，与中国大陆当前的文化建设形势相吻合。文化建设是一个不断积累、多方积聚的过程，需要各方共同参与、形成合力，这也是国际儒学联合会的一贯追求。

尹学龙在致辞中表示，首都北京，具有和谐首善，崇文尚礼、开放包容、创新发展的优良文化传统。广大市民对弘扬中华文化、中华美德的热情日益增强。如何将中华传统美德与现代人的生活紧密结合，一直是我们关注的问题。希望各位专家学者，积极为公民道德建设的理论与实践答疑解惑，经常到北京的社区、村镇、企业去走一走、看一看，为推进北京的文化建设作出新贡献。首都精神文明建设委员会，将一如既往为大家提供服务。

徐惟诚在主题演讲中指出，中共十七届六中全会刚刚开过，我们就来举办这个会议，具有十分重要的意义。六中全会专门讨论文化建设，并做出了全面的总结和部署，把中国文化建设的重要性提到如此高度，是从来没有过的。今天来看，思想道德领域不适应、不能够支撑社会可持续发展的问题，已经相当突出、相当严重。

中华文明一个突出特点，就是它的包容性和时代性，具有吸收改造的能力。包容之后并不是把我们的民族文化消解了，而是发展了我们的文化。当今，弘扬中华文化，必须下功夫研究我们的文化怎么和现代生活结合。

陈启生在发言中说，华夏道德文化是海外华人社会的生命之所系，对于弘扬华夏道德文化，有极大的迫切感。祖辈先人由于贫穷得无法生存，才渡洋流落。几代华人与其他种族在一起生活，艰辛的经历，深刻的教训，没有母亲文化，生命将失所，道德观无依，也让别人瞧不起。我们成就道德，就是要让儒家伦理进入普通大众的生活中和心坎里。马来西亚孔学研究会十六七年前开始办经典教育，用"四书五经"、老庄为课本；以《易经》童蒙养正为指导；以学、问、思、辨、行为教，培养自学能力，创造学术自由；培养独立思考，创造思想自由，期许子弟们起步高、进步快，活出生命的意义。

大家认为，作为历史上形成的东亚"儒家文化圈"，面对当今世界的急剧变化，对于东方伦理、东方价值、东方文明，以至东方模式，应当形成新的共识与行动。东亚地区的学人，应当进一步加强合作，推动儒家伦理与公民道德的研究与实践，为弘扬东方伦理，建设东方文明，促进亚洲和世界各国的和平、和谐相处而不懈努力。

2012年"马克思主义与儒学"作为国家社科基金重大项目立项。

全国人大原副委员长许嘉璐先生为首席专家。这项研究包含两方面的内容：一方面是儒学通过与马克思主义的融通，促成传统儒学的现代化；一方面是马克思主义通过与儒学的融通，推进马克思主义的中国化的深化。这两方面的统一，就是一种新的、中国式的理论创造。课题下设6个子课题，即6部专著构成一套大型系列研究丛书；同时，最后形成一个"马克思主义与儒学"研究报告。

这一国家社科基金重大项目，不仅级别高，而且意义重大，必将在我国未来文化建设中起到非常重要的"智库"作用。具体而论，其文化建设意义体现在两大方面：其一，作为马克思主义理论与民族文化之间关系的研究，其成果不仅既是马克思主义中国化的重要深化，也是儒学及中国文化的现代化转化，而且将是马克思主义与儒学及中国文化之间的一种有机融合，即是建构一种综合创造的"中国理论"的重要探索，因此，不论对于世界民族文化发展，还是对于国际马克思主义理论发展来说，本课题的研究成果都将是一种重要的理论贡献；其二，"马克思主义与儒学"重大课题的理论成果，对于认识和解决种种国际、国内的现实问题，包括国际问题、全球问题、"中国特色社会主义"发展道路的继续深入探索等等问题，都将是重要的理论参考。

2012年1月11—14日，由国际儒学联合会、香港联合国教科文组织协会、澳门中西创新学院主办，香港大学中文学院承办的"21世纪儒学教育之发展学术研讨会"，在香港、澳门两地接力举行。40余名专家、学者参加了会议，举办了4场主题演讲，发表论文39篇。与会专家、学者认真回顾了一个世纪以来儒学教育方面的历史，展望了21世纪儒学发展的前景。香港凤凰卫视资讯台对会议作了专门报道。

会议开幕式在香港中文大学礼堂隆重举行。国际儒联副会长、香港大学教授赵令杨主持开幕式，国际儒联常务副会长滕文生，香港大学校长徐立之，香港联合国教科文组织协会会长刘秀成，国际儒联副理事长、澳门中西创新学院院长苏树辉，香港大学中文学院院长施仲谋先后发表了热情洋溢的致辞。

滕文生常务副会长在致辞中说："一个民族，一个国家的人民，都是以自己的文化为精神家园的。中华文化就是中华民族、中国人民共同的精神家园。千百年来儒学思想、儒家文化作为中华传统文化的主干，在中华民族的形成和发展、在中国的兴盛与进步过程中，一直发挥着重要的作用。""长期以来，香港、澳门在进行儒学教育方面积累了丰富的经验，内地这些年来在这方面取得了不少新鲜的经验，可以经常相互交流，以利共同推动儒学教育在祖国各地的进一步发展，发挥儒学文化在育人资治上的积极作用。"

香港大学徐立之校长指出：现代大学的教育体系基本上是西方的，对于中国近现代社会的发展曾经发挥过重要的作用，但是也有严重的偏颇。中国传统的教育原本不仅是知识的传播，也不放弃对学生人格的培养。香港大学的校训是"格物明德"，就是既重视知识的探索，也注重道德的修养，形成了自己的鲜明风格。国际儒联副理事长、澳门中西创新学院院长苏树辉指出：儒家文化是成人之德，对任何人都具有指导作用。儒家文化可以和其他文化相融合，是中华民族文化的主流。澳门中西创新学院就是秉持这样一种办学理念，寻找中西文化结合的道路。

国际儒联副理事长、清华大学思想文化研究所钱逊教授做主题演讲，演讲的题目是《读论语，学做人》。

香港教育学院语文学院副院长汤浩坚副教授，演讲的题目是："心灵的熏陶——语文科的儒学精神"。他认为大陆和香港存在的社会犯罪、环境污染、自杀率高发等问题，原因之一就是由于儒学教育的缺失造成的精神空虚。他指出，人的内在本质、自然性的提升、人生意义的追求、人的社会关系性，儒家文化于此都有相对应的论述。他认为开展儒家的全人教育，就可以达到君子人格的培养。会议期间还进行了小组研讨，有42位学者，围绕儒家文化研究、儒家教育思想研究、当代儒学教育及其普及等三个内容，进行了研讨与交流。通过四天的学术交流活动，三地学者加深了相互了解，建立了深厚友谊，大家对21世纪中华文化的繁荣发展更加充满了信心。

2012年5月19—20日，"2012年海峡两岸儒学交流研讨会"在四川大学成功举行。研讨会由国际儒学联合会、中华孔孟学会、四川大学、台湾大学联合主办，四川大学国际儒学研究院、四川省哲学社会科学重点基地儒学研究中心承办。国际儒学联合会会长助理曹凤泉主持开幕式，国际儒学联合会常务副理事长赵毅武，中华孔孟学会常务理事、台湾大学原校长孙震，四川大学副校长晏世经在开幕式上致辞。国际儒学联合会副理事长钱逊、董金裕，中华孔孟学会副理事长张植珊以及来自海峡两岸的专家学者80余人出席了会议。会议收到30篇学术论文。

研讨会以"加强海峡两岸学术交流，深化两岸学者对儒学的探讨，弘扬中华优秀传统文化"为宗旨，以"儒学的经世致用"为主题。与会的海峡两岸学者分别从儒学的社会关怀与经世致用思想，儒家经典或历史上一些名儒的经世致用思想，明清之际的经世致用思潮，"经世致用"的现代含义，儒学思想精华对于当今政治、经济、教育、伦理、社会、国际关系的启示等方面展开了交流与探讨。

国际儒学联合会秘书长牛喜平主持了闭幕式。国际儒学联合会副理事长、清华大学教授钱逊与中华孔孟学会常务理事、台湾大学原校长孙震做大会总结发言。钱逊教授指出，经世致用，是儒家的核心所在，因为儒学本身就是入世之学，其"经世"的内容非常广，涵盖的范围也很广。今天发扬儒家经世致用的精神，要克服儒学专业化、学术化的倾向，使儒学研究走出高等学校、走出研究机构；使传统的儒学思想、教育和现代社会背景相融合、与现代人的生活相适应，要应对当今中国所面临的重大问题，如生态问题、经济问题等。孙震教授则认为，孔子讲求经世致用没有什么固定的方法，无论是做官还是周游列国，孔子无时无刻不在关怀国家、关怀民生。如今，我们教育知识化、知识工具化、知识商业化，已远离我们当初教书育人的本源。我们应该从孔子那里寻求哪些东西来做纯粹的学术研究，又有哪些可用来维持、平衡我们的生活，我觉得这是应该加以区分的。

通过交流与探讨，与会学者一致认为，作为中国传统文化主干的儒学，本身就是一种"入世哲学"，在中国古代的政治、经济、文化生活中扮演了非常重要的角色，它的经世致用思想非常丰富。在当今经济全球化，科技日新月异，政治多元，各种矛盾冲突与日俱增的情况下，加强儒学的理论研究，探讨其对解决现实问题的借鉴价值，对解决当代经济政治文化发展中的难题具有非常重要的意义。

2012 年 8 月 18—19 日，由国际儒学联合会与全国政协文史和学习委员会、政协山西省委员会主办，山西省中华文化促进会承办，汾阳市委市政府协办的"中华美德与社会主义精神文明建设论坛暨国际儒联第五次儒学普及工作座谈会"，在山西省汾阳市贾家庄举行。本次会议共有 80 多位代表参加，收到论文 60 多篇。国际儒学联合会常务副会长滕文生、全国政协文史和学习委员会主任陈福今、山西省政协主席薛延忠、汾阳市委书记王志强在开幕式上先后致辞。国际儒联秘书长牛喜平主持开幕式。

滕文生常务副会长在致辞中充分肯定儒学普及工作的重要意义，他指出，儒学文化的普及工作正在成为各地加强历史教育、道德教育和社会主义精神文明建设的一部分，受到各级领导的重视。社会上已经出现学习研读中国历史文化典籍、弘扬中华民族优秀传统文化，为建设中国特色社会主义服务的新风气，而儒学文化普及工作在其中所起的作用不可低估。滕副会长还对在中国大陆今后开展儒学普及工作的指导思想和工作方针提出了四点要求。第一，关于坚持研究与普及并重。任何研究与学习，目的都在于应用。普及儒学文化的过程，也就是传播和应用的过程。第二，关于坚持马克思主义为指导。不能把提倡研究、传播、普及、应用儒学文化，同坚持以马克思主义为指导、坚持社会主义思想教育分割开来和对立起来，而应该把它们统一起来，要坚持以马克思主义为指导。第三，关于坚持取其精华、去其糟粕。这是党和国家对待历史文化所采取的正确方针。这一方针体现了历史唯物主义的科学态度。第四，关于研究和普及儒学文化要同社会主义精神文明建设相结合。我们要通过儒学文化的传播和普及，把这些思想资源创造性地应用于对干部、群众和青年人的爱国主义、集体主义思想教育之中。

开幕式后，有五位代表做了大会发言。山西省社会科学院院长李留澜，阐述了晋商文化中的儒学精神；教育部副总督学郭振有阐述了在学校教育中进行优秀传统文化教育的意义，对于改进目前我国教育领域思想道德教育薄弱的状态具有重要作用。海南省政协常委，原省监狱管理局局长张发介绍了在狱政管理中坚持数年用优秀传统文化教育服刑人员的经验；西昌卫星发射中心副政委孙南京少将介绍了优秀传统文化进军营的一些情况；国际儒联传播普及委员会副主任王殿卿在书面发言中，系统总结了国际儒联 2007 年以来开展的儒学普及工作。

在分组发言中，代表们从不同角度对本次会议的主题进行了研讨。

与会专家，围绕"中华美德与社会主义核心价值"展开讨论。大家谈道：（一）良好的道德养成已经成为社会现实对人们的强烈要求，弘扬中华民族传统美德正是顺应了这一要求；（二）构建核心价值也要考虑到中国的国情、所处的社会发展阶段包括文化道德传统等因素；（三）要肯定和借鉴儒学文化中最积极最基本的价值观念，它既可以作为中国人的文化标识，而且也有普适性；（四）儒学文化中好的价值观念也只有配合社会主义精神文明的主旋律，才能够发扬光大。

2012 年 11 月 2—4 日，由国际儒学联合会、中国孔子基金会、清华大学哲学系共同主办，尼山圣源书院承办的"儒学与全球伦理国际学术研讨会"，在山东省泗水县尼山圣源书院举行。来自德国、美国、韩国以及中国大陆和台湾的 30 多位专家学者参加了研讨会。与会者就三大主题进行了热烈的讨论，这三大主题是，在经济全球化的背景下中华文化对人类文明的可能贡献；儒学对当代环境伦理的启示；儒学的政治伦理和经济伦理宜采取的理论形态。

首先，中华文化对人类文明的可能贡献。美国夏威夷大学教授认为，在西方，没有上帝就没有伦理。启蒙运动之后，西方人把上帝打倒了，也就把伦理打倒了，于是，就有了非道德化的政治。在这种政治框架内，私人利益至上。西方政治理论所界定的人是抽象的"单个人"、"个体人"、"一己人"（individuals），西方民主政治就是一部分"单个人"通过竞争获得"无限制积累个人财富"和"攫取支配社会大多数其他成员"的权力的政治。儒学和中华文化的政治，决不是这种非道德化的政治，而是追求天下为公的"大同"理想的政治。清华大学教授卢风指出，现代性本身已大可质疑，现代性所塑造的工业文明已陷入深重危机，如核战争的危险、高科技之军事运用的危险、基因技术对人权原则的威胁、全球性的生态危机和气候变化等。须知现代性的核心思想是独断理性主义，独断理性主义认为，人类凭其理性能认知、积累越来越多的知识，从而掌握越来越强有力的技术。随着科技的进步，人类发展所面临的一切问题都能得到解决，人类在用科技控制环境和制造物品的过程中，将变得越来越自由、自主，即人类在干预自然事物时将越来越能排除灾难性的后果，越来越能满足人们不断增长的物质需要。实际上，独断理性主义是十分荒谬的。大自然永远隐藏着无穷的奥秘，永远握有惩罚人类之背道妄行的无上权力。另外，文化也并非仅仅是满足人的需要的工具。实际上，人就是文化动物，有了人就有了文化，有了文化也就有了人。人总处于文化的孕育、养育、熏陶之中。脱离了文化的个人就不是正常的人了。

其次，当代环境伦理以及儒学对环境伦理的启示。美国夏威夷大学教授成中英说：环境污染行为反映了人的素质的下落或不能持续上升。人的上升在儒家思想的发展中非常重要。从"品物流行，保合太和"到王船山"日新与富有"，经张载程朱陆王等人充实与精化后，到了近代反而丧失了。恢复人的意识与做人的价值，就是回归到儒学的基本命题，建立正确的宇宙生态学与相应的心灵生态学。因此，我们要发展人的自发能力与自约能耐，也就是人的本体的自发性与自约性。美国缅因州立大学教授葛朗格（Joseph Grange）因美国暴雨成灾未能与会。成中英代为介绍了他提交的论文《拯救地球》（*Healing the Planet*）的主要观点。"我们之所以深陷生态危机，就是因为我们心存种种谬见，而这些谬见都是贪婪和怨恨的产物。为医治正感染着我们地球的疾病，我们需要审美的感觉、心灵的力量、尊重的意志和生态的实践。"北京大学教授徐春认为，当代环境伦理学的基本思想都可以在传统儒学中找到源头。儒家"畏天命"、体认自然内在价值、承担对自然的责任的"天人合一"思想，可以与现代环境伦理学的思想对接。南京师范大学博士研究生金富平辨析了"天人合一"的含义。认为"天人合一"的确切意指是天人合德，"天人合一"与仁、诚和中庸具有内在的关联。

仁、诚和中庸是天人合一的可能性依据。德国公民教育学院教授斯皮克（Michael Spieker）认为，"环境伦理"代表了人们对待世界的态度，强调要超出对人类生命本身的关注而去保护世界。但是对于如何保护，保护什么并没有统一的定论。人与自然都属于一个过程的两个部分，因此人与自然不应对立。

第三，儒学与当代政治伦理、经济伦理。山东大学教授颜炳罡古代中国人的敬畏意识非常强烈，西方唯物主义来了之后才变得无法无天了。基督教的传教理念是"己所欲，施于人"，因而是独断、霸道的。儒学"己所不欲，勿施于人"的恕道才是值得弘扬的。中国人民大学教授曹刚指出，当代中国需要新的伦理精神就是责任伦理精神。只有责任伦理才能突破传统道德思维的局限，也才有可能解决当代人类社会所面临的道德难题。卢风则认为，现代竞争所激励的所谓"双赢"大多都伤害了第三方——生态系统。秩序伦理虽然也强调了企业的环保责任，但明确地反对节制。殊不知，恰是几十亿人的无节制的对物质财富的追求才导致了全球性的环境污染、生态破坏和气候变化，因而经济伦理需要加强与环境伦理的交叉和渗透。

2013年3月1日，习近平总书记在中央党校建校80周年庆祝大会暨2013年春季学期开学典礼上的讲话中指出，学史可以看成败、鉴得失、知兴替；学诗可以情飞扬、志高昂、人灵秀；学伦理可以知廉耻、懂荣辱、辨是非。

2013年4月19日，习近平总书记在十八届中央政治局第五次集体学习时的讲话中指出，深入推进党风廉政建设和反腐败斗争，需要积极借鉴我国历史上反腐倡廉的宝贵遗产。研究我国反腐倡廉历史，了解我国古代廉政文化，考察我国历史上反腐倡廉的成败得失，可以给人以深刻启迪，有利于我们运用历史智慧推进反腐倡廉建设。

2014年8月8日，由国际儒学联合会支持，由台湾中华孔孟学会与尼山圣源书院联合举办的，第五届"读《论语》教《论语》师资研修班"结业。此项合作，从2009年开始，五年来，先后在山东省尼山圣源书院、广州城市学院、陕西师范大学附属中学、西安曲江第一中学、天津市大港实验中学、湖北省仙桃市仙源学校、黑龙江省教育学院、北京四海孔子学院、北京市房山区实验中学相继举办，为全国中小学培训了 2000 余位校长和教师，为推动学校的儒家经典教育，提供了及时有效的服务，深受欢迎。

2013 年 11 月 4—5 日，国际儒学联合会和北京东方道德研究所联合主办的"儒学普及与社区和谐建设暨第六次儒学普及工作座谈会"，在北京市通州区举行。首都精神文明办、北京市关心下一代工作委员会、北京市社会建设办公室、通州区委区政府、北京青年政治学院等有关单位的领导莅临会议指导。来自中国的 15 个省市和澳门、台湾地区，以及韩国、新加坡、马来西亚、印度尼西亚 5 个国家的近百名社区代表、专家学者出席了会议。共收到经验交流文章 60 多篇，有 43 位代表做了大会或分组会议发言。

国际儒联会长助理曹凤泉主持会议开幕式。国际儒联常务副理事长赵毅武在开幕式上致辞，他说，加强社区的文化建设，建设居民共有的精神家园，是提高居民综合素质、社区文明程度和居民生活质量的重要一环。

国际儒联顾问、中宣部原常务副部长徐惟诚在开幕式的讲话中指出：儒学进社区适应了当代中国社会迅速城市化的进程，有助于改变现代城市生活中邻里不相识的现状。社区关系的本质是家庭与家庭的关系，不同于企业与企业之间的竞争关系，应当是合作的关系。我们传播普及儒学文化，不是直接照搬一些具体的礼仪形式、道德规范，而是要吸取儒学关于道德发端、成长规律的研究成果，使之在现代社会发挥积极作用。

与会学者认为，当今，中国家庭的"金字塔"结构已经倒转，以往子女多、老人少的格局，发生了根本改变；城市社区高楼林立，广大农村老少守家。如此变革，对于以家庭为基础的城市社区和广大农村，如何进行文化、道德与精神文明建设，提出了新的历史任务。对此，儒家思想与伦理，能否进入家庭与社区，充当一种积极的精神动源，应是大会研讨与交流的中心内容。

　　与会代表围绕儒学进社区与建设和谐家庭、促进邻里和睦青少年的美德教育；儒学进乡镇与建设乡村新文明；儒学在海外华人社区的价值与经验等，进行了热烈、深入的探讨和广泛的交流。

　　有学者们讲到，社区中的居民在生活中接触最多，本应守望相助，休戚与共。古语说"远亲不如近邻"，孔子讲"里仁为美"，"德不孤，必有邻"，古代"孟母三迁"等都可以加以现代转化与应用。一些代表提出，儒学如何走入社区，得到社区居民的认可？把引导居民过好传统节日作为载体，可能成为打开局面的钥匙。有些街道代表介绍，通过"诵读国学经典，品悟中华文化——中华文化社区道德大讲堂"进社区活动，将儒家倡导的"仁爱"、"孝悌"、"礼让"、"诚信"、"宽厚"等价值观，传授给居民，尤其是青少年的经验与效果，受到大家的肯定。有代表谈到，在乡村建立"乡规民约"，提倡德业相劝、过失相规、礼俗相交、患难相恤，产生了移风易俗的积极效果；一些学者、大学生、社会团体等志愿者们自觉组织起来，进入农村，通过举办儒学大讲堂、赠送《弟子规》、亲子共学互动、评比学习模范、组织讨论参观等活动，对改善农村社会的精神风貌产生了积极的影响。

　　马来西亚和印度及西亚的学者谈到，在东南亚国家的几代儒家学者，一直努力通过自己的行动，保存儒学与中华优秀传统文化。华人社会在婚丧嫁娶中借助儒家的"礼"等等，使中华传统文化得以传承，华人的民族特征得以保存，华人社会得以维系。

　　韩国学者认为，属于儒学文化圈的韩国，儒学已不仅仅停留在讲台上，而是推动形成符合韩国国民文化水准的新风貌的力量，成均馆在这方面发挥了"人文精神宝库"的作用。

　　与会专家学者一致认为，儒学从来都植根于人民大众的生活，以礼乐文化的形式对他们产生影响。当代儒学研究应当走出"学术殿堂"，进入寻常百姓的日用常行，成为营造爱国守法、遵守公德、珍视亲情、勤俭持家、良好家风、邻里和睦，社区和谐精神动源。

　　本次儒学进社区的研讨与交流会议，空前不绝后，是研究儒学如何现代转化和创新性发展的一个新视角和新开端。

　　2013 年 11 月 24—28 日，习近平主席在山东省曲阜等地考察，集中谈到如何正确看待孔子和儒学以及怎样弘扬中华优秀传统文化、加强社会主义核心价值体系建设的问题。他指出"一个国家、一个民族的强盛，总是以文化兴盛为支撑的，中华民族伟大复兴需要以中华文化发展繁荣为条件"。他认为，孔子与儒家思想"是人类思想宝库中重要的内容，它向人类提供了许多基本观念，不约而同地在世界上引起共鸣。孔子思想是中国传统文化的重要组成部分，在历史上发生过很大的作用"。他强调，"国无德不兴，人无德不立"。基本道德规范是支撑一个社会发展的基本道德力量。有了基本道德规范和基本道德秩序，大家都好遵循。重视基本道德规范和基本道德秩序，是中华民族的一个重要传统。"对历史文化特别是先人传承下来的道德规范，要坚持古为今用、推陈出新，有鉴别地加以对待，有扬弃地予以继承"，"引导人们向往和追求讲道德、尊道德、守道德的生活，形成向上的力量、向善的力量"。"要加强对中华优秀传统文化的挖掘和阐发，努力实现中华传统美德的创造性转化、创新性发展。只要中华民族一代接着一代追求美好崇高的道德境界，我们的民族就永远充满希望"。他明确指出，"我这次来曲阜就是要发出一个信息：要大力弘扬中国传统文化"。

　　2014 年 2 月 24 日，中共中央政治局，就培育和弘扬社会主义核心价值观、弘扬中华传统美德进行第十三次集体学习。中共中央总书记习近平在主持学习时强调，"把培育和弘扬社会主义核心价值观作为凝魂聚气、强基固本的基础工程，继承和发扬中华优秀传统文化和传统美德，广泛开展社会主义核心价值观宣传教育，积极引导人们讲道德、尊道德、守道德，追求高尚的道德理想，不断夯实中国特色社会主义的思想道德基础。"习近平强调，"培育和弘扬社会主义核心价值观必须立足中华优秀传统文化。牢固的核心价值观，都有其固有的根本。抛弃传统、丢掉根本，就等于割断了自己的精神命脉。博大精深的中华优秀传统文化是我们在世界文化激荡中站稳脚跟的根基。""中华传统美德是中华文化精髓，蕴含着丰富的思想道德资源。不忘本来才能开辟未来，善于继承才能更好创新。对历史文化特别是先人传承下来的价值理念和道德规范，要坚持古为今用、推陈出新，有鉴别地加以对待，有扬弃地予以继承，努力用中华民族创造的一切精神财富来以文化人、以文育人。""深入挖掘和阐发中华优秀传统文化讲仁爱、重民本、守诚信、崇正义、尚和合、求大同的时代价值，使中华优秀传统文化成为涵养社会主义核心价值观的重要源泉。"

习近平主席这一系列的重要讲话，对于弘扬中华文化，尤其是确立孔子及其思想的历史地位和现代价值，具有重大历史意义，为推动儒学创造性转化与创新性发展，实现中华文化的伟大复兴，坚定了方向和信心。

2014年3月27日，习近平在联合国教科文组织总部发表演讲。他指出，文明因交流而多彩，文明因互鉴而丰富。文明交流互鉴，是推动人类文明进步和世界和平发展的重要动力。推动文明交流互鉴，需要秉持正确的态度和原则。

第一，文明是多彩的。人类文明因多样才有交流互鉴的价值。人类在漫长的历史长河中，创造和发展了多姿多彩的文明。不论是中华文明，还是世界上存在的其他文明，都是人类文明创造的成果。文明交流互鉴不应该以独尊某一种文明或者贬损某一种文明为前提。推动文明交流互鉴，可以丰富人类文明的色彩，让各国人民享受更富内涵的精神生活，开创更有选择的未来。

第二，文明是平等的，人类文明因平等才有交流互鉴的前提。各种人类文明都各有千秋，没有高低、优劣之分。要了解各种文明的真谛，必须秉持平等、谦虚的态度，傲慢和偏见是文明交流互鉴的最大障碍。

第三，文明是包容的，人类文明因包容才有交流互鉴的动力。一切文明成果都值得尊重，一切文明成果都值得珍惜。只有交流互鉴，一种文明才能充满生命力。只要秉持包容精神，就不存在什么"文明冲突"，就可以实现文明和谐。

习近平强调，中华文明经历了5000多年历史变迁，但始终一脉相承，积淀着中华民族最深层次的精神追求，代表着中华民族独特的精神标识，为中华民族生生不息、发展壮大提供了丰厚滋养。中华文明是在中国大地上产生的文明，也是同其他文明不断交融互鉴而形成的文明。

习近平强调，我们要积极发展教育事业，通过普及教育，使人们在持续的格物致知中更好认识各种文明的价值，让教育为文明传承和创造服务。我们要大力推动文化事业发展，让人们在持续地以文化人中提升素养，让文化为人类进步助力。

2014年3月29日，习近平同德国汉学家、孔子学院教师代表等座谈时强调，一些人对中国有偏见，主要是源于陌生、隔阂和不了解。了解中国，不能只看一个点、一个面，切忌盲人摸象。介绍中国，既要介绍特色的中国，也要介绍全面的中国；既要介绍古老的中国，也要介绍当代的中国；既要介绍中国的经济社会发展，也要介绍中国的人和文化。中华优秀文化传统已经成为中国文化的基因，根植在中国人内心，潜移默化影响着中国人的行为方式。我们正在构建社会主义核心价值观，其中一些重要内容就是源于中华文化。

习近平还指出，在中外文化沟通交流中，我们要保持对自身文化的自信、耐力、定力。桃李不言，下自成蹊。大音希声，大象无形。潜移默化、滴水穿石。只要我们加强交流，持之以恒，偏见和误解就会消于无形。

2014年4月1日，国家主席习近平，在比利时布鲁日欧洲学院发表重要演讲时指出，"中国是有着悠久文明的国家。在世界几大古代文明中，中华文明是没有中断、延续发展至今的文明，已经有5000多年历史了。我们的祖先在几千年前创造的文字至今仍在使用。2000多年前，中国就出现了诸子百家的盛况，老子、孔子、墨子等思想家上究天文、下穷地理，广泛探讨人与人、人与社会、人与自然关系的真谛，提出了博大精深的思想体系。他们提出的很多理念，如孝悌忠信、礼义廉耻、仁者爱人、与人为善、天人合一、道法自然、自强不息等，至今仍然深深影响着中国人的生活。中国人看待世界、看待社会、看待人生，有自己独特的价值体系。中国人独特而悠久的精神世界，让中国人具有很强的民族自信心，也培育了以爱国主义为核心的民族精神。""我们要建设文明共荣之桥，把中欧两大文明连接起来。中国是东方文明的重要代表，欧洲则是西方文明的发祥地。正如中国人喜欢茶而比利时人喜爱啤酒一样，茶的含蓄内敛和酒的热烈奔放代表了品味生命、解读世界的两种不同方式。但是，茶和酒并不是不可兼容的，既可以酒逢知己千杯少，也可以品茶品味品人生。中国主张'和而不同'，而欧盟强调'多元一体'。中欧要共同努力，促进人类各种文明之花竞相绽放。"

自习近平就任总书记以来，多次发表讲话，强调弘扬优秀传统文化，对于当下中国之决定性的重要意义。同时指出，"要加强对中华优秀传统文化的挖掘和阐发，努力实现中华传统美德的创造性转化、创新性发展，把跨越时空、超越国度、富有永恒魅力、具有当代价值的文化精神弘扬起来，把继承优秀传统文化又弘扬时代精神、立足本国又面向世界的当代中国文化创新成果传播出去"。这不仅给研究中华文化，尤其是研究儒学工作者，提出了如何将中华文化，更加精准地走向世界，参与建设人类新文明，做出中国的贡献的历史任务，而且他本人在2014 年 3—4 月，出访欧洲期间，所发表的演讲与言行，都向世人宣示了中华文化的无穷魅力与历史新担当，充分展示了中华文化的风采。对于我们中国人是一个极大的激励。为中华文化走向世界，树立一个新的历史里程碑。

2014 年 4 月 1 日，教育部通过传媒，向社会公布了《完善中华优秀传统文化教育指导纲要》。从以下 7 个方面作出了部署：

① 加强中华优秀传统文化教育的重要性和紧迫性。② 加强中华优秀传统文化教育的指导思想、基本原则和主要内容。③ 分学段有序推进中华优秀传统文化教育。④ 把中华优秀传统文化教育系统融入课程和教材体系。⑤ 全面提升中华优秀传统文化教育的师资队伍水平。⑥ 着力增强中华优秀传统文化教育的多元支撑。⑦ 加强中华优秀传统文化教育的组织实施和条件保障。

这个《纲要》的颁布，得到教育界的认同与欢迎。这是新中国成立以来，在中国教育体制内，第一个比较系统、明确与规划，对于中国新生代，进行中华优秀传统文化教育的权威性文件。从此，在中国学校里传承中华文化，有了可以遵循的依据。

《纲要》为中国教育，摆脱百年"进口"与"克隆"西方教育的"惯性"，唤醒教育界对中华文化的自觉、自信、自尊，恢复中国教育的中华文化的主体性，建构 21 世纪"立德树人"的中国教育，迈出了具有深远历史意义的一步。

3 月 27 日，习近平主席在联合国教科文组织总部发表演讲中强调，我们要积极发展教育事业，通过普及教育，使人们在持续的格物致知中更好认识各种文明的价值，让教育为文明传承和创造服务。

21 世纪的中国教育，要为学生的生命注入中华文化基因，让他们的血液里流淌道德之血液，帮助新生代从精神上富裕起来！

中华文化复兴，不取决于"文化产业"，关键在教育。从一定意义上讲，教育可以兴邦，亦可以误国；中国教育本是承接与弘扬中华文化的载体，却亦有可能沦为"去中国化"的工具。文化兴衰，教育有责。

2014 年 4 月 19—20 日，由国际儒学联合会、中央民族大学哲学与宗教学学院、尼山圣源书院、人民出版社联合主办的"新仁学与儒学创新"学术研讨会，在中央民族大学召开。中央民族大学校长陈理、国际儒联秘书长牛喜平、人民出版社副社长乔还田、尼山圣源书院荣誉院长王殿卿等主办单位领导出席并致辞。国内著名学者余敦康、张立文、钱逊、许抗生、张践、李存山、陈来、郭齐勇、宋志明、张学智、郭沂、李景林、刘成有、赵法生、韩星、彭永捷、吴光、景海峰、梁枢、王钧林、涂可国、赵卫东、王志捷、孙宝山等 50 余老中青学者出席，围绕牟锺鉴先生新著《新仁学构想》，进行了十分热烈的研讨。

中国人民大学张立文教授指出，牟先生的新著，是一部"仁和之学"。以"和"释"仁"，体现了对于"仁"之内涵的创新性；新著对于历史的梳理与继承，面对现实，面向未来，开辟了儒学创新发展的新路径；新著关注人的精神家园、灵魂安顿、净化心灵、坚守信仰、道德教化，充分体现了仁学的人文性；新著综合儒释道各家智慧，博采东西方文明之精华，有助于儒学走向世界，推动全球文明的交流与互鉴。新著为建构中国哲学开出一条新思路。北京大学许抗生教授认为，牟先生的新著，是前所未有的仁学新体系，开创了 21 世纪儒学的新体系。武汉大学郭齐勇教授认为，牟先生的新著是一部"以德性生命"为核心的"生命儒学"，具有很强的现代性，是对 20 世纪新儒学的超越，是 21 世纪大陆新儒学的代表作。中国社科院李存山教授认为，大陆新儒学，需要建构一个大多数学者认同的儒学新体系，牟先生新著，可以接近这个要求，是对 20 世纪新儒学的新超越。

学者们结合习近平主席关于中华文化，儒家伦理的一系列讲话精神，一致认为，儒学作为中华文化的主流，将在实现中华民族伟大复兴的中国梦，参与人类文明发展的新进程，应有新作为、新贡献，这对儒学学者提出了十分紧迫的历史新期待。令人欣喜的是，儒学发展面临天时地利人和的新时局，学者们致力于对儒学进行"现代性转化，创新性发展"，与世界不同文明进行深入"交流与互鉴"，已经出现了一批像张立文教授的《和合学》、余敦康教授的《周易的现代解读》、牟锺鉴教授的《新仁学构想》、何抗生教授的《现代新道家》、陈来教授的《仁学本体论》等等著作，这些能够代表 21 世纪大陆新儒学的著述，为推动世界文明发展进步历史新潮流，做出了新奉献。研讨会开得十分成功。

责任编辑:段海宝　崔秀军
封面设计:石笑梦

图书在版编目(CIP)数据

尼山铎声:"新仁学与儒学创新"专题/尼山圣源书院 编. —北京:
　人民出版社,2019.7
ISBN 978－7－01－020328－7

Ⅰ.①尼…　Ⅱ.①尼…　Ⅲ.①儒学-文集　Ⅳ.①B222.05－53

中国版本图书馆 CIP 数据核字(2019)第 011269 号

尼山铎声

NISHAN DUOSHENG

——"新仁学与儒学创新"专题

尼山圣源书院　编

人民出版社 出版发行

(100706　北京市东城区隆福寺街 99 号)

环球东方(北京)印务有限公司印刷　新华书店经销

2019 年 7 月第 1 版　2019 年 7 月北京第 1 次印刷

开本:710 毫米×1000 毫米 1/16　印张:16.5

字数:240 千字

ISBN 978－7－01－020328－7　定价:53.00 元

邮购地址 100706　北京市东城区隆福寺街 99 号

人民东方图书销售中心　电话 (010)65250042　65289539